スポーツ報知記者
福留崇広

さよなら
ムーンサルト
プレス

武藤敬司
35年の全記録

イースト・プレス

「オレの理想は、リングに出てくるだけで観客が納得する存在になることなんだ」

さよならムーンサルトプレス 武藤敬司35年の全記録 目次

序章 最後のムーンサルトプレス —— 7
誰も本当の武藤敬司を知らなかった

1章 入門、そしてデビューへ —— 17
22歳で「プロレスラーのほけつ」／柔道整復師としての挫折と「プロレスラーの夢」／「鬼軍曹」山本小鉄の眼力／「ストロングスタイル」を支えるもの／スパーリングの洗礼／アントニオ猪木を怒らせた「ガードポジション」／「新日本道場」と「松下村塾」／デビュー戦の記憶／入門直後の激震／大量離脱／持って生まれた目立とう精神

2章 ムーンサルトプレスの誕生 —— 59
月面水爆のひらめき／「ムーンサルトプレス」は誰が命名したのか？／「前座レスラーは技を出すな」／初のテレビマッチ

3章 スペース・ローンウルフ vs「UWF」―― 79

アメリカでムーンサルトプレスを初披露／フロリダで公私共に「タッグ」を組んだ桜田／フロリダでの肉体改造／アメリカマットでつかんだ感覚／アメリカ修業延長と「ホシ」帰国命令／「スペース・ローンウルフ」の凱旋／燃える闘魂／UWF一色だった凱旋後の新日マット／伝説の「旅館破壊事件」／「UWF」という思想／前田日明、武藤敬司を語る／想定外のオファー／撮影直前、大暴動のリング／相米監督の「過酷」な撮影現場／撮影をボイコット／「プロレスラー」である劣等感／名優「すまけい」との出会い／「光る女」、その後

4章 ムタ誕生と幻の「SWS」移籍―― 127

「ナウリーダー」「ニューリーダー」抗争／大暴動、そしてカリスマ猪木の失墜／プエルトリコ行きと唯一の「後悔」／ブロディ刺殺事件／「闘魂三銃士」結成／「グレート・ムタ」覚醒前夜／「グレート・ムタ」覚醒／若松市政の来訪／WCW離脱／坂口の説得／SWSのその後／二年ぶりの本格凱旋／新社長坂口「ドーム興行」を牽引した闘魂三銃士／「現場監督」のマッチメイク

5章 ムタvs猪木、武藤vs髙田 —— 169

「ムタ幻想」という壁／馳vsムタ／「ムタ」と「武藤敬司」／ムタ、伝説のアントニオ猪木戦／「UWF全面対抗戦」の夜明け／「U」の宣戦布告／「ドームを押さえろ」／託された武藤／「U幻想」を打ち破った高田戦／足4の字の説得力／自分にとっての「全盛期」

6章 nWo —— 213

エリック・ビショフの証言／蝶野、アメリカへ／nWoがまたたく間に席巻／武藤と蝶野／ムタvs小川／「武藤敬司」nWo加入／ムタvs大仁田厚／nWoの終焉と膝の悪化

7章 全日本プロレス移籍 —— 245

リング内外の激震とビショフからの打診／「恩人」坂口征二の退任／WCW復帰の誤算／鮮烈な印象を残したスキンヘッド 攻めの新日本、守りの全日本／巨星、墜つ／太陽ケアとの一戦、「シャイニング・ウィザード」の誕生

8章 社長の苦悩 ── 289

全日本からのラブコール／「格闘技の呪縛」の中「プロレスLOVE」を叫び続ける／全日本の「エース」に君臨／「一国一城の主」への憧れ／蝶野の思い

「骨の髄までしゃぶられる」／社長・武藤敬司／古巣・新日の凋落／後戻りはできなかった／リング上でも苦戦が続く／盟友「破壊王」の死／度重なる苦境／再び王者へ／三沢の死が示した「プロレスの過酷さ」／「本当は、痛みが苦痛で苦痛でどうしようもなかった」／前代未聞の不祥事

終章 決別と決意 ── 333

人工関節設置手術／武藤敬司の真実／受け継いだもの

あとがき ── 349

本書は、スポーツ報知WEBでの連載「武藤敬司、さよならムーンサルトプレス」をもとに、修正および大幅に加筆をし、構成しました。

序章 最後のムーンサルトプレス

誰も本当の武藤敬司を知らなかった

2017年12月27日。武藤敬司は、東京・足立区の苑田会人工関節センター病院で、病院長の杉本和隆の診察を受けていた。杉本は、人工関節手術において世界トップレベルの、年間約1200の症例数を持ち、日本人に合わせた人工関節の開発にも携わる整形外科医だ。これまでに大相撲の横綱白鵬、NBAの選手など、数々のアスリートの治療をサポートしてきた。

この日武藤は、杉本との出会いに最後の望みをかけていた。1984年のデビュー間もない頃に負傷してから、これまで四回も手術を行ってきた両膝の痛みは、限界を超えていた。複数の医師による診察を受け、人工関節を設置する手術を勧められたが、リングに上がり続ける欲望は捨てられなかった。引退の覚悟も頭をよぎったが、入れればプロレスを続けることは難しいと宣告されていた。思い悩んでいた時、かつて杉本の膝の手術を受けて回復した、旧知の元キックボクサーで格闘技大会「K-1」で活躍した武田幸三を通じ、紹介を受けた。

杉本の手術は、従来の半分ほどの切開で人工関節を移植する「MIS（Minimally Invasive Surgery＝最小侵襲手術）」と呼ばれる方法で、術後の回復が格段に早いことが特徴だ。杉本は、この方法を2003年にニューヨークで学び、日本で最も早く「MIS」で執刀した医師だった。

さらに杉本の手術は、現役続行を望む武藤の希望をかなえるものだった。

「普通の手術は、筋肉を切るのでスポーツ歩行ができなくなるんです。ボクは筋肉を切らない方法で手術をするので、人工関節を入れてもスポーツ

序章　最後のムーンサルトプレス

そして「あと、これはちょっと手前みそなんですけど」と前置きし、こう続けた。
「ボクは年間1200人ぐらい人工関節の手術をやっているということは、世界中から他の医師に治療が難しいと診断された患者さんがボクのところにいらっしゃるということがなくなってしまうんです」

武藤にとって杉本は、リングに立ち続けるための唯一の希望だった。一方で、人工関節手術数世界一の医師は「プロレスをまったく知らなかった」と言うように「武藤敬司」の名前にはお笑いタレントの神奈月が「膝痛ぇよ〜」と物まねするイメージぐらいしか持っていなかった。

杉本は、人工関節手術を執刀する上で「患者さん一人一人の夢に耳を傾け、それに応える」という信念を持つ。なぜ、人工関節が必要なのか、そして手術をすることでどんな未来を切り開くのかを、患者の立場になって考えながら治療を行う。重要なことは個々の患者の思いを聞くことで、そのため診察では、対話に時間をかける。

「ですからボクは、いろんなスポーツ選手を診断してきたんですけど、その人となりであったり、スポーツの特質を勉強してから、お話をするようにしてきました。ただ、プロレスには、あまり興味がなかったので、正直、武田君から武藤さんのお話を聞いた時は、『どうなのかなぁ』って思ったことは事実でした」

プロレスへ懐疑的だった杉本に武藤は、初めての診察で自分が生きてきた歴史とプロレスへの

思いを打ち明け、その上で現役を続けるために今、人工関節が必要な理由を訴えた。

熱く語る武藤に、杉本は冷静な視点から「でも、武藤さんはもう55歳でしょ？」と尋ねた。普通のスポーツならとっくに引退している年齢でリングに上がるために人工関節が必要という理由は、ある意味、ナンセンスだった。すると武藤は「いや、先生、プロレスに年齢は関係ないですよ。70歳で現役のレスラーがいることを知りませんか？」と問いかけてきた。プロレスラーは体が動かなくても、存在感に価値があるって『ボクの歴史なので読んでください』と2004年に上梓した『武藤敬司自叙伝』（経済界刊）を手渡した。

「キラッキラッ目を輝かせて自分のことを話すんでしょうね」と笑った杉本だったが「武藤さんのお話をお聞きした時、『この人からプロレスを奪ったら死ねって言うことと同じだ』と思いました。その瞬間、この人の治療方針はメスを入れることなんだと決めました」

プロレスへの熱意に揺り動かされ手術を決断したが、レントゲンとMRI（磁気共鳴画像）検査で両膝の状態を目の当たりにした時に言葉を失った。

「伸びないし曲がらない。完全にロックしている状態で、まるで一本の木の棒みたいになっていました。この膝でプロレスをやっていたというのは正直、信じられませんでした」

診断結果は「変形性膝関節症」だったが、両膝は、例えるなら寝たきりや長い間、体を動かさない人が衰え、関節の動きが悪くなる「拘縮」の手前まで来ている状態だった。膝には半月板も軟骨もなかった。自然な関節も左はわずかに残っていたが、右は完全になくなっていた。一般的に

序章　最後のムーンサルトプレス

「皿」と言われる膝蓋骨は、両膝とも辛うじて存在していたが、太ももの骨である「大腿骨」にくっつき完全に変形していた。さらに本来、足を伸ばした時の角度は、まっすぐの180度からわずかにずれる175度が正常値だが、武藤の右足は150度に折れ曲がっていた。

「左は、そこまでではなかったんですが、正常値から25度もずれているなんて考えられません。リウマチの患者さんで、これだけ曲がっている方がいらっしゃいますが、55歳という年齢で、しかもスポーツ選手で、こんな足を診たことはありません」

さらに杉本が驚いたのは、骨と骨をつなぎ関節を形作る「靱帯」だった。人間は、膝に四本の靱帯を持っているが、右膝はすべて断裂し、左も二本が切れていた。膝の痛みが慢性化していた武藤は、断裂した六本の靱帯がいつ切れたのか記憶にないと明かし、放置したまま日常生活を送り、リングに上がっていた。

「普通、靱帯がすべて切れた状態で歩くことはできません。武藤さんの場合は、放置したことで切れた靱帯が骨にくっついて固まってずれなくなっていました。ですから、無理やり骨にくっついて動かないように安定させている状態で、そもそもそれはあり得ない無茶な足なんです」

一般的にケガは、重症度によって六段階で評価される。「無茶な足」となっていた右膝は最悪の「6」で左膝は「5」と判定された。

「6というのは、例えるならビルの三階ぐらいから落ちた転落事故で負うようなケガのレベルです」

杉本が指摘した「転落事故」レベルの衝撃を、武藤はリング上で、自らの意志で背負っていた。

それが「ムーンサルトプレス」だった。

倒れた相手を目がけてトップロープからバック転してボディプレスする「ムーンサルトプレス」は、デビュー間もない頃から繰り出してきた。華麗に空中を舞う一方で、両膝はバック転した時に高さ3メートルほどまで達し、マットに叩きつけられる。188センチ、110キロの全体重が加速度を付けて急降下する負荷を、杉本は交通事故で膝を痛める「ダッシュボード・インジャリー」に例えた。

「交通事故で追突されると、膝をダッシュボードにぶつけて靱帯を断裂したり、骨折したりする重傷を負うことがあるんです。それをダッシュボード・インジャリーと呼んでいるんですが、ムーンサルトプレスのショックは、ほぼそれに近いですね。ですから、武藤さんの両膝は、試合でムーンサルトプレスを出すたびに交通外傷レベルのストレスを受けていたんです」

手術は、すでに予定されていた試合が全て終わった後の、3月30日に決まった。さらに手術に際し、杉本は、「ムーンサルトプレス」の封印を告知した。人工関節の素材は、チタンとコバルトクロム合金で、強度がとても高く、交通事故レベルの衝撃を受けなければ、足の他の骨に影響を及ぼすからだ。

「もし術後にムーンサルトプレスをやれば、落下した時の衝撃で大腿骨とか人工関節が入っていない部分の骨が、金属に負けて折れてしまいます。ですから今後、ムーンサルトプレスは絶対にやってはダメです」

手術前の両膝を撮影した3次元CTの画像には、武藤の真実が浮き彫りになっていた。私は、

序章　最後のムーンサルトプレス

武藤と杉本の許可を得て画像を見た。一般的に膝の画像は、「皿」がくっきりと浮かび上がるが、映し出された武藤の膝は、まるで巨大な腫瘍のような瘤で覆い尽くされていた。

「これ全部、骨なんです。骨がむき出しになって棘になって埋まっているんです。これは確かに骨には見えませんよね。本当に腫瘍みたいですね」

両膝の画像は、凝視することが辛くなるほどグロテスクな形だった。歪んだ骨に、リング上で華やかに舞う「武藤敬司」からは想像できない影を感じた。膝を痛めていることは、誰もが知っている。ただ、腫瘍のような骨、折れ曲がった棒と化した両足、断裂したままの靭帯という残酷な真実を知った時、私は思った。

「本当の武藤敬司を知らなかった」と。

「ムーンサルトプレス」が放つリング上の「光」が、目に見えない残酷な膝という「影」を消していた。日常生活で杖をついて歩き、長い歩行が必要な時は車椅子の助けを借りた。手術を何度繰り返そうが、どれほど激痛に襲われようが武藤は、舞った。

「どうしてプロレスラーをやってるかって言うと、多くのお客様がオレ一点を見ている、この視線の気持ち良さなんですよ。オレの一挙手一投足にお客様が感情移入して手応えを感じた時に一番、プロレスラーとしてのエクスタシーを感じるんです。レスラー冥利に尽きる瞬間なんです。そこに自分の細かいエゴなんかは入って来ない。プロレスラーとしての大優先は、お客様を気持ち良く感動させたか、させないかっていうところだからね。だからさ、求められる以上は飛ばずにはいられなかったんだよ。これは、言ってみればオレの宿命だよ」

13

リングで味わう一瞬のエクスタシーが、武藤にとって生きる証だった。しかし、快感を得るために両膝は、壊れた。ムーンサルトプレスが抱える「光」と「影」は、プロレスの魅力と切なさの凝縮でもあった。

2018年3月14日。「WRESTLE―1」の後楽園ホール大会で、武藤は「人生最後のムーンサルトプレス」を舞った。浜亮太、SUSHI、宮本和志、河野真幸、大和ヒロシ、中之上靖文、KAIと対戦した。試合に向けて記者会見を開き、人工関節手術を行う事実と、術後は「ムーンサルトプレス」を封印することを発表した。「最後のムーンサルトプレス」を見ようと、会場には主催者発表で超満員1521人の観衆が集まった。

試合で武藤は、三度トップロープに上がり、観客の視線を釘付けにした。一度目は、上がったところでイスを投げつけられて失敗し、二度目は、河野にかわされ自爆した。人工関節の手術を行うことを知っている観客からは悲鳴が上がった。

そして、最後の瞬間が訪れた。河野をバックブリーカーで仰向けに倒した時、尻餅をついてよろけた。不格好な姿には、55歳の年齢と両膝が抱える現実があった。トップロープに上がり、一瞬間を置いて、バック転で舞った。腕を伸ばし万感の思いを込めるように、一瞬間を置いて、バック転で舞った。カウント3が入った瞬間、会場は喝采に包まれた。武藤がムーンサルトプレスで味わう最後のエクスタシーだった。

リングでマイクを持つと「しばらくプロレスを休みますが、必ずこのリングに戻ってきますので、新生武藤敬司で帰ってくるから、みなさん待っててください」と復活を約束した。バックステージではムーンサルトプレスへの思いを吐露した。

序章　最後のムーンサルトプレス

「昔と比べたら跳躍力もないし、不格好かもしれないけど、気持ちのこもったムーンサルトだった。この技があったから、運動能力があるんじゃないかと思われて、海外に行けたし、海外でもこの技でトップまではい上がることができた。今までの武藤敬司はムーンサルトありきだった。これからは、水戸黄門の格さんを失ったような気分かもしれないけど、今までの経験から新しいことを生み出して頑張ります」

そして、言った。

「武藤敬司に悔いなし。さよならムーンサルトプレスだ」

1954年2月19日に、蔵前国技館で力道山が木村政彦と組んでシャープ兄弟と対戦し、日本初の本格的なプロレスがスタート、ジャイアント馬場、アントニオ猪木が昭和のプロレスを発展させた。武藤は、1984年のデビュー直後から将来を嘱望され、新日本プロレス、WCW、全日本プロレス、WRESTLE—1と日米で主戦場を渡り歩き、さらには化身のグレート・ムタに姿を変え、常に鮮やかで変幻自在に平成のプロレス界を駆け抜けた。平成のプロレスは、武藤敬司の時代だったと表現しても過言ではないだろう。そこには常に「ムーンサルトプレス」があった。

私は、小学生の時にアントニオ猪木対タイガー・ジェット・シンを金曜夜8時のテレビで目撃してからプロレスに引き込まれた。1992年に報知新聞社に入社後は、記者としてプロレスを取材する幸運に恵まれた。武藤敬司を初めてインタビューしたのは95年10月の髙田延彦戦の直後だった。どんな質問にも言葉を弾ませ、目を輝かせながら答えるオーラに圧倒されたことを昨日

のことのように思い出す。99年からプロレス・格闘技担当のキャップとしてより密接に武藤を取材した。2003年よりプロレス取材から遠ざかったが、最後のムーンサルトプレスを前に再び武藤を取材する縁を得た。紆余曲折を経たが、年齢を重ねた武藤がプロレスを表現する言葉とオーラは、変わることはなく、むしろより味わい深いものに変わっていた。

平成の終わりに最後のムーンサルトプレスを目撃した時、「武藤敬司をもっと知りたい」と思い、本人にインタビューをして、スポーツ報知のホームページで「武藤敬司、さよならムーンサルトプレス」と題し、2018年4月9日から34回にわたり連載を展開した。

配信中は、想像以上の反響とアクセス数を獲得することができた。この事実は、改めて武藤敬司が平成のプロレス史においてどれほどの影響を与えていたかを実感する出来事だった。そして、このほど様々な方々の尽力のおかげで書籍化へ至った。

出版が決まり、武藤敬司を改めて取材し、加えて可能な限り周囲の人物を取材した。本書は、平成のプロレス界を代表する「武藤敬司の時代」をたどった一冊である。

まずは、武藤が新日本プロレスに入門した1984年4月に時計の針を戻すところからスタートしたい。

1章 入門、そしてデビューへ

22歳で「プロレスラーのほけつ」

武藤敬司が初めて新日本プロレスの道場を訪れたのは、1984年4月だった。

「東京都世田谷区野毛1丁目3番地22号」

山梨県富士吉田市から上京した21歳の青年は、入門テストを受けるため、東急大井町線の等々力駅に降り立つと、指定された道場の住所を頼りに見知らぬ町を歩いた。

「初めて道場に行ったのは4月だったのを覚えているよ。等々力の駅で降りて等々力不動の方へ坂を下って行ったら、でけぇビルがあったんだよ。オッ、あれが新日本プロレスだろうなって思って行ったら違う会社だったんだよ」

当時の新日本プロレスは、毎週金曜夜8時にテレビ朝日系列「ワールドプロレスリング」で生中継されていた。

「テレビでやるぐらいだから、道場も豪華だろうなって思ったんだけどね。たどり着いてみたら、ビルでも何でもなくて極めて庶民的な感じでガッカリしたよ」

武藤が肩を落とした道場は、1971年12月までアントニオ猪木の自宅だった。猪木は、この年の11月2日、新宿の京王プラザホテルで「1億円披露宴」を挙げたばかりで、女優倍賞美津子と新婚生活を送っていた。甘い私生活は、すぐに激震に見舞われる。12月16日に会社乗っ取りを理由に日本プロレスを追放されたのだ。

窮地の猪木は、新団体「新日本プロレス」の設立を決断する。旗揚げに向けて真っ先に動いた

1章 入門、そしてデビューへ

のが、道場の建設だった。しかし、新たに土地を買う余裕もない。そこで猪木は、自宅の庭に道場を建てることを決断する。さらに敷地の中に若手選手が住む合宿所を用意した。自宅を捨てて作った道場は、いわば、新日本プロレスを創設した猪木の魂だった。

道場には山本小鉄が待っていた。山本は、1963年に日本プロレスに入門し、身長170センチ、体重100キロと小柄な体格でありながら、闘志溢れるファイトスタイルで人気を獲得。星野勘太郎とのタッグ「ヤマハブラザーズ」で、アメリカでも名を馳せた。猪木が日本プロレスを追放されると、行動を共にし、新日本プロレスの旗揚げに尽力。以後、リング上では中堅選手として活躍。道場では「鬼軍曹」の異名を持つほどの厳しさで若手選手を指導、また、フロントでは取締役として新日本の発展に貢献した。80年4月の引退後は、テレビ朝日「ワールドプロレスリング」の解説者を務め、お茶の間にプロレスの魅力を広げるなど、入門テストの担当で、言わば新日本プロレスの「顔」でもあった。当時、道場を仕切っていた山本は、武藤の他にもう一人いたが、武藤は鬼軍曹の指示の下、テストを受験した。テストを受験したのは武藤の他に、内容はいたって簡単で、ヒンズースクワットを中心にした体力測定と柔軟運動をやると、その場で二人共、合格を言い渡された。

「すぐに合格って言われて、これでプロレスラーになれるのかって思ったよ」

拍子抜けするほどあっさりと決まった入団だったが、そこまでの道のりには紆余曲折があった。

武藤は1962年12月23日、山梨県富士吉田市で造園業「藤光造園」を営む植木職人の父・明光、母・たき子との間の長男として生まれた。体重は4000グラムと恵まれた体格を授かり、

富士吉田市立下吉田第一小学校2年の時、ドラマ「柔道一直線」を見た影響から柔道を始めた。

「ただ柔道をやっていたんだけど、2年生の時のわずかだったんだよ。町の柔道教室みたいなところに通っていたんだけど、その後、野球チームに入って野球の方が面白くなってね。柔道教室には二、三回ぐらいしか通ってなかったと思う」

野球少年だった小学校の高学年のころ、プロレスはテレビで見ていた。昭和40年代後半から50年代中頃まで、テレビのプロレス中継は金曜夜8時に、テレビ朝日が新日本プロレスの「ワールドプロレスリング」。土曜夜8時は日本テレビがジャイアント馬場の全日本プロレスの「全日本プロレス中継」を放送していた。新日本の裏番組は、日本テレビで放送されていた、石原裕次郎主演の刑事ドラマ「太陽にほえろ！」。全日本は、TBSのザ・ドリフターズのバラエティ「8時だョ！全員集合」と視聴率争いを展開していた。

「プロレスは見てたけど、テレビ欄のタイトルを見て『太陽にほえろ！』の題名が良かったら、そっちを見たりしてね。全日本も裏のドリフターズを見たりして毎週じゃなかったけどね。新日本と全日本のどっちに惹かれたかっていうと、オレの中ではセンスとかカラーとか新日本の方が好きだったよ。猪木さんと馬場さんを比較すると、猪木さんの方がかっこよかったからね」

猪木の燃える闘魂に魅せられた小学生時代、将来の夢はプロレスラーだった。

ここに、下吉田第一小学校卒業を前に、12歳の武藤が書いた「卒業生の近況カードA（卒業時の記録）」がある。「勉強でとくいなもの」を「体育」、「ふとくいなもの」を「国語」と記した中で「将来なりたいもの」の欄に「プロレスラー」としたためている。

1章　入門、そしてデビューへ

さらに「私の今後の予想」という欄があり、10年後の22歳、20年後の32歳、30年後の42歳、40年後の52歳、そして50年後の62歳に何を自分はしているのか予想している。

ここに武藤少年は、22歳で「プロレスラーのほけつ」、32歳で「けっこん、プロレスラー世界一」、42歳で「プロレスをやめてうえきや」と記し、52歳で「うえきやめる」とし、最後の62歳を「死」と書いている。

実際、22歳の時はデビュー間もない前座レスラーで、確かに「プロレスラーのほけつ」だった。さらに1995年の32歳は「武藤敬司」として初めてIWGPヘビー級王座を奪取し、10月9日に東京ドームでUWFインターナショナルの高田延彦との一騎打ちが実現。名実共に世界一といえるレスラーになっている。小学校卒業時に描いた20年後までの未来は、思い通りの道を進んできたと言える。一方で30年後からの実人生は異なっており、12歳の時に描いた未来予想図はどこか暗示的なものを感じさせる。

プロレスラーになりたかった小学生時代だったが、あくまでもそれは夢だった。

「だって、山梨の田舎に住んでいて周りにプロレスラーなんていないし、プロレスを知ってる人すらいないから。プロレスは、完全に別世界だったからね。そんなことができたらいいなぁっていう程度の思いだったよ」

下吉田中学にあがると野球部に入ったが、新入生は球拾いばかり。さらに先輩後輩の上下関係に嫌気が差し、あっさりと退部した。そして、小2の時に少しだけかじった柔道部に入部し、山梨県大会の団体戦で優勝するなど実績を残した。進学した富士河口湖高校では、1年時の国体へ

の出場権をかけた山梨県大会の86キロ級での優勝を手始めに、県内でほとんど負けたことはなかった。ただ、全国大会では、優勝はおろか準々決勝にも進めず、柔道の競技レベルの高さを身にしみて感じた。

「いくら山梨では強くても全国に行けば全然通用しなかったよね」

山梨の高校柔道界で名をはせていた武藤は、県の連盟が主催する、社会人の猛者が集まる強化合宿に何度か参加していた。そこには拓殖大柔道部も練習に訪れていた。当時、拓大の監督は、戦前から戦後にかけ15年間不敗の記録を持つ「木村の前に木村なく、木村の後に木村なし」とうたわれた伝説の柔道家、木村政彦だった。武藤が愛読していた梶原一騎原作の漫画「空手バカ一代」には、「木村政彦」が「柔道の鬼」として登場していたため「漫画に出てくる人が本当に実在するのかって思ってね。眺めているだけで感動もんだったよ」と伝説の人物との遭遇に心が躍った。練習では木村と打ち込みの受けをやり「体がごっつくて力も強かった」と感じたという。

木村は伝説の柔道家である一方で、プロレスラーの先駆者でもあった。1954年2月19日に蔵前国技館で行われた日本初の本格的なプロレス試合で、力道山とタッグを組んでシャープ兄弟と戦った。その後、同じ年の12月22日に蔵前で力道山と戦ったが、顔面を蹴られKO負けを喫した。武藤と日本のプロレス史の礎を築いた木村の遭遇は、不思議な因縁を感じさせるが、周囲からは「木村と日本のプロレス史の礎を築いた木村先生の前では、力道山の話は絶対にするな」と釘を刺されていた。プロレスの話題はタブーだったが、柔道に熱中していた高校生の武藤にとってあくまで「木村政彦」は、伝説の柔

1章　入門、そしてデビューへ

道家で、そんなことは気にもならなかった。それよりももっと木村を知りたかった。

「だから、木村先生の自伝とか歴史が書かれた本を読んだりしたよ。『普通の人の二倍練習する人はいるだろう。だから私は三倍練習した』とか何とか、そんな言葉を覚えているよ」

この合宿には、拓大柔道部だった西良典も参加していた。西は、長崎海星高校時代は九州大会でベスト8に入る実力を持ち、拓大に進学し木村に師事した。武藤と出会った当時、西は、格闘技だけで生活しようと空手道場に通うなど模索していた。ただ、格闘技だけで生活することは難しく、柔道整復師の国家資格を取得しようと、宮城県仙台市の「東北柔道専門学校」（現・仙台接骨医療専門学校）に通っていた。その後、昭和58年に大道塾の北斗旗空手道選手権の無差別級を制覇、1987年に長崎市に「空手格闘術慧舟会」を設立し、1994年7月には日本人で初めてヒクソン・グレイシーと対戦するなど、日本における総合格闘家のパイオニアとなった。

現在、長崎市の「和術慧舟會」本部で代表を務める西は、高校時代の武藤について「上背もあぐに何でもできる男でした」。将来を期待した西は、武藤が3年生の時に進路を尋ねた。「その時、専門学校に入るって聞いたんです。それは、もったいないと思って、大学には行きません」と即答した。言葉はキツイがあまりに朗らかでストレートな返答に西は、「笑うしかありませんでした」と振り返る。

山梨県で無敵だった武藤は、卒業を控え、東海大、駒澤大、東洋大、専修大、拓殖大の五校か

23

ら勧誘された。しかし、「当時は、柔道では将来、稼げないと聞いていたから」と明かすように西への宣言通り進学はせず、柔道整復師の資格を取得するため、西と同じ東北柔道専門学校に入学した。専門学校では、整復師の資格を取る授業と柔道部の練習に追われる毎日だった。ここで西は武藤の強さを実感した。

「専門学校には、天理大とか東海大とかの全国の名門でレギュラーだった大卒の生徒と、武藤のように高校を卒業して入った者が混ざっていたんです。乱取りをやっても私は、高卒の他の子は簡単に投げることができましたが、武藤だけ、そうはいかなかった。大外刈りとか内股とかが得意でやはり、センスが良かったですね」

高校時代に山梨で無敵だった実力は、さらに進化した。19歳の秋、和歌山県立体育館で行われた「全日本新人体重別選手権大会」の95キロ級で3位に入ったのだ。それより年上の人で強い人は山ほどいたわけだからね。そもそも、そこでオレは優勝できなくて3位なわけだからね。それに強化指定選手に選ばれたっていってもA、B、Cってランクに分かれているんだよ。その中でオレはCランクだからね。強いっていう表現を使えるのは、本当にトップのまた、その上のトップの方たちだけで、そういう意味でオレなんか全然、強くなかったよ」

当時の日本柔道界は、のちの五輪金メダリストの山下泰裕と斉藤仁の全盛期で、日本柔道が世界の頂点を極めていた時代だった。

1章　入門、そしてデビューへ

「本当、柔道って強い人はとてつもなくすげぇんだよ。だって、本当に組んだ瞬間に岩みたいに動かない人がいたからね。そんな人と対戦した時は組んだ瞬間に負けたって思ったからね。だから、山下さんとか斉藤さんなんて、オレから見れば果てしのない宇宙にいる方たちですよ」

自分の実力では、世界はもちろん、日本でも一番になれないことが分かっていた武藤にとって、強さを追求することは専門学校を卒業する20歳で終わっていたのだ。

柔道整復師としての挫折と「プロレスラーの夢」

柔道家として限界を感じた専門学校時代に「プロレス」を身近に感じる出来事があった。それは、柔道部の練習後に西と遊んだプロレスごっこだった。二人がマネをした試合は、1980年2月27日、蔵前国技館で実現した猪木と極真空手のウイリー・ウイリアムスの異種格闘技戦だった。西は、この遊びを鮮明に覚えている。

「後輩にリングのロープに見立てた柔道の帯を持たせて、その中で私が猪木で武藤がウイリーになって遊びましたよ。そしたら、あいつは、空手をやったこともないのに、いとも簡単にウイリーの蹴りをマネするんですよ。あれには驚きましたよ。あいつの運動神経の良さとプロレス的なセンスを感じました」

後年、プロレスラーとなった武藤がテレビでローリングソバットをやっている姿を最初に発見した時、専門学校時代とまったく変わっていないと感じたという。武藤のプロレスセンスを最初に発見したのが総合格闘技の先駆者、西良典だったのだ。

西とのプロレスごっこは武藤にとって、テレビで見るだけのほど遠い存在だったプロレスを少しだけ身近に感じさせることになった。
「西先輩は、あのころキックボクシングをやっていたから、オレはボコボコにやられていただけだったよ。ただ、そんな遊びの中で子供のころは夢だけだった、プロレスラーというものが、少し脳裏に浮かび始めてきたんだよね。それで、西先輩に『プロレスラーになりたい』って相談したんだよ」
西も「武藤は、プロレスラーになりたいと言ってましたよ。新日本に入りたいって言っていたことを覚えてます」と明かした。

ただ、当時は新日本プロレスに入る伝手がなかったので、卒業後は、実家に帰り柔道整復師になることを決めていた。二年間の専門学校での生活で柔道整復師の国家資格試験に合格し卒業。実家からほど近い富士吉田市の接骨院「佐野接骨院」にインターンとして就職した。接骨院では、多忙で留守が多かった院長に代わって患者を診察することが多かったという。
しかし、就職して一年足らずで整復師として限界を感じることが多かった。
「学校を卒業したばかりで、まだ知識もそれほどない中で診察してたよ。今だから言えるけど、患者さんから『何でこれ痛いんですか』って聞かれて、答えないわけにはいかないから、適当に答えるような感じだったんだよ。ところが、ある時、よく通ってきてくれていた女の子を診察して、オレから見たら大したことないって思ったから、院長先生が後でレントゲンを撮ったら『オイ武藤、骨折して

』って言われてね。そんなこともあって、何か骨接ぎに自信をなくしちまってね。嫌だなって思って、勤めて一年ぐらいだったけど辞めようと思ったんだよ」

一つの誤診で整復師としての挫折を味わった時、心の中に沸き上がってきたのが子供のころから思いを募らせていた、「プロレスラー」だった。学校にいた時は縁遠かったプロレスの世界だったが、卒業後に接点が生まれていた。専門学校で一年先輩の長谷地貢が、新日本プロレスのレスラーが数多く通っていた世田谷区の「菅谷整骨院」に勤めていた。院長の菅谷喜三郎は、新日本の選手と公私共に親しい仲だった。

「長谷地先輩から新日本の選手がうちの病院に治療に来てて、『院長先生はレスラーと親しいんだ』って聞いてね。今まではプロレスラーになりたいという思いは持っていたけど、完全に別世界だと思っていたからね。だけど、知っている先輩がプロレスラーと接点があるってことで一気にプロレスが身近に感じられたんだよ。ちょうど骨接ぎが嫌になって、向いてないかなと思っていた時だったから、長谷地先輩に電話して『レスラーになりたいんですけど、紹介して頂けないでしょうか』みたいな感じで相談をしたんだよ」

現在、埼玉県滑川町で「ながやち接骨院」を開業している長谷地によると、武藤から相談を受けたのは1984年4月だったという。

「電話で『一年間、接骨院に勤めたんですけど、自分には向いていないような気がして……。自分にはプロレスラーになりたいっていう夢があるんです。プロレスラーになりたいので菅谷先生を紹介して頂けませんか』というような話だったと思います」

長谷地は、すぐに武藤の希望を菅谷に伝えた。

「菅谷先生には『専門学校時代の後輩で武藤っていうのがおります。彼がプロレスラーになりたいと言っているのですが、体が大きくて柔道も強くてスター性もあります。必ず将来、新日本プロレスを背負って立つ選手になりますから、紹介して頂けませんか』と話をしました」

後輩を思う売り込みに菅谷は、その場で、新日本プロレスの看板レスラーで当時副社長だった名実共に猪木に次ぐナンバー2の坂口征二に電話をかけて、面接の約束を取り付けた。失意の誤診からプロレスラーへの道が開けた瞬間だった。

「自分の中で骨接ぎが嫌になった合間のようなタイミングでちょうどこの話が盛り上がってね。オレにとって大きな挑戦だったけど、実家が植木屋をやっているから、ダメだったら保険じゃないけど、実家を継げばいいやっていう思いも正直、あったよね」

菅谷の紹介を受け、南青山の新日本プロレスの事務所で面接を受けた。担当したのは、坂口と、1980年4月4日に現役を引退し、取締役として選手の育成を手がけていた、旗揚げメンバーでもある山本小鉄だった。

「鬼軍曹」山本小鉄の眼力

面接で何を聞かれて何を答えたのかは記憶にはない。ただ、今も鮮明に心に刻まれているのは、坂口の身長196センチ、体重125キロの肉体と、腕、足とすべてが骨太の、規格外の体格が持つド迫力オーラだった。

坂口は、柔道家として明大から旭化成に所属し活躍。オリンピック出場こそかなわなかったが、1965年の全日本柔道選手権で優勝し柔道日本一の座に輝いた。その後、67年に鳴り物入りで日本プロレスに入団し人気を獲得。73年4月には猪木が設立した新日本プロレスへ移籍した。ビッグネームの坂口が加入したことで当時、テレビ中継がなかった新日本の試合をNET（現テレビ朝日）が放送することを決定するなど、新日本にとって救世主的な存在だった。武藤が初対面した当時は、まだ現役として一線で活躍していた。

「その時に初めてレスラーっていうのを間近で見たんだよ。それがいきなり坂口さんだから、ビックリしちゃってね。『ウワッ！　何だこの人』って思ったよ。だって、指一本でも今までそんな指なんか見たことないねぇっていうぐらい、すげぇ太いんだよ。山本さんも、当時はまだ引退して数年後だったから、いかつくてさ、何なんだこの人たちはって内心、ビビったよな」

　初めて目の当たりにしたプロレスラーに圧倒され期待と不安を抱えながら、入門テストに合格し、4月21日に新日本プロレスの合宿所に入った。指定された時間に道場に着くと、自分と同じ二人の新弟子がいた。一人は東京都三鷹市出身で中京商業（現・中京学院大附属中京高校）を卒業したばかりの18歳、蝶野正洋だった。もう一人は岐阜県土岐市出身で20歳の橋本真也だった。

「その時がみんな初対面だったけど蝶野のことは噂で聞いてたんだよ。オレの親戚が東京の専門学校に行っていて、そこに蝶野の同級生がいて『今度、オレのいとこがプロレスラーになるんだ』っていう話をしてたら、そこが蝶野だったんだよ。だから、最初に会った時は『噂のあいつか』っていう話で盛り上がったってことを、親戚から聞いていてね。それが蝶野だったんだよ。

って思ったよね。あいつは大きかったし、タッパもあったし、足も太かったよ。橋本に関しては入ってから分かったことなんだけど、柔専の時の後輩が、岐阜の中京商業でそいつの後輩が橋本だった。たどって行けば柔道関連は、つながっていくんだよね」
　同期で入団した練習生は他に、野上彰（現・AKIRA）、青森県弘前市出身で中学を卒業した15歳の船木優治（現・誠勝）、そして武藤と同じ日に入門テストを受け合格した新弟子の六人だった。
　合宿所には先輩の高田伸彦（現・髙田延彦）、新倉史祐、小杉俊二、後藤達俊、畑浩和、山田恵一、佐野直喜（現・巧真）ら若手が生活を共にしていた。
　翌日から練習が始まった。副社長の坂口は、新弟子を前に挨拶をした。
「選手全員が集合する合同練習の初日に道場へ行ってね。それまでは、入ってもすぐに辞めて逃げ出すことが多かったから新弟子が少ない時代でね。そういう時に六人も一気に入ってきたからね。『今年はいいのが入ったな』ってみんなで喜んだよ。道場で新弟子を前にして『練習は大変だと思うけど、とにかく頑張れよ』って叱咤激励しましたよ」
　坂口が「大変だと思う」と予告していた練習は、やはり過酷だった。当時の新日本プロレスは、シリーズがない期間は、朝10時から昼過ぎの午後1時まで全選手が参加する合同練習を行っていた。休日は日曜日だけで新弟子は、スクワット、プッシュアップといった基礎トレーニングをそれぞれ1000、2000回など、ただひたすら繰り返すだけのメニューが中心だった。常人では到底たどり着けない、膨大な回数を反復する単調な特訓は、肉体的にはもちろんだが精神的に

も追いつめられる。レスラーになる希望に燃えた新弟子は、まずここで挫折し道場から去って行く。

それは武藤も同じだった。入門してすぐに辞めることを決意したのだ。

「練習がヒンズースクワットばっかりでつまんないことをずっとやらされてさ。しんどくて嫌で嫌でたまらなくてね。それと当時はめちゃくちゃ非合理的な練習で、道場を飛び出して等々力不動まで行ってね。そこの階段を二人一組とかで競争して勝つまでずっと走らされてさ。帰り際に水飲み場で水を飲んだらすげぇ先輩に怒られてね。今じゃ考えられないよな、入って10日目ぐらいだったかなぁ『もうダメだ、辞めよう、実家に帰って植木屋を継ごう』と思ってね。それである時、練習が終わった後に山本さんに、『オレもう辞めます。お世話になりました』って挨拶に行ったんだよ」

すると、山本さんは、予想外の対応をした。

「もうちょっと頑張れ。後一週間でいいから頑張ってみろ」

武藤は、その言葉に光を見たという。

「他のヤツが辞める時は、山本さんは一切、引き留めてくれなかった。オレはその姿を見てたからね。だけど、オレには『頑張ってみろ』って言ってくれてね。その時に思ったんだよね。『あれ？もしかしたら、オレってプロレスラーとして才能あるのかな』って。それで『じゃあもうちょっと頑張ります』って返事をして、逃げ出さなかったんだよ」

道場から逃げ出そうとした武藤は、いわば新日本プロレスの落第生だった。しかし、団体創設

時からコーチを務め、厳しい指導で鬼軍曹と呼ばれ、多くのプロレスラーを育てた山本は、恵まれた体格に甘いルックス、そして柔道で鍛えた実力を見逃さなかったのだ。

２０１０年８月２８日に６８歳で山本小鉄は急逝した。

「山本さんのあの一言がなかったら今のオレはなかった。だから、山本さんにはありがとうございました、しかないですよ」

今も忘れることのない鬼軍曹への感謝。そして、山本小鉄の眼力が正しかったことを武藤はスパーリングで証明する。

「ストロングスタイル」を支えるもの

新日本プロレスに入門した練習生は、誰もがスパーリングの洗礼を浴びた。スパーリングはパンチ、キックといった打撃技を使わずに、互いに関節技を取り合う練習で、力道山の日本プロレス時代から続く伝統的なメニューだった。関節を決め合うことから、通称「決めっこ」と呼ばれていた。

アントニオ猪木に憧れ１９８０年６月に入門し現在、新潟県佐渡市で妻の実家である酒店「伊藤酒店」を経営する伊藤俊二は、現役時代、旧姓の「小杉俊二」のリングネームで活躍した。腰の負傷で１９８８年４月に引退したが、今も忘れられないのが入門して最初のスパーリングだった。

「初めてリングに上がって無我夢中で先輩レスラーに突っ込んだら、あっという間に倒されて顔

1章　入門、そしてデビューへ

面を腹で押さえられました。鼻と口が完全に塞がれて息ができなくて、窒息しそうになりまして、本当に死ぬかと思いました」

腹を顔面で塞ぐ体勢は、通称「ラッパ」と呼ばれ、先輩レスラーが新人に浴びせる洗礼だった。テレビで見るプロレスでは分からない「裏技」を知った小杉は「とんでもねぇ世界に入った」と実感したという。

小杉の三年後の1983年6月に入団した山田恵一も初めてのスパーリングは強烈に覚えている。山田は、中学時代に雑誌で見た藤波辰巳（現・辰爾）に憧れ、プロレスラーへの夢を抱いた。広島電機大学附属（現・広島国際学院）高校ではレスリングで国体出場まで実力を高めたが、身長が170センチと小さかったため、一度は新日本入りを断念した。自分と同じように小柄でも、元新日本プロレス所属で、当時メキシコで活躍していた、グラン浜田に弟子入りを志願しようと、単身メキシコへ渡った。そこで熱意に打たれた浜田から、山本を紹介され入門を許された。

山田が道場で初めてスパーリングを行った相手は高田だった。レスリング経験からタックルは取れた。しかし、倒した後が続かなかった。

「レスリングしかやっていなかったのでそこから先は何もできないんですね。関節技を知らんで、いいように決められて、痛くてギャーギャーわめいて、首絞められて落ちるし、15分ぐらいやられまくりました」

山田も、小杉と同じように初めてのスパーリングで失神するまで追い込まれた。練習後、高田はこう告げたという。

「オレよりもっと強い人がいる。それが藤原さんだ。だから、これからは、藤原さんに教えてもらえ」

 高田が「強い」と尊敬した藤原喜明は、スパーリングで群を抜く技術を持っていた。岩手県北上市の黒沢尻工業高を卒業後、サラリーマン生活などを経て、新日本が旗揚げした1972年の11月に23歳で入門した。入門からわずか10日後にデビューし、道場では積極的に猪木のスパーリング相手を務め、技術を磨いた。その練習熱心な姿勢が猪木に認められ、1976年6月26日、日本武道館でのプロボクシング世界ヘビー級王者モハメド・アリとの格闘技世界一決定戦の前には、スパーリングパートナーに抜てきされていた。藤原は、1975年に入門した初代タイガーマスクの佐山サトル、1977年入門の前田明（現・日明）ら多くの若手選手に道場で胸を貸し、将来のメインイベンターを育成していた。

 昭和の新日本プロレスは、創設者のアントニオ猪木が「プロレスこそ最強」、「いつ何時誰の挑戦でも受ける」、「キング・オブ・スポーツ」を掲げ、リング上でのシリアスな闘いを標榜していた。これは、猪木自身が17歳で日本プロレスに入門してから一貫して変わらないプロレスへの姿勢で、「最強」を打ち出すことで当時のファンの中にあった強さへの憧れをかき立て、観客を惹きつけた。猪木は、ライバル団体であるジャイアント馬場の「全日本プロレス」を「ショーマンスタイル」と断じ、自らの「新日本プロレス」を「ストロングスタイル」と名付けた。「強さ」という計り知れない幻想を膨らませることで馬場の全日本と差別化を図り、興行人気につなげた。

 そのために、所属するプロレスラーには、看板を背負う説得力を持つ実力が必要だった。その

1章　入門、そしてデビューへ

力をつける場所が道場であり、スパーリングで群を抜く力を持ち、道場で最も強い藤原に指導を任せた。

「猪木さんから教えられたことは『プロレスとは格闘技である』。ただ、それだけ」

こう明かした藤原は、一切、後輩にプロレス技の練習を課すことはなかった。これも猪木が日本プロレス時代から貫いてきた練習方法だった。徹底したスパーリングだけを重ねることで、プロレスは格闘技を内包しているという、猪木の思想を体で教えていた。事実、小杉は、ラッパの洗礼を浴び「あんな辛い思いは二度としたくありませんから、強くなるしかないと思っていました」と感じ、必死で「強さ」を追求した。そしてスパーリングで認められないと、練習生は上には行けない厳しさが新日本プロレスにはあった。

一方、馬場の全日本は、練習内容が異なっていた。1974年4月にデビューした渕正信は、こう明かした。

「基礎体力、スパーリングもやったよ。あとは受け身をとにかくやらせたよ。それと馬場さんの練習はすべてをやってからプロレスの練習をやらせるんだよ。体はヘトヘトで疲れ果てた一番最後に、試合で使う技とかのプロレスをやるんだよね。そのおかげでバテた時にどれだけきちんとした技を出せるかがレスラーの見せ場だと考えていたんだよね」

馬場は、あくまでも道場では、観客の前で見せる「プロレス」を叩き込み、選手を育てた。一方の猪木は、観客が見えない道場で強さを身につけることをすべてのベースにおいた。

そして、当時の新日本においては、藤原が新弟子にプロレスラーの強さを叩き込む、いわば道場の秩序だった。新弟子で藤原にかなう者など誰もいなかった。武藤が入門するまでは……。

スパーリングの洗礼

藤原が入門したばかりの武藤に、初めてスパーリングで胸を貸したのは、他のレスラーとのスパーを見るに見かねて飛び込んだ時だったという。

「武藤と確か高田だったと思うんだけど、スパーリングをやらせていたんだよ。武藤は運動神経良かったね、体も大きかったし、寝技もやるじゃねえかって、新弟子なのになかなかやるなって最初は思っていたんだけど、そしたら、高田がなかなか決められなくて、『何やってんだお前』って言ってオレがやったんだよ」

武藤も藤原との初スパーを覚えている。

「その時にやっていたのは、高田さんじゃないと思うんだけどなぁ。オレ、高田さんとスパーリングやった記憶はないんだよね。ただ、藤原さんには、決められなかったと思うよ。やっぱり、汗で体がつるつるつるつる滑るからさ。よほど力の差がないと決めるのは難しいと思うよ」

決められなかったと明かした武藤に藤原は真っ向から反論した。

「オレが決めたって？　決めたよ。あの野郎、冗談はヨシコさんだよ。『おぉやるな、お前』って声かけたら、『柔道専門学校に行っていました』って話を聞いてね。そうか、そうかって話したのを覚えているよ。もう一回

山田は、二人のスパーについてこう明かす。

「そのスパーは見てないんですけど、後で武藤選手から藤原さんに腕を決められたって話を聞いたことは覚えています」

船木は、この時のスパーを見ていた。

「藤原さんがおっしゃっていた武藤さんがスパーしていた相手は、髙田さんじゃなくて佐野さんです。僕はハッキリと覚えています。なぜかというと、佐野さんを見て、若手の中でもスパーリングが強かったですから、その人と完全に互角以上にやっていたのを見て、別格の強さを感じて、びっくりしたからです。藤原さんがその後、決めたかどうかは覚えていませんが、武藤さんは対等にスパーをやっていました」

入ったばかりの新弟子が道場で先輩レスラーはおろか、スパーリングで最強の藤原と互角に渡り合った現実は、猪木から小鉄、そして藤原へ継承されてきた新日本プロレス道場の秩序が崩れた瞬間だった。

武藤は猪木にもスパーリングで胸を借りた。猪木は、社長業で多忙を極めていたが、一週間の半分は道場で汗を流していた。昼間の合同練習に参加できない時は、夜に一人道場へ来て若手選手を相手にスパーリングを行っていた。山田も猪木の胸を借りた。

「スパーリングしても猪木さんだけ感覚が違うんです。藤原さん、髙田さんとか色んな他の方とは、普通に対人間なんです。だけど、猪木さんとやると普通の人間とやっている感覚じゃなくて、

「アントニオ猪木なんです。これは言葉で表現するのは難しいですね」

小杉も猪木に胸を借りた時の不思議な感覚を体験した。

「猪木さんにアキレス腱固めをかけたことがあったんですが、他の選手なら絶対にすぐにタップしているんです。だけど、猪木さんにはまったく通じなかった。決まっているはずなのに全然決まらないんです。あんな人は猪木さんだけでした。猪木さんの体というか関節の柔らかさは、独特でした」

当時、40歳を過ぎていた新日本プロレスの総帥だったが、リング上の輝きと同時に道場での実力はまだ健在だった。ただ、武藤の感覚は違った。柔道時代の経験が根底にあった。

「猪木さんと初めて組んだ時？　正直言って、こんなもんかって思ったよ。だって、柔道の時は組んだ瞬間、こいつ人間じゃないって思うヤツがいたんだよ。それに比べると猪木さんは、普通だったなぁ」

ただ、スパーリングでは足関節を決められたという。

「柔道に足関節はなかったから、それには対応できなかった。ああこういう入り方もあるんだなって、猪木さんに勉強させて頂きましたっていう感じだったよね」

道場という観客の目に見えない裏舞台を支配していた藤原と、リングという表舞台でカリスマだった猪木。新日本プロレスを代表する二人と、入門後わずか一か月あまりで武藤は対等に渡り合い、周囲にその「強さ」を浸透させた。同期入門の船木誠勝は「武藤さんは、入った時からできあがっていました。猪木さん、藤原さんと普通に本当にごく普通に取っ組み合いができてまし

た。そんな練習生は他にはいません。だから、ボクは、この人、最初から強いんだなって思ってました」

それは道場で先輩が後輩をねじ伏せ、「強さ」を標榜していた新日本プロレスの歴史の中でも規格外の出来事だったが、武藤にとって柔道時代の延長線上にいただけだった。

「あの新日本道場の決めっこって柔道の寝技とそんなに変わらないなぁっていう印象だったよ。ただ、上半身裸で汗をかくから、腕取ってもつるつるつるつる滑るんだよ。だから最初のうちは決めづらいっていうのはあったよね」

小杉と山田のように先輩から決められまくり、そこからどうにはい上がるか、誰もが葛藤していたスパーリングの洗礼を武藤は浴びなかった。スパーリングは柔道の寝技の延長線であり、違いといえば「体が滑る」ぐらいの思いしかなかった。己の強さを発揮しようとアピールしようとも思わなかった。船木が評したようにただ、普通にそして自然に動いていただけだった。

アントニオ猪木を怒らせた「ガードポジション」

一方で技術的にも当時の新日本にはないテクニックを導入していた。それが、「ガードポジション」だった。ガードポジションとは仰向けになった状態から相手の胴体を両足で挟んだ体勢のことで、下になった状態で相手の腕を取って決めるなど柔道では当たり前の技術だった。総合格闘技が発展した現在では浸透した名称だが、当時は名前すらなく「下になる」などと言っていた。山田は武藤にガードポジションから決められたことがあった。

「武藤選手は、サブミッションのベースが柔道でした。だから、スパーリングも柔術の練習をスタートする時のように相手の胴に足を回してから始める。対するボクはアマチュアレスリングだから、四つんばいの状態でスタートしてました。当時は、そういう柔術みたいな戦い方に対しての免疫がボクはなかったから、上からかぶさると、武藤選手に下からキュッて三角絞めを決められるんです。それは強かったですよ」

山田が入ってきたばかりの練習生に決められることは「それ以降もなかったです」と明かした。

船木も武藤の「ガードポジション」で決められた。「ボクは当時15歳で何も知らない素人同然でしたから、スパーリングで武藤さんに全然かなわなかったです。押さえ込みからの十字が得意でしたね。後、ガードポジションをかなり使っていました。みんなが知らない技でしたから、強くて当たり前なんです」。「ガードポジション」からの三角絞めは、柔道では当たり前のテクニックで、武藤にとって専門学校時代の練習と同じことをやっていただけだった。

「柔道の時からよくやっていたよ。だけど、オレは寝技は好きじゃなかった。道着で密着して寝転がってって汗臭くて嫌でね、練習も泥臭くてしんどいんですよ。オレは柔道に美を求めていたからね。それは一本を取る美しさだよね。柔道にはこういう言葉があって、立ち技三年、寝技一年ってね。これは習得するまでに立ち技は三年かかるけど、寝技は一年で覚えるっていう意味でさ、立ち技ってセンスが重要で簡単にできるもんじゃないんだよ。ただ、オレは寝技が嫌いだっただけで、才能はあったんだよ。なぜなら、んどん強くなるんだよ。だけど、寝技は努力すれば

1章　入門、そしてデビューへ

体が柔らかかったからね」

東北柔道専門学校で武藤の先輩だった西良典も「確かに武藤は大外刈りとか内股とか投げ技にはセンスがありましたが、寝技はそうでもなかったと思います。ただ、当時、武藤の先輩で寝技がめっぽう強い選手がいまして、その先輩がよく武藤を捕まえて寝技の練習をやってました。その積み重ねで武藤も寝技を覚えていったんじゃないでしょうか」という。

専門学校で身につけた「ガードポジション」だったが、道場で猪木から怒られたという。

「猪木さんから『そんな格好するんじゃねぇ』って怒られたよ。ただ、『あぁ、この人、言っていること違うな』って思ったよ。だって、寝技は下になった方が有利だからね。これは柔道では当たり前なんですよ。上になると体勢が不安定だけど、下だと自分の体勢は安定するし、乗っかってきた相手の腕を取ったり、コントロールしやすいからね。だから、オレは猪木さんを無視して下から攻めていきましたよ」

猪木の教えを否定した武藤は、強さを追求する新日本プロレス道場にも違和感を持っていた。

「強さというものでプロレスと柔道を比べるなら、柔道の方が圧倒的に凄（すご）いよ。だって人口が違うじゃん。しかも新日本の道場ってわずか数十人の世界だよ。その中で強さを競うっていっても説得力ないよ。柔道では、オレがいた専門学校だって120人が練習してるんだよ。だけど、そこには日本で一番強いヤツはいない。みんな本当に強いっていう競技人口があって、その中で生き残ったすわけだからね。その先に柔道は世界で何万人っていう競技人口があって、その中で生き残った者がオリンピックで金メダルを取るわけなんだよ。そのトップクラスっていうのは、とてつもな

41

く強いからね。強さを競うということは、ある意味、競技に走るっていうことだよね。その競技という視点で考えたら、柔道にプロレスがかなうわけないよな。比べること自体がナンセンスだよ」

「新日本道場」と「松下村塾」

練習生だった武藤に道場は、どう映っていたのだろうか。

「あのスパーリングというか、決めっこって、猪木さんが自分の思想を下の者に伝えるためのものだよな。あの狭い世界で関節技を決めた、決めなかったとか強い、強くないっていうのは猪木さんの思想であってさ。オレから言わせれば、何て言うかさ、幕末の山口県にあった小さな塾、そう松下村塾みたいなもんだよ」

松下村塾は幕末に長州藩で吉田松陰が主宰した私塾。松陰はわずか50平方メートルの小舎で志ある者に身分の差など関係なく学問を教えた。松陰の思想に影響を受けた高杉晋作、久坂玄瑞、伊藤博文、山縣有朋ら多士済々の人材が倒幕、そして明治維新と新しい時代を切り開いた。松陰は「一君万民」という一人の君主に権威と権限を認め、その他の人民は身分差を認めない思想を唱えた。武藤は、この閉ざされた中で思想を教えた私塾と新日本道場をだぶらせた。松陰が志ある者へ学問を教えたように、猪木が絶対君主として存在し強くなりたいと燃える若者には、藤原がわけ隔てなく技術を教えていた。昭和の新日本は、確かに松下村塾と重なるところはあった。

さらに、吉田松陰の門下生が「倒幕」に走ったように、新日本の道場で強さを追求した佐山、

1章　入門、そしてデビューへ

前田、船木らは後に「UWF」で格闘技スタイルを築いた。UWFでの活動が、平成に入り総合格闘技を発展させ、プロレスの牙城を揺るがした。そういう意味でも、確かに「新日本道場」と「松下村塾」は重なるところがある。

ただ、専門学校時代に柔道で己の限界を悟った武藤は「強さ」にまったく興味がなかった。

「よくよく考えてみれば坂口さんとかマサさんとか長州さんとかは、絶対にそういう思想に走らなかったよ。それは競技というものの厳しさをめちゃくちゃ知っているからさ。絶対に競技としてプロレスを捉えることをあの人たちは一言も言わなかったし、そういうところに色目も向けなかったし求めなかった」

武藤が例えにあげた坂口、マサ斎藤、長州力の三人は、いずれもアマチュア競技で日本の頂点に立ったアスリートだった。坂口は、1965年に柔道日本一を決める全日本選手権で優勝した。マサ斎藤こと斎藤昌典は、1964年の東京オリンピックにレスリングの日本代表として出場した。専修大学レスリング部だった長州力は、1972年のミュンヘンオリンピックに出場した。

「柔道でもレスリングでもアマチュアの世界で日本一になるとか、オリンピックに出るっていうレベルまで行くことは、めちゃくちゃ厳しいからね。それに競技だから、相手との相性とか相手が左利きだとか色んなパターンがいるわけで、試合ごとにまったく状況も違うからね。一概に誰が強いとか言い切れない世界なんだよ。だから、アマチュアの厳しい世界を知っている人は、プロレスに強さなんか求めない。もっとハッキリ言えば、オレは、そういう世界を卒業してプロレスに入ったんだよ」

そして、こう断言した。

「だから、道場での強さがどうのこうのって、猪木さんとかアマチュア競技の厳しさを知らない人たちが作り上げた幻想というか思想なんだよ。柔道の時は、組んでも岩みたいに動かない人とかいたけど、新日本に入ってスパーやった時、誰とやっても、どちらかというとこんなもんか？って思ったからね」

武藤がプロレスに求めていたものは明快だった。

「それはエンターテイメントだよ。その中で有名になりたいっていうのもあっただろうし、金を稼ぎたいっていうのもきっとあっただろうしね。その一部として男子たる者、強くなりたいっていうものはあったよ。あったけど、それはオレの中では重要なウエイトを占めてなかった。それよりも、もっと豊かな世界を求めたよね」

21歳で入門した時、猪木が掲げた「プロレスこそ最強」という看板を武藤は胸の内で否定した。そして、柔道時代に「強くない」と自覚している自分が道場でのスパーリングで先輩レスラーを決め、猪木と藤原と対等に関節を取り合った事実が、新日本プロレス道場の「最強幻想」を中から崩したのだ。

一方で道場でガチンコのスパーリングをやる意味も理解していた。その例えに2018年、日大アメリカンフットボール部で起きた悪質タックル問題を挙げた。日大の選手が関西学院大学との定期戦で、プレーに関係のない選手をルールを無視した背後からの不意打ちタックルで倒しケガを負わせ、大騒動となったあの問題だ。

1章 入門、そしてデビューへ

「今でこそ日大のタックルみたいなのが話題になっているけど、当時のプロレス界はああいう不意打ちみたいなものに備えておかなきゃならない世界だったからね。リング上でいつ仕掛けてくるか分からない試合の中で、そういうような緊張感がある業界だったからね。特に新日本は、本当に仕掛けてくるからね。星野（勘太郎）さんとか、荒川（真）さんとかよくやってたよ。随分、殴り合いをやっていたよね」

武藤自身は、仕掛けられた記憶はないという。ただ、自分もいつ不意打ちを食らうかと危険を感じていた。だからこそリング上で何が起きても対応できるように道場でガチンコを磨く必要があった。

道場で規格外の強さを発揮した武藤がデビューを迎える時が来た。

1984年10月5日、埼玉県越谷市体育館。相手は共に道場の門を叩いた蝶野だった。記念すべき初陣は、一方で激震の中で迎えたリングだった。

デビュー戦の記憶

1984年10月5日、新日本プロレス「闘魂シリーズ」開幕戦で、武藤は蝶野とデビュー戦を行った。記念すべき初陣について、武藤はリングへ上がったところまでは覚えているが、ゴングが鳴った後に何をしたのか、どんな技を食らったのか記憶はない。

「その時の感情はどうだったのかなぁ。分からないよね。当時、荒川さんと木村健吾さんに可愛がって頂いて、お二人がセコンドについてくれたことだけは覚えているよ。多分、やっぱり緊張

したと思うし、ただ、無我夢中で動いていただけだったと思うよ」

試合は逆エビ固めで武藤が勝利した。時間は8分27秒だった。

一方、対戦した蝶野の記憶は強烈だった。

「武藤さんのデビュー戦の対戦相手がいないことが、開始30分前に分かり、突然のデビュー戦でした。開始リングに上がったら、恥ずかしくてずっと下を向いてましたよ。覚えているのは、あの青いマットの色だけですね。試合は道場のスパーリングの延長ですから、すぐに武藤さんにボストンクラブで決められて、多分、5分ぐらいですぐにギブアップしたんですよ。ところがレフェリーの柴田勝久さんが『まだまだ！ まだまだ！』って言って、ギブアップを取ってくれなかったんですよ。その後、二回ぐらいギブアップで、ようやく終わらせてくれてね。参ったしているのに、ギブアップ取らない、訳がわからないデビュー戦でした（笑）」

武藤と蝶野は、入門した4月21日からわずか五か月あまりでデビューした。これほど短期間での初陣は異例だった。さらに、二人と同じ日に入門した橋本は、一か月早い9月1日に東京・練馬区練馬南部球場特設リングでの後藤達俊戦でデビューしていた。武藤、蝶野、橋本の三人が短期間でデビューできたのは、三人が持つ才能もあったが、裏には、入門後、五か月あまりの間に新日本プロレスで起き続けた激震の余波もあった。

入門直後の激震

新日本が揺れ始めた発端は、1983年8月のクーデター事件だった。社長のアントニオ猪木

1章 入門、そしてデビューへ

が当時、ブラジルで「アントンハイセル」というサトウキビから砂糖を作る時に生じる搾りかすを牛の肥料にするリサイクル事業会社を運営していたが、経営は困難を極め、新日本プロレスの売り上げを「アントンハイセル」へ投資していた。この事実を当時の経理担当幹部が取締役の山本小鉄に告発し、猪木及び副社長の坂口征二は退任、専務取締役営業本部長の新間寿は謹慎することになった。同じ8月に、1981年4月23日のデビューから電撃的な人気を獲得していたタイガーマスクの佐山サトルも、会社への不満などから電撃的に引退した。後に猪木と坂口は、社長、副社長に復帰するが、新間は退社に追い込まれた。

新間の離れた新間は、1984年4月に新団体「UWF」を旗揚げする。新日本を離脱した前田明らが参戦し、4月11日、埼玉・大宮スケートセンターから17日の蔵前国技館まで「オープニングシリーズ」を開催した。

UWFは、旗揚げシリーズ直後に新間が退社したが、団体は前田をエースに据えて存続した。ただ、前田の他にラッシャー木村、剛竜馬といった知名度のある選手はいたが、他に観客を呼ぶことができる選手は、ほとんどいなかった。そこで生き残りをかけて、新日本から藤原喜明を引き抜いた。道場で若手選手のコーチだった藤原は、この年の2月3日に札幌中島体育センターで藤波辰巳との試合前の長州力を花道で襲撃し、「テロリスト」の異名でスポットライトを浴びる存在になっていた。

藤原は、都内の自宅を訪れたUWFの社長だった浦田昇から直接、移籍の要請を受けた。そしたら「その時に聞いたのはたった一言だったよ。UWFにとって私は必要でしょうかって。

浦田さんが、必要じゃなかったらこんなところに来ませんって。オレの家に来てこんなところっていうのもおかしなもんだけど、あぁ必要なんだと思ってね。あの時のオレは、新日本プロレスにとって必要じゃない人間で、誰にも信用されていないって思っていたからな。だけど、UWFは必要だと言ってくれたから、UWFへ行った、それだけのことだよ」
 新日本に信用されていないと藤原が思いこんでいたのもクーデター事件によるものだった。それは猪木が社長を退任した直後の8月26日の「ブラディファイトシリーズ」開幕戦、大宮スケートセンターでの試合前だった。
「そのころ、オレは猪木さんのかばん持ちをやっていたんだよ。何か控室で他のヤツらの様子がおかしいんだよ。おかしいなって思っていたら、時間ぎりぎりになって猪木さんが来て、お疲れさんですって挨拶したら、猪木さんが、お前もかって言うんだよ。何のことだろうと思って後で聞いてみたら、クーデターの話だった。オレは猪木さんに近かったから、クーデター派の選手たちは、オレに話をすると猪木さんに情報が流れると思って、話をしなかったんだね。その時、ふっと思ったわけどね。あの時の猪木さんの態度は、心にグサッと来たし、他の日本プロレスに必要ないヤツなんだって。何のことだろうと思って、オレは猪木さんに近かったから、クーデター派の選手たちと猪木さんの両方から信じられていない人間だと思ったんだよ」
 テロリストとしてスポットライトを浴びても、この時のわだかまりはずっと棘(とげ)のように刺さっていた。そして、浦田から「あなたが必要です」と口説かれ、移籍を決断した。

1984年6月。道場のコーチだった藤原は、練習後に多摩川の土手に若手や練習生を集め、新日本を離脱してUWFへ移籍することを伝えた。

「一生懸命練習をやってきた仲間と離れるから、さよならと言いたかったけど、オレは直接、UWFに行くとは言わなかった。ホワァっと匂わす感じで伝えたよ。棒みたいなものを持って、こっちが新日本だろ、こっちがUWFだろって言ってね。わざと棒をUWFの方に倒して、あれっUWFの方がいいのかな、みたいな感じでUWFへ行くことを伝えたよ」

藤原が土手でUWFへ行くことを告げた時、選手の反応は様々だった。中でも藤原に心酔していた練習生の船木優治は泣きじゃくった。

「藤原さんがいなくなったら、明日からどうやって生きていけるのかって思ったんです。もう自分は強くなれないと思って目の前が真っ暗になって、自然と涙がこみあげてきたんです」

藤原は、UWFに、自らが見込んだ練習熱心な若手選手を連れて行こうと考え、高田、山田、そして船木の三人を誘った。藤原に声をかけられた時を山田は覚えている。

「その時のことは、ハッキリ覚えてます。『高田は行くと言っている、お前もし行くんだったら今晩、7時か8時に高田の部屋に来い』って言われた。『来るなら高田さんの部屋へ行け』って言われて、ボクはUWF行くよ、お前どうする」

船木も上手から戻った時、藤原から山田と共に呼び出されてUWF移籍を誘われた。

「藤原さんに、『オレはUWF行くつもりでした。ただ、一人では不安だったので、山田さんと一緒なら行こうと思って、荷物をまとめて待ってい

ました」

船木は、指定された時間に自室の向かいだった山田の部屋のドアが開けば、飛び出すつもりだった。しかし、ドアが開くことはなかった。山田は動かなかったのだ。

「UWFはできたばかりの団体で不安だったし、ボクの場合は、新日本に入った経緯が他の選手のように入門テストを受けて入ったんじゃなくて、山本小鉄さんにお世話になって入ったんで、小鉄さんを裏切ることはできないと思ってボクは行かなかった」

高田が去り、山田が迷い、船木が泣きじゃくった藤原のUWF移籍だったが、入門から二か月を経たばかりの武藤は何も思わなかった。

「藤原さんは、直接、言わなかったっておっしゃっているけど、オレが覚えているのは、ハッキリと藤原さんは『明日からUWFへ行く』って言ったよ。その場で確かに船木は泣いてたもんな。号泣してたよ。あぁ船ちゃん泣いているなぁって思ったけど、オレは、単に『あっ、藤原さん、UWFへ行っちゃうのか』って思っただけだったよな。一緒に行こうなんて思わなかったよ」

6月27日、藤原、そして高田が新日本を退団しUWFへ移籍した。UWFには、タイガーマスクの佐山サトルも合流した。佐山は「UWFは、プロレスから格闘技へ移行する実験でした」と振り返るように、競技のような厳格なルールを導入しキックと関節技を主体にした格闘技スタイルのプロレスを打ち出し、新たなうねりを起こした。

大量離脱

この年の秋、藤原らのUWFへの移籍に続き、さらなる激震が新日本を襲った。9月21日に革命戦士として絶大な人気を獲得していた長州力が退団を表明したのだ。長州には、アニマル浜口、谷津嘉章、小林邦昭、寺西勇の維新軍団メンバーが行動を共にした。さらに、キラー・カーン、永源遙、栗栖正伸、保永昇男、新倉史祐、仲野信市も離脱し、わずか一週間で十一人もの選手が一気に抜ける大量離脱に発展した。最終的にはマサ斎藤と長州の付け人だった笹崎伸司も離れ、総勢十三人が新日本から抜けた。

離脱した長州は「ジャパンプロレス」を設立し、翌1985年1月から、新日本プロレスの最大のライバル団体であるジャイアント馬場の全日本プロレスへ参戦した。長州らの大量離脱で新日本は団体存亡の危機に立たされた。武藤が入団してから、わずか五か月間でUWFが旗揚げし、長州らの大量離脱と、団体の屋台骨は激しく大きく揺らいだ。

「あのころは、本当に選手がどんどんいなくなっていったよな。だけど、その時のオレはそんな会社の状況なんて知らないし、会社が傾くとか全然、関係ないからさ。自分が良ければいいとしか思ってなかったし、今の生活がより楽になればいいとしか考えてなかったよ。やっぱり先輩後輩の縦の世界で封建的な社会だから、上の人がいなくなると雑用とかなくなるし、楽になって良かったって思っただけだったよ。当時は本当に何も知らないし分かってないから、デビューしてすぐにメインイベントに出て、テレビに映るんじゃないかだけごそっと抜ければ、

って思ったぐらいだったからね。それでさ、特に長州さんが辞めた時なんかは、そうだったけど、選手が離脱したら会社がすげぇ優しくなったよ」

確かに幹部は優しくなった。忘れられないのは長州が離脱会見を行った9月21日の夜だった。

武藤と橋本は、先輩の荒川真に連れられて外出した。

「千葉の栄町のソープランドに連れて行ってもらってね。それで道場に帰ったら坂口さんとか先輩方がみんないなくて、おぉお前ら帰ってきたか！　って、坂口さんが抱きついてきたよ。こっちは何のことか分かんなくて、どうしたんだろうって思ったら、長州さんたちが辞めたっていう話で、道場にオレと橋本がいなくなっていたから、引き抜かれたと思ったらしいんだよ。こっちは、そもそも長州さんたちに誘われてなかったし、何のことはない、楽しく遊んでいただけなんだけど。昨日まで掃除しろとか、飯作れなんて怒鳴ってばかりだった先輩が打って変わって優しくなったからビックリしちゃったよ」

坂口は、長州が会見した夜、武藤と橋本が道場からいなくなったことを聞いた時、二人が引き抜かれたと思った。

「武藤と橋本がいないって聞いて、道場へ慌てて駆け付けてね。長州たちに連れて行かれたかって心配したよ。そしたら、何てことはない荒川の野郎が橋本と武藤を連れて遊びに行っててよ。オレたちが心配している中、荒川が帰ってきて、二人を連れて遊びに行ってましたって言ってよ。このバカ野郎って、荒川を怒ったよな（笑）」

団体が危機に陥った大量離脱が続出した異常事態を坂口は、誰もがトップに立ちたいプロレス

ラーが持つ欲望と考えていた。

「プロレス団体っちゅうのは、ハッキリ言って、人気レスラーは、そんなにいっぱいは必要ないんですよ。メインイベントを取れる上の選手が、ある程度いればいいんです。だけど、現実はそうはいかない。そうなると不平不満がたまって、オレも上でやりたいって思うものなんよ。だけど、みんな同じリングでやっていると、オレは頑張っているけどチャンスがないとか、よそへ行ったらチャンスがあるとか、ここに残っていてもチャンスがないとか、葛藤するんだよね。やればやるほど人間は欲が出るもんよ。抑えている人もいるけど、大抵の人間は不平不満を出してしまうんだよ。その中でよそから声をかけられると、そっちにチャンスがあると思って離脱していくんだよ。あのころは、そういうのが重なった時期だったよね」

アントンハイセルが大量離脱の発端と考えられているが、坂口の見解は、違った。

「猪木さんは将来、選手が辞めた時の受け皿をちゃんと作らないといけないという考えを持っていたんよ。引退後の第二の人生でレスラーが、ちゃんと余生を送れるシステムを作ってやらないといけないってよく話をしていたんよ。ブラジルにハイセルを作ったのは、引退した選手の再就職を受け入れようという考えもあったんよ。確かにハイセルをやっている時に、会社に先に支払っておいてくれっていうことはあったかも分からないよ。だけど、あの人は私腹を肥やそうとか、そんな考えじゃなかったよ。馬場さんなんか自分の財産としてハワイとか軽井沢に別荘を持っていたけど、猪木さんってあれだけ稼いでたのに、貯金もなくて財産もなくして、その代わり借金してね。野心家ちゅうか将来のことを考えないところがあったから、ハイセルみたいな事業にプ

ロレスで得た自分の収入をみんな使っていたよ。決して私利私欲ではないよ。みんなのことを考えて、事業がうまく回れば、自分も潤うし選手、社員みんなもそうなるっていう考えだったよな」
　猪木が坂口に明かした、レスラーのセカンドキャリアにしたいというアントンハイセルへの思いは、当時の社員やレスラーには理解されなかった。結果、新日本からスター選手は抜け、団体は、旗揚げから12年目で最大の逆風にさらされたが、武藤にはそれが追い風だった。選手を失った新日本にとって、新たなスターの育成が急務となったのだ。この時、坂口は、一筋の光を神奈川・箱根で9月26日から5日間の日程で緊急合宿が行われた。長州らの大量離脱後、見たという。
「長州たちが離脱して選手が一気に少なくなったから、箱根で若手選手を特訓したんだよ。そしたら、武藤も蝶野も橋本、船木ってみんないい新人でどんどん伸びていってね。一年上には山田とか佐野とか活きのいい選手もいてね。将来、こいつらに託せるんじゃないかってオレらは希望を持ったんだよ。その時に猪木さんと、あと五年はこいつらが出てくるはずだから、自分たちはあと五年は頑張りましょうって話をしたよ。それぐらい、彼らには期待していたんだよ。だから、普通なら入ってデビューまで一年ぐらいかかるんだけど、選手がいないし早く新しい選手を作らないといけなかったから、その合宿が終わって武藤はすぐにデビューさせたんだよ」
　一方で合宿を行ったのは、これ以上の離脱者を防ぐ意味もあった。
「あのころは携帯電話なんかないからね、同じところに泊まっていれば、オレたちの目が行き届くから、長州たちは接触できないし、声もかけられないから、もうこれ以上、選手が引き抜かれ

1章　入門、そしてデビューへ

ないように逃げ出さないようにっていう意味合いもあった。あのころは、休みが終わって開幕戦があると、控室で、おい全員来ているかって声をかけていたんよ。本当にそういう息が抜けないキツイ時代だったよ」

大量離脱事件後、しばらくの間、若手選手や練習生が引き抜かれて逃げ出さないように、幹部選手が交代で野毛の合宿所に泊まり込んで監視していた。坂口によると、中でも星野勘太郎は、玄関で布団を敷いて寝るほど、夜通しで目を光らせていた。

「みんなに号令かけてね、星野さん、山本、藤波、木村が見張りじゃないけど、あの人だけは、玄関に布団を敷いて寝ていたよ。時には、寝ないで道場にいて若い選手が逃げ出さないようにサンドバッグに向かってパンチを打っていたって聞いたよ。とにかく大変な時代だったよな」

いつ誰が再び引き抜かれるか幹部たちは緊迫していたが、選手がいなくなったことで武藤のデビューは一気に実現した。激震がもたらした幸運の巡り合わせだった。

持って生まれた目立とう精神

デビューから半年後、さらなるチャンスが武藤に訪れる。「ヤングライオン杯」の開催だった。長州力らの大量離脱で多くのスター選手を失った当時の新日本プロレスは、アントニオ猪木、藤波辰巳ら正規軍に、元国際プロレスの若松市政が率いる「マシーン軍団」が対決する図式を展開

した。1985年3月には全日本プロレスからブルーザー・ブロディを引き抜いてテコ入れを図ったが、興行、テレビ視聴率の落ち込みは明らかだった。

課題は新たなスター誕生で、その一環として若手選手の底上げと活性化を目的とした総当たりリーグ戦を行うことを決定した。それが「ヤングライオン杯」だった。出場選手は、小杉俊二、後藤達俊、山田恵一、佐野直喜、畑浩和、蝶野正洋、橋本真也、船木優治、そして武藤敬司の九人。3月1日に後楽園ホールで開幕する「ビッグファイトシリーズ第1弾」の二シリーズにわたる大規模な大会で、4月18日の決勝戦は、この年にこけら落としとなり、新日本にとって初めての興行となる両国国技館で行われた。

デビューから半年でやってきた飛躍のチャンスに武藤は、衝動的に思い立ち、開幕を前に道場近くの理髪店で髪の毛をスキンヘッドに剃り上げた。

「オレの中には、持って生まれた目立とう精神があるんだよ。これは、あの頃は自覚してなかったけど、目立ちたいっていうのも、プロレスラーになった理由の中にはあると思う。でね、この目立とう精神ってレスラーにとって一番重要な要素なんですよ。この時も誰よりも目立ってやろうって思ってね、突発的に頭を剃ったんだよ。丸めることに関しては柔道の時からそういう頭で試合やっていたからね、差し当たって全然、抵抗はなかったよ」

リーグ戦に出場する選手の中で誰よりも注目を集めようと考えたスキンヘッドだったが、大ベテランの星野が激怒した。

「星野さんは、どうやらオレのことを二枚目だと思ってくれていたみたいで、『お前みたいなヤ

ツはそういうことをしない方がいい』って叱ってくれたよ」

武藤の一年先輩の山田は、頭を剃り上げた行動が理解できた。山田は身長が170センチ足らずで武藤、蝶野、橋本の180センチを超える三人とは体格面でのハンデがあった。

「ボクは、デビューする前からみんなに、お前は小さいって言われたけど、それをマイナスって思ったことはなかった。だって、考えてみてください。一番目立つのは、その点でしょ。例えば、真っ黒な紙の上に一つだけ白い点があったらどうですか？　オレは、その点だったもん。身長だって低いし、だからこそ、入り方だってファンのみなさんから、山田、頑張れって言われたんです。みんなと同じ色だったら絶対にそんな応援されなかったですよ。だから、ボクはよく言うんです。プロレスラーは誰もが自分だけの点を見つけようとするんですよ。だけど、全部、自分一人ですべてを考えて点を見つけないといけないんです。その点になったヤツだけが生き残っていける世界なんです」

当時の新日本プロレスのレスラーは、コスチュームから試合での必殺技、ファンへのアピール、マスコミへの発言など、すべてをセルフプロデュースすることが求められた。誰も教えてはくれなかった。だからこそ「個人事業主」と山田は表現し、生き残るために他にはない絶対的な個性、つまり「点」になることが必要だった。武藤が頭を剃り上げたのはまさに「点」になろうと葛藤した象徴だった。

そして、才能は一気に開花する。デビューから半年。かつて前座レスラーが誰もやったことのない

ない大技を繰り出した。ムーンサルトプレスの誕生だ。

2章 ムーンサルトプレスの誕生

月面水爆のひらめき

　武藤にとってスキンヘッドは意識的なアピールだったが、リング上では無意識にレスラーの才能を見せつけた。スキンヘッドで登場した1985年3月1日、「ビックファイトシリーズ第一弾」開幕戦の後楽園ホールで、武藤は後藤達俊とタッグを組んで、ブラック・キャット、金秀洪（キム・スホン）組と対戦した。ゴングが鳴り試合が進むうちにアイデアが浮かんだ。

　「デビューしてしばらく経ってから、試合しながら、あっ、もしかしたら、トップロープの上から、こんなことできるんじゃないかなっていうイメージは、どっかに持っていたんだよ。それで、あの時の試合中に、やってみようかってひらめいたんだよね」

　イメージしていた技がムーンサルトプレスだった。リングを背にしてコーナーポストの上に立つと、そのまま体を旋回してボディプレスを浴びせた。ブラック・キャットをバックブリーカーで倒すと、トップロープへ駆け上がった。

　「本当に試合の中で突然、やったって感じだった。ぶっつけ本番だよ。道場で練習なんかしてないし、できるわけないよ。当時、あんなの練習してたら、先輩たちに怒られるよ。ただ、オレの中で、できるだろうって想像があったから、それをそのままやったっていう感じだった」

　一瞬のひらめきでムーンサルトプレスは生まれた。ただ、初公開は今に通じるトップロープからバック転する縦回転式ではなく、空中で体を横に回転させる旋回式だった。

　「オレ、そんなムーンサルトやった記憶ないよ。本当にそんなことやったの？　だいたい、初め

2章 ムーンサルトプレスの誕生

てやったのは、どっかの地方とばっかり思っていたからね。後楽園でやっていたのも覚えてないぐらいだからさ」

バック転の縦回転ではなく旋回式のムーンサルトプレスになった理由は、タイガーマスクの影響だった。1981年4月23日、蔵前国技館でデビューした佐山サトルのタイガーマスク。日本中で一大ブームを巻き起こしたアイドルが初めてムーンサルトプレスを披露したのは、1982年5月26日、大阪府立体育会館で行われたWWF世界ジュニアヘビー級選手権のブラック・タイガー戦だった。この時、タイガーマスクが見せた技が旋回式で落下するボディプレスだった。

船木誠勝は、武藤と合宿所のテレビでこの試合のビデオを見たという。

「タイガーマスクのムーンサルトプレスを見た武藤さんが『オレ、この技できるなぁ』って言ったんですよ。武藤さんの中で持っていたイメージって多分、その時のタイガーマスクのムーンサルトだったんじゃないですかね」

一方でプロレス史研究家でプロレスライターの流智美（ながれともみ）によると、当時バック転によるムーンサルトも存在していて、日本人で初めて披露したのは、新日本プロレスのジョージ高野だったという。

「1980年のテレビマッチで、高野がグラン浜田とのタッグでセカンドロープからバック転してボディプレスをやっています。ただ、フィニッシュで使った技ではなかったですし、技の名前もなかったと思います」

ただ、武藤には、高野の技を見た記憶はない。船木が証言するようにビデオで見たタイガーマ

スクのムーンサルトプレスしかイメージしていなかった。そのため初公開は旋回式になったのだろう。

武藤がイメージした旋回式のムーンサルトプレスを編み出した佐山は、この技は他の選手の参考ではなく自分自身で考えたという。

「ボクの中で普通のボディプレスより何か威力が倍増するみたいなイメージがあったんでしょうね。道場でマットを敷いて練習しました。その時にバックでやるのも試しました。実際、旋回式よりバック転の方が簡単なんですよ。バック転ができる人なら誰でもできます」

だが、佐山は、旋回式を選んだ。

「旋回式にした理由は、簡単です。バック転だと膝を痛めるなと思ったんです。だけど、旋回式だと衝撃が分散されますから、ケガをしないようにと思って、あの形にしました」

ケガのリスクを避けるため佐山は、旋回式を選択していたのだ。

一方の武藤は、初公開こそ旋回式だったが、すぐにバック転へ変えた。「ヤングライオン杯」公式戦の3月7日、茨城・水戸市民体育館での橋本戦、3月15日の鹿児島県立体育館での蝶野戦は、同日入門の二人をいずれもムーンサルトプレスからフォールで沈め、早くも代名詞となる必殺技として認められようとしていた。

船木も「ヤングライオン杯」公式戦の4月1日、山梨・石和小松パブリックホール大会でムーンサルトプレスで敗れた。

2章　ムーンサルトプレスの誕生

「その時はもうバック転でした。やられた感触は、トップロープからふわっと飛んで来てボンって乗っかってくる感覚ですね。当時、凄かったのは、着地する寸前に両手をついて、ニードロップに変えたりしていました。ムーンサルト・ニードロップですね。それぐらい運動神経が良かったですね」

船木が明かす「ムーンサルト・ニードロップ」を「そんなことやった覚えないよ」と笑った武藤だったが、バック転を選んだ理由として佐山が指摘したようにめだという。

「旋回式でやった記憶はまったくないから、恐らくすぐにバック転になったと思うよ。技として旋回式の方が難しいよ。空中で横に回る動きって、体をコントロールしづらいよ。その点、バック転は飛ぶだけだから簡単だよ」

ただ、バック転だと失敗すれば頭から落ちる危険が伴うように思う。

「それは、ないよ。ガキのころからバック転はやってきているからね。実際、今まで頭から落ちたことなんて、一回もない」

天性の運動神経を持っていた武藤は、小学校低学年の時にはバック転ができたという。

「二、三年のころだと思うけど、当時、テレビで仮面ライダーが放送されて、クラスで仮面ライダーごっこが流行って、バック転をみんなで練習したんだよ。田舎だから、田んぼに積んであるわらの上で練習したりしてね。田んぼでできるようになったら学校の砂場でやるようになった。ジャンプ力が足りなくて膝から落ちたりとかしてさ。そういう遊びの中最初は簡単じゃないよ。

で自然にバック転ができるようになったんだよ。誰からも教えられてないからね。これは、全部独学だよ」

ヤングライオン時代、ムーンサルトプレスを毎試合のように出しまくった。

「オレたちってお客様の反応を、すげぇ気にするんだよ。初めてムーンサルトをやった時は、やっぱり盛り上がったんだよ。客席がウォーって沸いたんだよ。今までオレみたいに背が高くて、こんな技をやったレスラーっていなかったから、驚いたんじゃないかな。それで、オレの中で、これはいけるという風に手応えを感じて、また次もやるようになっていって、フィニッシュで使うようになっていったよな」

空中を回転する時に、武藤は鳥が翼を広げるように両手を水平に伸ばして舞っていた。

「それは、意識してなかったと思うよ。恐らく無意識の中でどうやったら見栄えがよくなるかを感じて飛んでいたんじゃないのかな。それは今も変わらないよ」

技を繰り出すコツはどこにあるのだろうか。

「そんなもんねぇよ。ただ、バック転をするだけだよ。バック転できる人なら誰でも出来るんじゃないの」

図らずも佐山と同じ言葉で技を出す時のポイントを説明した。佐山と武藤。卓越した運動神経を持つ2人だからこそ言える無意識の必殺技、それがムーンサルトプレスだった。

ただ佐山は、ケガのリスクを恐れバック転を選ばなかった。しかし、武藤は観客の歓声と拍手

2章　ムーンサルトプレスの誕生

に背中を押されるように、バック転を選択した。その結果、四度手術し、55歳で人工関節手術をするほどまで両膝が傷ついた。

「若いころは、相手にムーブされて立って着地したりして、色んな応用をしながら、本当に若気の至りというか、一試合で二回も三回も出していたもんな。失敗もよくしてたよ。落ちていくもんだから引力には逆らえなくて、足首をぶつけたり、だから膝が壊れて今、こんな足になっちゃったからさ。だけど、これでアメリカでも生きてきたしね。これは、しょうがないんだよ。ケガのことなんか、リングに上がったら忘れちまうんだよ。きっとオレの性分なんだよな」

もしかしたら、旋回式を選択していれば、そこまで両膝は傷つかなかったかもしれない。ただ、タイガーマスクを超える派手で華麗なバック転のムーンサルトプレスだったからこそ、武藤の栄光はあった。すべてはプロレスラーとしての宿命だった。

「ムーンサルトプレス」は誰が命名したのか？

ファンに衝撃を与えたムーンサルトプレスだが、当時、技の名称は混沌（こんとん）としていた。旋回式とバック転の二種類があったように当初は大きく二つに分かれていた。タイガーマスクがブラック・タイガーへ初めて旋回式を披露した時、テレビ朝日の実況アナウンサーだった古舘伊知郎（ふるたちいちろう）は体を回転させながら落ちていく様から「ラウンディング・ボディプレス」と表現した。そして、プロレスマスコミで最大の権威である夕刊紙「東京スポーツ」も同じ名前で報じた。

プロレス報道において、新しい技の命名は、主に二つのパターンがあり、選手自身が技の名前

65

を明かす場合と技を公開した時にマスコミが考案するケースに大きく分かれる。選手自身が明かした場合は、テレビ、新聞、雑誌などすべての媒体がそれにならって報じるが、マスコミが命名する場合は、試合を中継するテレビ局と、「東スポ」の活字が絶大で、新しい技の名前はこの二社が命名したものを他のメディアが踏襲することが通例だった。

しかしこの時、通例に従わなかった雑誌があった。1968年3月に創刊したプロレス専門誌「月刊ゴング」だった。同誌は、タイガーマスクの新必殺技を古舘アナが絶叫した「ラウンディング・ボディプレス」と表現せず「ムーンサルトプレス」と名付けた。小林は学生時代に、新日本プロレスのファンクラブ「炎のファイター」が発行する会報誌の編集長を務め、1981年にゴングでアルバイトを始めた。同誌は、会場で記者が試合を取材、原稿を執筆し、カメラマンとして写真も撮り、会社ではレイアウトも行っていた。小林は、タイガーマスクが初公開したブラック・タイガー戦を担当し、この試合をリポートした1982年別冊ゴング7月号で「2冠の夢を乗せて天高く舞った黄金の虎　神業ムーンソルト爆発」とタイトルをつけ、「ムーンサルトプレス」と命名した。

命名したのは同誌の記者だった小林和朋だった。

「あの技を見た時にパッと浮かんだイメージが塚原のムーンサルトだったんです」

小林が明かした「塚原のムーンサルト」とは、1972年のミュンヘンオリンピックの男子鉄棒で金メダルを獲得した塚原光男が披露した「月面宙返り」で、月を意味する英語の「Moon」とドイツ語の宙返り「Salto」を合体させた和製英語「ムーンサルト」と名付けられた。小林の中でタイガーマスクと塚原のウルトラCが重なって、この名が生まれたのだ。ただ、この時

小林は、誌面で「ムーンソルト」と表記していた。

「本当はムーンサルトとしなければならなかったんでしょうけど、あれは、当時、タイガーマスクの技でサマーソルトキックがあったので、多分、そのイメージからサルトではなくソルトと表記してしまったんだと思います。のちにムーンサルトに修正して、そこからはムーンサルトプレスで報じました」

これ以後、「ゴング」ではタイガーマスクのこの新技を、小林が命名した「ムーンサルトプレス」と報じ続けた（現在、英語圏では、「Moonsault Press」の表記で定着している）。

ただ、テレ朝と東スポは「ラウンディング・ボディプレス」と表記していた。そのため、タイガーマスクの初公開から二年十か月の時を経て、武藤が同じ技を披露した時、タイガーマスク報道の流れでゴングは「ムーンサルトプレス」と報じ、テレビ朝日と東スポは「ラウンディング・ボディプレス」と表現し、同じ技の名前がメディアによって違う状況が発生してしまった。

一方で英語をベースに名付けられるプロレス技は、記事あるいはタイトルにする場合、表記が長くなるので例えば「ジャーマンスープレックス」を「原爆固め」と変換するように、和名で表現することがプロレス報道の常だった。小林は、「ムーンサルトプレス」の和名を「月面水爆」とした。

「月面宙返りがそのままで水爆は、原爆固めがあったので、それ以上のインパクトはないだろうかと考えた時に、水爆が浮かんだので、月面水爆と名付けました」

この「月面水爆」の和名は「ラウンディング・ボディプレス」と報じていた東スポも使ってい

る。武藤の最初の凱旋からの帰国後、初戦となった、1986年10月13日の後楽園ホールでの藤波辰巳（現・辰爾）戦を報じた同紙は「魅せた！　月面水爆」との見出しを掲げている。一方で記事中は「ラウンディング・ボディプレス」と書かれており、和名については小林が命名した「月面水爆」を採用するダブルスタンダードで報じていた。いわば、プロレスマスコミ同士の意地の張り合いともいえるような、同じ技なのに媒体によって違う名前を使う攻防は長く続いたが、最終的には今に通じる「ムーンサルトプレス」に統一された。トップロープから鮮やかに舞う武藤の必殺技を「ラウンディング・ボディプレス」と「ムーンサルトプレス」で比べた場合、どちらが技のイメージに近くファンに強いインパクトを与えるか、答えは明らかだった。

小林は「最終的にはファンが支持したということだと思います。活字で読んだ時、テレビで聞いた時の響き、何よりあの技に相応しいのは、やはりムーンサルトだとファンの間で自然と浸透していったんです」と振り返る。プロレスマスコミが二分して報じた「ムーンサルトプレス」。

それは新日本プロレスの伝統を崩した技でもあった。

「前座レスラーは技を出すな」

昭和の新日本プロレスの前座試合には暗黙のルールがあった。坂口征二はその掟を技の制限だったと明かす。

「昔は、メインイベントで猪木さんがバックドロップやコブラツイストを使ったりするから第一試合は派手な技は出しちゃいかんとかあったよね。それは、日本プロレスの時からずっとそうで

68

2章 ムーンサルトプレスの誕生

前座は前座の試合をやれって言われてきたから、その教えが新日本にも伝わっていったってことだと思うよ。オレなんかは、若い選手に直接、この技は使うなとか言ったことはなかったけど、そんなこと黙っていても分かるだろっていう雰囲気だったやろ。だから前座の試合は、アマレスに毛が生えたようなガチガチの試合だったよ」

猪木の前座試合への考えを、小杉俊二は直接聞いたことがある。それは、デビュー当時、地方での試合を終えた夜だった。宿泊した旅館で猪木は若手選手を集め、試合の心構えを説いた。

「お前らには、今のお前らにしかできない試合があるんだ。技なんか関係ない。にらみ合っただけでお客を沸かすことができる。そういう試合をやるのが今のお前らの仕事なんだ。それがプロレスなんだ」

猪木は、観客が最初に目にする第1試合に徹底した緊張感を求めた。たるんだ試合には容赦ない制裁を加えた。小杉も猪木の厳しさを味わったことがある。

「新倉（史祐）さんとの試合だったんですが、何をやってもうまくいかなくて、もうどうにやって試合放棄のようになったことがあったんです。控室に戻ると、先輩から社長が呼んでいるぞって言われて猪木さんのところへ行くと、目をつり上げて竹刀をのど元に突きつけられて、『お前は何で飯を食っているんだ』って言われたんです。自分が、もうどうでもいいやっていう思いで試合をやっていたことを猪木さんは見抜いていたんだ。ただ、武藤には違和感があった。にらみ合いだけで観客を惹きつけろ。それが猪木が旗揚げから教えてきた新日本プロレスの前座試合での掟だった。ただ、武藤には違和感があった。

派手な技は使うな。にらみ合いだけで観客を惹きつけろ。それが猪木が旗揚げから教えてきた新日本プロレスの前座試合での掟だった。ただ、武藤には違和感があった。

「オレらが前座の時ってまだ猪木さんも元気だったから、試合が6時半に始まるとしたら6時ぐらいまでリング上で猪木さんを筆頭にスパーリングとか練習をやっていた。それを会場に入った観客がフェンスを囲んで見ていて、試合開始の直前まで汗かいて、それが終わって第1試合が始まるんだよ。言ってみればその練習が第0試合みたいな感じで、観客のリングへの感情移入は、そこから始まっているんだよ」

道場でのスパーリングを観客に披露することを猪木は、ファンに訴えていた。

「その上で第1試合があって、タッグマッチがあって、休憩を挟んで外国人が登場してセミ、メインっていう流れがある。すべてはメインに出る猪木さんを引き立たせるための流れなんだよ。前座レスラーは技を出すなっていう教えって、猪木さんが、お前らオレのために演出をよろしくなって、オレが目立つために技は出すなよっていう教えだよ」

しかし、大量離脱が伝統を崩した。中でも道場で若手選手を指導していた藤原喜明、前田日明、高田伸彦（現・髙田延彦）らが抜け、暗黙のルールは、緩くなっていた。武藤にとってそれは心地いい空間だった。

「技を使うなとかって、すぐ上の先輩が注意して伝わってきたもんなんだよ。だけど、大量離脱でそういう目上の先輩がみんないなくなっていたし、もっと上の先輩は、オレら前座の試合なんて眼中ないし、文句も言わないから、そんなこと言われたことはなかったよ。試合は比較的自由にやっていい雰囲気だった。それでオレは伸び伸びとやらせてもらっていたよね」

武藤が目標にしたのが一年先輩の山田恵一と佐野直喜だった。

「この二人は身近な先輩の中で本当にプロレスがうまかったんだよ。一個上なのに、派手な技を使って普通に観客を沸かしていたから、いい意味で勉強になったよ。普通だったら先輩に怒られるんじゃないかっていう派手な技を普通にやっていたからね。多分、そういう影響がムーンサルトプレスをやることにつながっているんだよ」

中でも山田は、試合のコスチュームに、新日本プロレスの前座レスラー伝統の黒のショートタイツではなく、青や赤のロングタイツを着用し、試合ではトップロープからダイビングヘッドバットやトペ・レベルサなどの空中技を使うなど、個性が際立っていた。

「大量離脱があって、技の制限は緩くなったというか解禁されたというか、上の人の中である程度、若手には、自由にやらせてやろうみたいな雰囲気があったんじゃないですかね。ボクは、上の人から、お前なんでこの技を使ったんだ、みたいなことを言われたことはありませんでした。トペ・レベルサやダイビングヘッドもやっていましたけど、ボクの中では使ってもいいんだなって思って使ってましたから。そういうのを見て武藤選手が刺激を受けたかもしれません」

自由に技を出せた背景には、大量離脱で選手がいなくなったこともあるが、一方で山田にはレスラーとしての自負もあった。

「ボクは、道場でも巡業中でもきっちりレスリングの練習をしていました。藤原さんがいなくなっても同じようにやってました。だから上の人にも、こいつはしっかり練習しているんだから、自由に技を出してもいいんじゃないかって思って頂けたのかもしれないですね。そうじゃなかったら、プロレスなめ

んなよとか怒られていたかも分かりません」

誰よりも練習の虫だった山田だったから、前座の掟を破っても文句は出なかった。一年先輩が築いた下地があったからこそ、武藤の中でムーンサルトプレスのひらめきへとつながり、メインイベンターを食うド派手な技をやってもダメ出しをする先輩レスラーは誰もいなかった。ただ、船木誠勝は「それだけじゃありませんよ」と別の見方を示した。

「道場で強いから誰も怒れないですよね」

新人は、道場で先輩から「ラッパの洗礼」を浴び、力で押さえつけられてプロレスを叩き込まれていった。道場で見せつける力が先輩後輩の上下関係を維持していた。ところが、入団してすぐに猪木、藤原と互角にスパーリングで渡り合い、道場での実力が別格だった武藤は、力関係が逆転し、注意する者など誰もいなかったのだ。デビュー後の武藤の心情を船木は推察する。

「最初から武藤さんはスパーリングで上の人にひけを取らなかったんで、強さを追求することはそこでもう終わっていると思います。だから後はリングでどうやって輝けばいいかを考えれば良かったんじゃないですか」

リングでの輝きを山田は、こう表現する。

「プロレスラーにはいくら練習しても身につかないものがあるんです。それは、華です。だって考えてみてください。みんな同じ時期に入門して同じ練習して同じちゃんこ食べて、だいたい同じぐらいの時期にデビューしても、人気に差が出てくるんですよ。それはなぜか？　人にアピールできる華があるかないかなんです。これだけは、教えても身につかないんです」

2章 ムーンサルトプレスの誕生

　山田はデビューしてすぐ武藤の「華」に気がつき、プロレスラーとしての天賦の才能を感じた。

「プロレスラーになって努力すれば、ある程度のところまで行けるかもしれないですよ。ただ、天賦の素質を持っているヤツが練習したらもう誰にも勝てない」

　山田が明かしたプロレスラーとしての天賦を船木は「勘」と表現した。

「武藤さんは、デビューしてすぐにプロレスラーとしての勘を持ってました。自分は、プロレスには競技に近い戦いの感覚しかないんで、自分の方向に持っていく試合しかできないんです。だから、いまだに、この勘が分からないんですね。だけど、武藤さんはデビューした直後から普通に相手に合わせてやってました。ボクが武藤さんと初めて対戦した時は、武藤さんの手のひらの上で転がされているような感じで、同じ時期に入ったのに、凄いベテランとやっているようなイメージでした。実際、武藤さんは小僧をあしらっているみたいな感覚だったと思いますよ」

　武藤は、道場のスパーリングで「強さ」を発揮し、さらにプロレスの試合で「華」を披露した。

　小杉俊二は、この二つを合わせ持つレスラーは、アントニオ猪木の他にいなかったと明かした。

「道場での練習は、先輩に必死に食らいついて努力すれば、毎日、ほんの少しずつですけど、強くなっていく実感があるんです。だけど、試合はそれ以上にとんでもねぇお客さんを沸かすことができるのか、最後まで分からなかったし悩み続けました。オレなんか、どうやったらお客さんを沸かすことができるのか、最後まで分からなかったし悩み続けました。だけど、試合はそれ以上にとんでもねぇお客さんを沸かすことができるのか、最後まで分からないでした。ただ、当たり前ですが私は、猪木さんのデビューしたころを知りません。だけど、武藤は、最初から両方ができてました。デビューしたこ

ろに武藤の試合を見て、こいつには勝てないって思いました。体はデカイし運動神経があって動きも良い。それで相手やお客さんとの絶妙な間合いも持っていました。オレは最後までそれをつかむのが難しかった。あんなレスラーは、他にいなかったと思います」
　新日本プロレスのレスラーは、誰もが道場で苦悩し、デビューするとさらに試合で葛藤を繰り返すのが当たり前だった。しかし、武藤は、入門直後に道場で力を見せつけ、デビューするとリングで華を見せつけた。船木も小杉の証言と同じように、そんなレスラーは未だかつて存在しなかったという。
「武藤さんは、本当に生まれながらのプロレスラーというか天才なんです。だから、本当に普通に会社も最初から特別扱いしていましたし、エリートコースを歩んでいるんで、他のレスラーがあまり武藤さんについてしゃべっちゃいけないと思いますよ。だって、あんな凄（すご）い人の気持ちなんて誰も分からないじゃないですか。新弟子の時に自分から辞めるって言ったのに辞めさせられないわけですから、そんな人いませんよ。それでデビューしたら、最初からスターとして扱われて、海外遠征も早いし帰国してからも上で使われていましたから、そういう意味では、猪木さんより全然上だと思いますよ。普通の人と、歩んできた道が全然違いますから、武藤さんの気持ちなんて誰も分からないですよ」
　同期入門の言葉を聞いた武藤は「それは、ちょっと美しく言い過ぎだよ」と苦笑いした。では、誰もが評価するプロレスラーとしての天賦をどう捉えているのだろうか。
「それを言葉で表現するのは、難しいなぁ。何て言ったらいいのか……そんなもん、性格でしょ、

2章 ムーンサルトプレスの誕生

性格じゃないの」

そう漏らすと「ただ……」と言葉を続けた。

「オレがやってきた柔道にしても野球にしても競技というかスポーツというものは、誰でもできるものなんですよ。レベルの差はあれど、努力すれば少しずつ強くなるものなんだよね。例えば、野球なら高校生の甲子園に誰もが感動するよね。だけど、プロレスは、そうじゃないよ。努力しても、頑張ってもどうすることもできない世界があるからね。東京ドームの6万人を感動させて、納得させるのは、なかなか大変なんだよ。誰もができるものではないんだ。だからこそ、オレはプロレスが面白いし、競技よりも奥の深いものだと考えているよ」

そして、プロレスに順応するための苦労があったことを明かした。

「細かいことは言いづらいけど、最初は柔道の動きを消すのが難しかったよ。特に攻める時のね。なかなか抜けなくて難しかったな。克服するには、やっぱり試合を重ねるしかないんですよ。観客の前で試合をやって反応を感じて、考えてってその繰り返しだったよね」

初のテレビマッチ

ヤングライオン杯から五か月後、テレビマッチ抜てきという破格の出世を果たす。テレビマッチは毎週三試合が予定されており、ここに出場することは、トップ選手にしか許されない。大量離脱で、一日も早く新たなスターをお茶の間にアピールしたい、団体の台所事情もあったが、デビューから一年も満たない選手がスポットライトを浴びるのは極めて異例だった。

試合は、1985年9月6日、愛知県碧南市臨海体育館。ドン荒川とのタッグで上田馬之助、トニー・セントクレアーと対戦した。金曜午後8時に黒のショートタイツ姿の武藤がブラウン管に映し出された。ムーンサルトプレスを全国放送で初めて披露した記念碑的な一戦は、7分50秒で反則勝ちで終わった。

「あの試合が終わった時、試合があまりにも早く終わったから猪木さんが荒川さんを怒ってね。生中継で時間があまったから、メインの猪木さんは、延々と場外乱闘とかやってたんだよ。それで荒川さんにオレが怒られてさ。こっちはテレビマッチは初めてでそんなの分からないじゃん。無我夢中でやっているわけだからね。だけど、いい勉強になったよ」

初めてのテレビマッチで、生中継での時間配分の重要性を身をもって教えられた。武藤は、昭和の新日本プロレス黄金期を支えた「金曜夜8時」の生中継時代を知る最後の世代で、その経験は平成に入ってから生かされた。1999年8月15日のG1クライマックス決勝戦はテレビ朝日が夕方に生中継で放送した。久々の生中継となった大舞台で中西学の相手を務めたのが武藤だった。

「中西相手に生中継できっちり試合をまとめられるのはオレしかいないからね」

試合は中西のアルゼンチンバックブリーカーで敗れたが、卓越したセンスと昭和時代に金曜8時を経験したキャリアが、平成の生中継で生きたのだ。

荒川から怒られたほろ苦さが残るテレビデビューだったが、金曜夜8時に登場した「武藤敬司」という看板は、前座レスラーを飛び越えて、選手がいなくなった新日本に出現した新星であった。

2章 ムーンサルトプレスの誕生

そして、さらなるビッグチャンスが舞い降りてくる。アメリカ武者修業の決定だ。日本プロレスの時代から、若手選手にとって海外修業は将来の出世への第一歩だ。凱旋帰国した時、もちろん例外はあるが、新たなスターとしての扱いが約束される。坂口は、この決定を「オレの独断だった」と明かす。

「みんなに反対されたよ。当時は、二年、三年やって、そこから海外遠征っていうのが既定路線だったんだよ。ただ、あのころは選手もいないし、新しいスターを作らないといけなかったから、それでは間に合わないと思ったんだよ。武藤はまだデビューしてから一年だったから、みんなに『副社長、武藤じゃなくて他にいるんじゃないですか』とか、言われたけど、試合や日頃の練習、生活態度を見て、オレの中で武藤には、こいつはモノになる、トップになる、将来、ある程度背負っていく存在になるってピンと来るものがあったんだよ。会社の将来をかけるためにも、みんなの反対を押し切ってね、武藤をアメリカに出したんだよ」

坂口の後押しを受けた海外武者修業の決定を武藤は「ムーンサルトのおかげ」と思っていた。

「恐らくオレが真っ先にアメリカへ行けたのは、やっぱり、ムーンサルトプレスのおかげだと思っている。その時点で幹部の人たちは、こいつもしかしたら運動能力高いって、あの技によってそういう視線で見てもらった部分はあったと思う。あの技によって海外に行けた可能性はあると思うんだよ」

向かった先は、フロリダ州タンパだった。海外へ行くことも初めてだった武藤にとって、夢の新大陸は、プロレスラーとしての生き方を決定づけた場所だった。

3章 スペース・ローンウルフ vs「UWF」

アメリカでムーンサルトプレスを初披露

　1985年11月4日、武藤は初のアメリカ武者修業へ旅立った。降り立ったのはフロリダ州タンパだった。当時、新日本プロレスは、フロリダにある「チャンピオンシップ・レスリング・フロム・フロリダ（CWF）」というプロモーション会社と提携していた。CWFは坂口征二が信頼する元日系人レスラーのデューク・ケオムカと、昭和30年代からアメリカマットで活躍したヒロ・マツダが運営していた。坂口はこの団体に、将来のスター候補を預けることに決めたのだ。
　渡米は、外国人レスラーの発掘も兼ねた坂口も一緒だった。初めての海外でいきなりビジネスクラスの好待遇という心地よさで夢の大陸に降り立った。
　「坂口さんがいたから、ビジネスクラスに乗れたんだよなあ。アメリカに行けるなんて考えられないことだったから海外に行けることだけでうれしくてね。山梨から東京に出た時、すげぇビルばっかり並んでて、東京ってすげぇところだなって思ったからね。だったら、米国って東京よりもっと凄いんだろうと思ってたら、フロリダは山梨と変わらなかったよ」
　期待とは違った牧歌的なムードのタンパ。肝心の試合も、当初はなかなか組んでもらえなかったが、デビュー戦は思いも寄らない形で実現した。
　「住んでたところのルームメイトが新日本に留学してたロッキー・イヤウケアで、ロッキーは試合があるんだけど、オレはなかなか仕事がもらえなくて、やることがないからロッキーの試合にいつも勉強も兼ねてついて行っていたんだよ。ある時、試合で欠員が出てプロモーターから『お

80

3章　スペース・ローンウルフVS「UWF」

前、できるか？』って言われて、急きょロッキーのリングシューズを借りて、初めて試合をやってね。そしたら、『お前、凄いな』って言われて。そこからデビューにつながった」

飛び入りでのアメリカマットデビューで、プロモーターの評価を受け、すぐに本格的な試合が組まれた。

事実上のアメリカデビュー戦はNWA世界ジュニアヘビー級タイトルマッチで、王者のデニス・ブラウンに挑戦した。渡米してから三か月あまりの2月14日、アメリカで初めてムーンサルトプレスを炸裂させた。

「いきなりタイトルマッチでね。そこで初めて米国でムーンサルトをやったら凄い歓声だった。試合はオーバーザトップで負けたけど、そこからどんどんオファーが入ったよ」

米国でのし上がる第一歩はやはり、月面水爆だった。一気に注目された武藤はマツダのアドバイスで、新たなリングネームで戦うことになる。

「マツダさんから、ブラック・ニンジャっていう選手がいるから、お前はホワイト・ニンジャでやろうって言われて。そこから、リングネームはホワイト・ニンジャってなってね。急きょ、東洋のグッズが売っている忍者ショップに行って、コスチュームを買ったんだけど、それが全然、ホワイトじゃなかったから、ザ・ニンジャっていう名前で上がることになった」

ザ・ニンジャとなった武藤は、フロリダで一気にスターダムに駆け上がった。地区によってはザ・ニンジャ」、あるいは「ザ・ニンジャ」と名前を変えていたが、トップヒールにのし上がり、レックス・ルガー、バリー＆ケンドールの「ウインダム兄弟」らと抗争を展開した。同じ相手との戦いの中で学んだことがあった。

「住んでいたのがタンパでそこを拠点に、日曜日はオーランドかジャクソン、水曜日はマイアミとかの大都市、その他の曜日は地方、と決まったスケジュールで試合を重ねていた。必ず一週間に一回とか二週間に一回同じ町で試合をする。そこで毎回、同じ相手とやらなくちゃいけないから、その中でどうやって試合を進化させていくかっていう発想が生まれてくるんだよ。一つの試合という、点をいかに線にしていくかが勉強になった」
 それは、必殺のムーンサルトプレスも同じだった。
「米国でもヘビー級であれだけの技を出す選手はいなかったから、お客さんは、沸くわけだよね。だけど、同じ町で同じ相手に同じタイミングで出すと、飽きられるわけだから、どこで出すかも考えていった。それと、アメリカは日本と違って、試合会場によって毎日毎日リングの大きさも高さも違うんだよ。見ている方は分からないと思うけど、試合ごとにリングが違うって、レスラーにとっては難しいもんなんだよ。試合前にリングに上がって練習なんかしないから、すべてぶっつけ本番だよ。ムーンサルトプレスも、毎日違うリングでやっていたから、結構大変だったよ。しかも、ビッグショー以外は、会場に着くまで対戦相手が分からないなんて当たり前だからね。ただ体がデカイだけで何もできないヤツとかいたからね。あらゆることが全部、ぶっつけ本番だったから、そりゃ自ずと鍛えられたよな」
 米国マットで「プロレス」を学ぶ一方、新日本で築いたベースを生かせることにも気づいた。
「あの当時の米国の試合って凄く大味だった。パワーでぶつかる単調な試合が多かったし、大ざっぱなタイプのレスラーばっかりだった。だから、その中で新日本で猪木さんがやっていたイン

82

3章 スペース・ローンウルフVS「UWF」

ディアンデスロックとか出すと逆に沸くんだよ。米国人には、ああいう関節技みたいなのが、異様に見えたみたい。日本では普通の動きをアメリカでやることで、他のレスラーと違う何かをアピールできたんだよ」

日本のスタイルをアピールし、アメリカンプロレスを吸収しながら進化を遂げた日々で、一日三試合という過酷なスケジュールをこなす時もあった。そのほとんどすべてでムーンサルトプレスを繰り出し、観客を熱狂させ、プロモーターから評価を受けた。アメリカでの成功を確実に手にし始めてきたが、両膝には知らず知らずのうちにダメージが蓄積していた。

「無茶な試合やってたからね。一試合で三回もムーンサルトプレスを出したりさ。それだけ必死だったということなんですよ。ただ、今考えれば、そりゃケガするよって思うよね」

アメリカでスターになろうと必死でアピールした23歳の武藤は、フロリダで一人の日本人レスラーに出会った。それが桜田一男だった。

フロリダで公私共に「タッグ」を組んだ桜田

北海道網走市出身の桜田は、中学を卒業し大相撲の立浪部屋に入門したが、7年あまりで廃業、1971年に日本プロレスへ入門し、その後、全日本プロレスへ移籍した。1976年10月から渡米して、そのまま全米各地を転戦していた。日本マットでは、全日本で覆面レスラーの「ドリーム・マシーン」、新日本で1985年10月のシリーズ「バーニングスピリット・イン・オータム」に素顔の「ランボー・サクラダ」として参戦している。フロリダで武藤と出会った時は、ペイン

トレスラーの「ケンドー・ナガサキ」のリングネームで、フロリダ地区などでヒールとして活躍していた。桜田は武藤とタッグを組んでフロリダマットで暴れ回り、私生活では同じマンションで暮らし、公私共に面倒を見た。
「部屋はベッドルーム二つにリビングがあった。食事はオレが作ってね。あいつは洗い物担当だった。相撲時代の経験があるから、あいつに『何食いたい』って聞いて、望んだものは何でも作りましたよ。ちゃんこも作るし、飯も炊いた。カリフォルニア米は美味しかったけど、生の魚はダメだよね。一度、マグロを刺身にしたら、二人であたって参ったことがあるよ。昼に食ったら、午後から二人共腹が痛くて痛くてね。その状態で、夜はタッグで試合をしてね。45分ぐらいかかってさ、今でもあの試合は覚えている。後になって『あれは疲れたな』って二人で笑ったよ」
　桜田は、武藤にプロレスも教えた。
「フロリダで武藤と一緒に仕事をするようになって、色々アドバイスはしたけど、とにかく覚えるのが早かったよ。一回言ったら、二回は言わなかったね。最初に教えたことは、技の出し方、お客の感情をどうキープするかとか、リングでお客にどう見られているかとかを教えたね。オレたちは、お客の視線を意識して試合をやるから、相手と闘っていることがあると思う、お客と闘っているようなものなんだよね。最初のころは試合が終わって、相手がこうきたらこうやるんだよ』とか試合の運び方を教えたけど、すぐにできた。センスが抜群だったよね。これって持って生まれたものでね。普通はあまりできないんですよ。プロレスで一番難しいことって、対戦相手の気持

3章 スペース・ローンウルフVS「UWF」

を知ることなんですよ。相手が今、何を望んでいるのか、お客は何を待っているのかって、これが分からないとできないんですよ。いいレスラーとそうじゃないヤツの違いって、そこなんですよ。だけど、これって最終的には教えられないんだよね。だってセンスだから。それを武藤はピタッと覚えて、すぐにできた。あれは凄いよ」

ムーンサルトプレスは、アメリカでもやはり衝撃を与えていた。

「オレは日本で見て知っていたけど、あの技を見た外国人はみんなビックリしたよ。プロモーターも喜んでいたよね。あれだけの素質を持った日本人って他にあまりいないよね」

フロリダでの肉体改造

抜群だったプロレスの感性に加え、練習熱心だった姿が今も桜田の記憶に残っている。

「当時、あいつはやせてたから、『体を大きくしたい』って言って、毎日のようにジムに行きましたよ。率先してウエイトトレーニングをやってたよ。練習が好きで『ジム行きましょう』ってよく言われて連れて行った。どこへ行っても二時間は筋トレをやっていたよ。あいつは素直だから、『体大きくするんだったらプロテインがいい』って飲みましたら、ちゃんと飲んでたよ。マジメだったからオレも可愛がったし、教えがいがあったよね」

肉体改造に励むアメリカでの日々だったが、筋力トレーニングは、入門した当時から熱心に取り組んでいた。武藤の理想は、ファンのころから見ていたハルク・ホーガンだった。

「オレはもともと、ホーガンとかマッチョが好きだったからね。ああいう彫刻みたいな体に憧れ

て、入門した時から道場でよく筋トレをやっていたよ。だから、上の人からやらされるヒンズースクワットが嫌で嫌でしょうがなくてさ、あんなマラソンの選手みたいに持久筋を鍛えるだけじゃ筋肉はデカくならないんだからさ。逆に膝を痛めるしね。こっちは大きい筋肉が欲しいのに、1000回とか2000回もしょうもないことをやらされたよな。オレが大好きなのは、見せかけの筋肉だからね。見る側に伝わらない筋肉は嫌いだったから、見せかけの筋肉を作るために必死で練習したよ」

 フロリダで刺激になったのは、筋肉美を誇るレックス・ルガーの存在だ。

「向こうに行ったらレックス・ルガーがいて、すげぇ体してたからね。見栄え良く大きな体にしたかったから、ああいうのと一緒に練習して勉強になったよ。桜田さんからも教えてもらったけど、ちょっと昔の人の指導方法だったよね。オレらの時は大型の選手が多かったけど、そろそろ近代的な見栄えが良いレスラーが目立つようになってきた時期だったよね」

 武藤流の筋トレは、日ごとに筋肉の部位に分けて集中的に作っていく。

「総合すると体の全部をやっているけど、一日のトレーニング自体は、合理的に分けてやってる。今日は、胸と腹筋だけとか、明日は背筋とかね。これは今も同じ方法ですよ。オレの中ではこれが一番、合理的に筋肉を作るトレーニングだと思っているよ」

アメリカマットでつかんだ感覚

 肉体改造を図ったフロリダで、「ザ・ニンジャ」と「ケンドー・ナガサキ」としてヒールタッ

3章　スペース・ローンウルフVS「UWF」

　グを組んだ武藤と桜田は、ベビーフェイスのスティーブ・カーンとスタン・レーンの「ザ・ファビュラス・ワンズ」と闘った。センスはあったがデビューから一年あまりと経験不足だった武藤にとって、ヒールの経験は、「グレート・ムタ」となるその後のキャリアを考えた上で大きかったと桜田は指摘する。

　「ベビーフェイスはお客が味方をするから、攻める時は一気にガーっと行けるけど、ヒールはそこを小刻みにやらないといけないんですよ。上のヤツでは全然考えないひどいのもいますよ。オレは何回もあいつとやったけど、自分のことしか考えてないから、みんなに嫌われていたよね。オレたちは自分のことも考えて相手のことも考えている。そうしないとできない。毎日相手も会場も違うからね。そこは頭で考えないといけないんですよ。考えてから動くんじゃ遅いんですよ。あらゆる展開の中で、自分の経験を駆使して体が先に動かないといけない。でも、これを覚えたら世界中どこに行っても通用するし、凄い助かりますよ。武藤もその感覚をあの時、フロリダでつかんだんじゃないのかな」

　ヒールとして人気が上がっていくにつれ、武藤はアメリカのシステムに驚きを覚えた。

　「桜田さんは、言うまでもなくオレより全然、先輩なんだけど、にもかかわらず、メインにオレが出たらオレの方が給料が上になったんだよ。これはビックリしたよ。だって日本では考えられなかったからね」

日本ではトップ選手を頂上に、いわば年功序列で待遇が変わる固定給制だった。当時の新日本プロレスは、一試合のファイトマネーが決まっており、シリーズ終了ごとに支払われることはなかった。仮に若手選手に人気が出て観客動員に貢献しても、そのプラスαが反映されることはなかった。

しかし、アメリカは違った。各会場の観客動員でファイトマネーが変わり、キャリアに関わらず興行の主役であるメインイベンターに最も高額の報酬が与えられた。日本は、あらかじめ決められている「格」がすべての世界だった。しかし、アメリカは、観客を呼ぶ「実力」があれば、誰もが成功するチャンスに恵まれた。

デビュー二年目で「格」に縛られた日本マットを離れ、アメリカマットの「自由」な空間を体験したことが、「武藤敬司」のプロレスラーとしてのスタイル、思想を決定づけた。

「これは、オレの中で凄いフレッシュだった。そっからオレのプロレスの思想というか原型が生まれたよな。それがなくて日本だけの封建的なところにいたらつまらんかったよな。いいところに出たらギャラが上がる。パーセンテージでやっているから、メインがいくらとかすげぇ合理的なシステムがうらやましくなってね。米国の合理的なシステムがうらやましくなってね。いいところに出たらギャラが上がる。パーセンテージでやっているから、メインがいくらとかすげぇ合理的で、先輩後輩もない。この開放感がたまらなかったよ」

中でも刺激を受けたレスラーが、当時のNWA世界ヘビー級王者リック・フレアーだった。1972年12月にデビューしたフレアーは、1981年9月17日にダスティ・ローデスを破りNWA世界王座を獲得した。当時、NWAは、全米で数多くのプロモーターが加盟する最大の組織で、王者は、最も観客を呼ぶカリスマでもあった。フレアーは、180センチあまりの身長に体重も

3章　スペース・ローンウルフVS「UWF」

100キロをようやく超える程度と、レスラーとしては小柄だったが、誰が相手でもどこの地区へ行っても必ず観客を熱狂させる術を持っていた。

「CWFはNWAの傘下で、当時はウインダム兄弟とレックス・ルガーがトップだった。そこに中央からチャンピオンのフレアーが来る。そうなると観客動員がバァーッて上がる。そしてオレたちの給料も上がる。だから、誰もがみんなフレアー様々ってなるんだよね」

観客を呼び、仲間のレスラーを豊かにするブロンドヘアーが武藤には、まぶしく映った。そして、自分もフレアーの試合を間近で見て考え続けた。

「オレとフレアーを比べて何が違うんだろう、どこが彼より劣っているんだろうって考えたよ。フレアーは、体がデカイわけではない。決して運動神経がいいわけでもない。でも、あれだけ観客を惹きつけるからね。その中で思ったのは、オレと違うのは、試合運びだった。例えて言うならフレアーは、ほうきとでもプロレスができる深さがあった。誰が相手でも、アベレージを残せるプロレスができた。そこを目指してオレのスタイルを追求していったよな」

1986年5月、武藤はケンドール・ウインダムを破り、NWAフロリダヘビー級王座を奪取した。アメリカマットでデビューしてからわずか三か月でフロリダ地区のトップに立った。一方で海外修業は、坂口からあらかじめ半年間と言われており、約束の期間が終わろうとしていた。

アメリカ修業延長と「ホシ」

武藤は、アメリカから離れたくなかった。坂口に滞在の延長を願い出た。

89

「帰国命令が出たんだけど、アメリカが本当に肌に合っていたから、もうちょっと修業したいって、坂口さんにお願いの手紙を書いて。そこまでして延ばしてもらったんだよ」

坂口は手紙のことは覚えていなかった。

「手紙を出したって？　どうだったかなぁ、電話じゃ失礼だと思って手紙を出したのかな。ただ、武藤が帰りたくないっていうのは分かってたよ。半年で戻そうと思っていたけど、首根っこ捕まえて連れて帰れるわけじゃないから、『頑張ってますからもう少しさせてください』って言われれば、こっちも『分かった。じゃあもう少し頑張って来い』ってなってくるよね。それで、予定を延ばしたんだよね」

レスラーとして修業を積むためにアメリカ生活の延長を願い出たが、実はもう一つ理由があった。

「ぶっちゃけ、『ホシ』もいたから、それも、まだアメリカにいたかった理由でもあったよ」

ホシとは大相撲やプロレス界に伝わる「恋人」を表す隠語で、付き合っていた彼女と離れたくなかったという極めてプライベートな理由も、日本へ帰りたくなかった背景にあった。マンションで同居していた桜田は武藤の恋人をよく覚えている。

「試合会場で知り合った高校3年生だったよ。可愛い娘だったよね。あいつは女にもてたよ。会場に行くと、色んな女が『武藤と付き合いたい』ってオレのところに来るんですよ。それで、オレが武藤に『あの女どうだ？　やっちゃえ』って言うんだけど、あいつは『いいです』って断ってね。だから、アメリカで女は、その娘一人だけだったと思うよ」

ファンにもてた武藤だけに、桜田によるとある時トラブルも起きたという。

「もう一人、武藤のことが好きだった21歳ぐらいの女がいたんだけど、武藤はそいつがあんまり好きじゃなかった。それで、オレらの部屋にその女が来たんだけど、武藤が相手にしないから怒って、マンションの庭のプールにその女がなぜか分からないけど飛び込んだことがあってね。大変だったよ、あの時は」

笑いながら懐かしそうに目を細めた桜田の話を武藤に尋ねると「桜田さん、そんなことまで覚えているの」と目を丸くした。女子高生の恋人とは確かに試合会場で知り合ったという。「だってそこしか接点ないじゃん」と明かし、仕事上でも彼女が必要だった理由を告白した。

「最初にアメリカに行った時に運転免許の国際ライセンスを持っていなかったんだよ。行く前は、アメリカは東京みたいな大都会で、車なんて必要だとは思わなかったからね。だけど、フロリダに行ったら田舎でさ。車がなきゃとても生活できなくて、それで、やっぱり、すぐに見つけなきゃならねぇのは、アッシーだよな。生きるためには、絶対にアッシーがいないと大変だったよ。そういう意味では、彼女というかまぁまぁアッシーに恵まれたっていうことだよね」

帰国命令

公私共に充実していたアメリカ生活だった1986年秋。新日本プロレスから帰国命令が届いた。前回は、武藤の意志を汲み取ったが、今回は強制的な指令だった。帰国が決定した裏側には、ライバルの全日本プロレスでの元横綱輪島のデビューがあった。日大出身で学生初の横綱に昇進

した輪島は、花籠親方となった引退後に年寄名跡を担保に借金をする不祥事を起こし、1985年12月に大相撲を廃業、1986年4月に全日本への入団を発表した。

長州力が参戦した全日本は、当時、勢いでは完全に新日本を上回っていた。日本テレビは、それまで関東地区で夕方に放送していた「全日本プロレス中継」を、六年半ぶりにゴールデンタイムとなる土曜午後7時に昇格させ、さらに話題性抜群の輪島のデビューで一気に新日本を引き離そうとしていた。

輪島のデビュー戦は11月1日、故郷の石川県七尾市体育館だった。元横綱のプロレスデビューは、プロレスの枠を越え、世間で大きな話題となった。防戦一方の新日本が打ち出した対抗手段が武藤の凱旋帰国だった。

「あのころは、確かにキツイ時代だったから、ウチの会社としては、ノドから手が出るほど新しいスターが欲しい時期だったんだよ。プロレス界は同じような話題ばかりが続いたらダメなんだよ。常にフレッシュな話題を入れ込まないといけない。その時は、アマチュアから大物が入団するとか話題もなかったしね。武藤の名前は、輪島のように世間一般は知らないけど、プロレスファンにとっては海外修業へ行っていた武藤が帰って来るっていうのは話題になると考えたからね。そういう意味では、輪島に対抗して売り出そうと思ったんだよ」

元横綱のデビューというビッグニュースに対抗する武器として、新日本は武藤の凱旋帰国を決めた。キャッチフレーズは「スペース・ローンウルフ」。宇宙の一匹狼となった武藤は、十一か月ぶりに新日本プロレスのリングに帰ってきた。

「スペース・ローンウルフ」の凱旋

1986年10月9日、両国国技館で行われた、猪木のレスラー生活25周年を記念する特別大会「INOKI闘魂LIVEパート1」のメインイベントは、猪木とプロボクシング元WBA、WBC統一世界ヘビー級王者レオン・スピンクスの異種格闘技戦だった。セミファイナルも異種格闘技戦で、前田日明とキックボクサーのドン・中矢・ニールセンが対戦した。凡戦に終わった猪木とは対照的に前田は、白熱の攻防でニールセンを逆片エビ固めで倒し、「新格闘王」として脚光を浴びた。

時代の波が猪木から前田へ大きく変わった国技館で、武藤は凱旋した。試合は組まれなかったが、新たなコスチュームで変貌した姿を披露しファンの期待感をあおった。武藤を意味する「610」という数字が左胸に書かれた銀のジャンパーに、ブルーのロングタイツ、そして、フルフェイスのヘルメットをかぶって、花道を歩いた。

「ヘルメットは、猪木さんに『もしかしたらヘルメットのスポンサーがつくかもしれないから、これかぶっていけよ』って言われて、かぶったんだよ。青のロングタイツも猪木さんのアイデアだったよ。ただきぁ、ヘルメットは自分の息で前が曇って、入場する時に前が見えづらくて大変でね。しかも、思惑通りにスポンサーもつかなかったから、すぐにかぶるのはやめたと思うよ」

凱旋試合は、「闘魂シリーズ」開幕戦となった10月13日、後楽園ホール。相手は、猪木に次ぐ看板レスラーの藤波辰巳(現・辰爾)だった。当時は、前座レスラーに入場テーマソングはなく、

テレビマッチに出場するレスラーだけが自身の入場テーマソングを持つことができた。武藤に指定された曲は、「ファイナル・カウント・ダウン」だった。新たなテーマ曲に乗って、トッププロープをつかんで鉄棒の大車輪のようにリングインした。ヤングライオン時代の匂いを完全に消した新しい風を吹き込んだ派手な登場に、会場は期待で充満した。

凱旋マッチは月曜夜の試合だった。というのも、テレビ朝日がこの大会の生中継から「ワールドプロレスリング」の放送時間を、金曜夜8時から月曜夜8時に変更していたのだ。金曜夜8時のプロレス中継は、日本プロレス時代から続いてきたテレビにおける伝統のプロレス枠だった。そこからの撤退は、新日本プロレス人気の厳しい状況を表していた。このままジリ貧が続けばゴールデンタイムを失う危機もささやかれていた。だからこそリニューアルした月曜夜8時で高い視聴率を稼がなければならなかった。そのためには、リング上に新たなスターが必要だった。武藤の凱旋には、放送時間の変更に伴うフレッシュさを呼び起こしたい事情もあった。

輪島への対抗、テレビ視聴率など、大きな期待がかけられた藤波との初対決では、アメリカ修業で跳躍力が増したムーンサルトプレスを披露したが、逆さ押さえ込みで敗れた。翌週の生中継も藤波との再戦が組まれたが返り討ちに遭った。低迷する新日本に新たに出現したスペース・ローンウルフを売り出すには、いきなり藤波に勝つことが最大のインパクトになるはずだったが、武藤の前に立ちはだかった壁は厚かった。

「燃える闘魂」の制裁

そして、さらなる試練がシリーズの最終戦となる11月3日の後楽園ホールで待っていた。対戦相手はアントニオ猪木だった。当初、この大会のメインは藤波と木村健吾（現・健悟）のシングルマッチだったが、藤波の負傷でカード変更となった。急きょ、武藤が木村と組み、ケビン・フォン・エリックと組んだ猪木との初対決が実現した。

新日本の総帥に次代のエース候補がどんな展開を見せるか期待された試合は、場外戦で額を割った武藤が大流血の中、ケビンから首固めでフォールを奪った。しかし、クライマックスは試合後に待っていた。

猪木が大流血する武藤の額へパンチの乱打を浴びせたのだ。途中で何度も木村が割って入ったが、猪木は照準を武藤に絞り執拗に殴り続けた。武藤も必死に食い下がりサソリ固めなどで抵抗したが、あくまでも主役は猪木だった。生中継でクローズアップされたのは、スター街道をひた走る新星を制裁する燃える闘魂の厳しさだった。

「あれは、あれで面白かったよ。まぁ普通じゃなかったけど、オレは普通じゃない試合が好きだから。あれだけ殴り続けたのは猪木さんからの『調子に乗るなよ』っていうメッセージだったんじゃないかな。それは、逆にオレに対する期待の表れだったと思う。あの辺まではいい子だったからね」

猪木は、かつて1981年6月24日に蔵前国技館で、レスリングでモントリオール五輪に出場するなど、輝かしい実績を引っ提げ、プロレスへ転向した谷津嘉章にとっての日本デビュー戦で

タッグを組み、アブドーラ・ザ・ブッチャーとスタン・ハンセン組と対戦した。しかし、谷津が外国人二人に徹底的にやられまくる試合を展開するなど、猪木は、スターへの階段を約束されたレールに乗ってスターになる売り出し方に嫌悪感を示していた。当時の新日本のファンもまた、用意された新星を一気に追い落とすことを厭わなかった。

のし上がってきた歴史に共感していたため、長州力のような長い下積みを経てメインイベンターにはい上がるレスラーしか認めない空気があったのだ。猪木がジャイアント馬場の後塵を拝し、事実上下積み生活を経ずに、アメリカで活躍したデビュー三年目の若手を、簡単にはスターにさせないという猪木流をファンは支持した。

「あの図式の中で血を流しながら殴られ続けているオレの姿って、猪木さんが投げたボールをまだデビューしたばかりの若手がしっかりキャッチしてくれると思うから猪木さんが投げてるんだよ。他のヤツなら何も理解できなかったかもしれないよ」

猪木はどんなボールを投げていたのか。

「それはまず、上から目線のところだよな。師匠たる者はこういう者だってキというね」

じゃあ弟子たる者はこういう風に受けるべきというね」

師匠に殴られ続けることで武藤は猪木を引き立てていたのか。

「う〜ん、そこは、あうんの呼吸だよ。だから猪木さんは、あの試合はハッピーだったと思うよ。オレにとっては一つの経験ですよ。すべてはオレの完全に自分の世界だからね。

3章 スペース・ローンウルフVS「UWF」

1986年11月3日後楽園ホール。猪木は執拗なパンチを浴びせ、武藤は流血した。

当時、猪木は43歳、武藤は23歳だった。

「恐らく、オレとやる時、猪木さんは若干老いてたからな。多分、若い時の猪木さんって、相手がしょっぱくて試合もしょっぱくても、終わったら、『ダァー』って拳を上げて、『はい、ハッピーエンド』って持っていけるぐらいの力を持ってたよ。オレも今では『プロレスLOVE』ってそういう手法を取るから理解できるんだけど、試合がしょっぱかったら、相手のせいと思っていただろうし、とにかくオレだけ見ていればいいっていう感覚でやっていたんじゃないの。あの試合もそうでね。リングの上が混乱したよね。でね、猪木さんは、リングがぐちゃぐちゃになって、お客が『えっ！ どうなっているの!?』ってざわつくのが好きでね。もう収拾がつかないんじゃないかっていう混乱の中で、最後は『ダァー』って拳を上げてオレが収めましたよ、そこにエクスタシー感じてたんだと思うよ。実際、あの試合の結末はそうなったからね。だから、あの試合も猪木さんの気持ちを考えると『オレだけ見てろ』っていう世界だったよね」

猪木が創設した新日本プロレスは、「プロレスこそ最強」「いつ何時誰の挑戦でも受ける」と掲げた「猪木イズム」がファンに絶大な支持を受けた。

「猪木イズムって、オレが思うに考えることだよね。守りってのは考えないじゃん。例えばそれは馬場さんのイメージだよね。でも猪木さんは常に攻めたよね。攻めるってことは次は何をしようか？って常に考えることなんだよね。猪木さんは、次から次へと色んなことをすげぇ考えてたよね。モハメド・アリと試合をしたかと思えば新宿の伊勢丹前でタイガー・ジェット・シンに襲われるとか、どっちの方向でもとにかく突拍子もないことをめちゃ考えてたよ。今でこそリン

グから離れたところで相手を襲うっていうのは、あるのかもしれないけど、猪木さんは、その先駆けでパイオニアだからね」

そして、プロレスラー猪木をこう評した。

「猪木さんってオレは根っからのプロレスラーだと思うよ。自己流にアレンジしているけどね。スタイルだよね。だけど異種格闘技戦もアメリカンスタイルじゃないか……あっ、わかんねぇな……やっぱ、異種格闘技戦ってすげぇんだよ。だってどこの馬の骨だか分からないヤツとプロレスしなきゃならないんだよ。それで沸かすことができるって猪木さんしかいないよな。あんな芸当は、他のヤツらじゃ絶対にできないよ。だから、常に攻める姿勢を見せてくれたっていう意味でやっぱりオレの師匠ですよ」

一方で、猪木が流血した武藤を殴り続けた背景には「UWF」があったと見る。

「あのときUWFがいたからね。猪木さんは、UWFのスタイルにはないプロレスを表現したかったんだろうね。血を流して殴り合う絵は、競技になろうとしていたUWFとは、正反対だからね。普通に試合を終わらせるより、ああいう形の方がUWFにはない何か別の形が生まれると思ったんじゃない」

図らずも口にした「UWF」は、武藤にとっても煩わしい思想だった。

UWF一色だった凱旋後の新日マット

1983年8月のクーデター事件を発端に翌年4月に旗揚げしたUWFは、佐山サトルが提唱した格闘技色が強いプロレスを打ち出したが一年半で経営に行き詰まり、佐山は退団に追い込まれた。残った前田日明、藤原喜明、高田延彦（現・髙田）、木戸修、山崎一夫ら8選手は、1985年12月に新日本プロレスと業務提携し、翌年1月の「ニューイヤーダッシュ'86」から新日本に本格参戦を果たした。

前田にとって一年九か月ぶりに復帰した新日本のリングだったが、自らの個性を守るためにも格闘技色を追求した「UWFスタイル」を崩すわけにはいかなかった。UWFと、新日本勢の試合はかみ合わず、選手同士で軋轢を生んでいた。一方でファンは、ニールセン戦での壮絶な試合をきっかけに、衰えが目立ってきた猪木に代わるプロレスの「強さ」を証明する象徴として前田に傾倒した。

UWFが新日本に参戦した時、武藤はフロリダで武者修業中で凱旋帰国は、そのままUWFとの戦いの始まりでもあった。しかし、スターの椅子が用意された武藤よりも、強さを追求する前田を、ファンは圧倒的に支持した。

「スペース・ローンウルフで海外から帰ってきたけど、ファンは冷たかったよ。だって、世の中はUWFブームで、言ってみれば野党のUWFの方が与党の新日本よりお客さんを惹きつけていたからね。ロープに飛ばそうと思っても飛ばないとか、あのスタイルは当時、ブームだった

3章 スペース・ローンウルフVS「UWF」

1987年3月20日後楽園ホール。武藤は越中とタッグを組み、前田・高田と激突。

しょうがないけど、オレはあんまり好きなスタイルじゃないよ。やっぱり、アメリカのプロレスの方が面白いと思っていたからね。だけど、UWFっていうあんなに間の違うプロレスのオレは意地でもムーンサルトをやっていたよ。今思えば、やりづらい間の違うプロレスでよくやっていたと思うよ」

新日本とUWFの激突は、それぞれが持つプロレス観のぶつかり合いでもあった。前田、高田がロープワークを拒否し、キックを主体とするスタイルを主張すればするほど、武藤は意地でも月面水爆にこだわった。アメリカで培った自らのプロレス観の象徴が、ムーンサルトプレスだった。その思いを「UWF」に真っ向からぶつけた。

「今は合理化されて言うなれば、フィギュアスケートのペアのようにうまく滑っているようなプロレスをやるけど、当時はペアの仲が悪いっていったらありゃしないよ。実際に仲が悪くてコミュニケーションが取れないぐらいの中でのぶつかり合いだった。ただ、やっている方はリング上で一瞬の隙も見せられないから大変だったけど、見ている方は面白かったと思うよ」

今でこそ、冷静に振り返ることができるUWFとの戦いだが、当時、武藤の中で鬱積した思想の違いが爆発する時が来た。

伝説の「旅館破壊事件」

1987年1月23日、熊本・水俣(みなまた)市体育館での試合後の夜、市内の旅館で新日本とUWFの選手の親睦の飲み会が開かれた。音頭を取ったのは坂口だった。

3章 スペース・ローンウルフVS「UWF」

「UWFが帰ってきて、一年ぐらい一緒にやっていたけど、旅館も別、移動も、控室も、もちろん別、会場で顔を合わせるだけで試合もずっとギクシャクしていたんよ。それで、お客がガァーッと増えれば、うちの選手も我慢したと思うよ。だけど、前田たちが帰ってきても観客は全然増えなかったしね。それで試合だけガチガチして、彼らは『オレたちはプロレスに対応しません』みたいな固い壁があって、自分たちのカラーを守るためにそうやらないといけないのは分かるんだけど、星野（勘太郎）さんなんかオレも頭に来たこともあった。そういう選手間のムードが険悪だったから、水俣でオレが『一回、みんなで酒でも飲んで飯を一緒に食って心開こうや』って音頭を取ってね。一席設けたんよ。昔の日本プロレスの時代は、よく巡業で旅館に泊まることが多かったから、試合終わって大広間で30、40人が一緒にご飯食べて、飲んだりしてたんよ。リング下りたらバカ騒ぎして和気あいあいってそういうのがあったからね。あの時も酒飲んで互いに心を開くきっかけになればと思ったんだけど、あんなこと、あんなことになってよ」

坂口が苦笑いしながら振り返るのは「あんなこと」という大騒動となった。酔っ払った両団体の選手が殴り合いのケンカに発展。さらに旅館の壁、便所などを破壊したのだ。

騒動の引き金を引いたのは、武藤だった。

「正確には酔っ払って覚えてないんだと思う。そしたら、オレが前田さんに、『あんたらのプロレス面白くねえんだよ』って言って口火を切ったと思う。そしたら、前田さんが『じゃんけんで勝った方が一発殴ろう』って言ってきて、それにオレは乗ったら、オレは全部負けて殴られるわけ。酔っ払っていたから分からなかったんだけど、前田さんは、全部後出しして殴っていたらしいんだよ。それを高

田さんが見ていて、前田さんに『ズルい』ってなって、髙田さんが前田さんを羽交い締めにして『武藤、殴り直せ』って言って、思いっきり殴ったよ。その後、どういうわけかオレと前田さんと髙田さんが素っ裸になって、旅館の前の道路にあぐらかいて語り合っていた印象はあるよ（笑）。道路の真ん中だったけど、通った車がオレらの姿を見て、逆に逃げて行ったからね（笑）」

坂口の証言は、少し異なる。

「まず最初に武藤が食事の席に少し遅れてきたんだよ。オレは武藤の横に座っていたから『まぁ、座れよ。飲めよ』って言って、酒が入ったら、今度は武藤が前田に『UWFが来てもお客が入らないじゃないですか』って言ったんだよ。みんな思っていて誰も言わなかったのを、武藤が酒の力を借りて言ったんだよね。そこから始まったんよ。武藤の言葉に前田が『ナニこの野郎』ってなってね。そしたら、オレは『まあまあ、やめろやめろ』って止めたけど、構わず二人はド突き合いしていた。便所でゲロが詰まって水が下に漏れたとかあった。後藤（達俊）なんか便所のドアを蹴って壊したとか。他の選手も暴れてたよ、猪木さんもいたけど、止めずに見てたよ。それで最後にオレと猪木さんと荒川（真）と武藤で『飲み直しだ』って言って飲んだんだよ」

UWFにいた藤原の記憶は、また少し違う。

「あれはプロレスラーのコミュニケーションでケンカじゃないんだよ。まず、始めに前田が武藤に言ったんだよ、『おいオレを殴ってみろ』って。そしたら武藤が『先輩を殴れませんよ』って

3章 スペース・ローンウルフVS「UWF」

言いながら、後ろに下がってから走っていって、バカーンって殴ったんだよ。そしたら、下にビール瓶だとか転がっているからステーンって前田がぶっ倒れて、むっくり起きあがって『へっへっへ……やるじゃねぇか』って言って武藤を殴り返したんだよ。その後もお互いに何発か殴っていたよ」

当時、新日本の若手選手だった船木誠勝の証言も微妙に違った。

「まず、武藤さんが『あんたのやっているのは、プロレスじゃないんだよ』って言いました。そしたら、前田さんが『お前、海外から帰ってきたからって、いい気になるんじゃねぇぞ』と怒って、ボコボコに殴った。ボクはそれを見たから、誰かに止めてもらおうと思って藤原さんを呼んだんです。そしたら、藤原さんが『しょうがねぇな』って言って、前田さんをボコボコに殴ったんです。その時、髙田さんが武藤さんを『こっちに来い』って言って、前田さんから引き離すために裏に連れて行った。武藤さんがいなくなった後に坂口さんが怒って、寝転がって『来い』って前田さんに言いました。前田さんは、何もできずに上から坂口さんを見ているだけでしたね。最後に坂口さんが前田さんと武藤さんを呼んでお互いに一発ずつ殴らせて和解したんです。藤波さんは別の部屋に移っていました。途中で前田さんは泣いていましたよ。その後、前田さん、髙田さん、武藤さんは外に出て話をしていましたけど、湯船に投げられました。みなさんは酔っ払っていたので、記憶が曖昧だと思いますけど、ボクは今でもハッキリと覚えています。全員が泥酔していたため、証言に違いはあるが、武藤と前田の殴り合いから大騒動に発展した

105

ことは共通しており、発端はやはり二人だったことは間違いないようだ。プロレスラーが大暴れし、旅館のいたる所が破壊されたことだった。坂口は、翌朝出発した時の旅館の従業員の表情が、今でも忘れられないという。

「オレたちが来た時は『いらっしゃいませ、いらっしゃいませ』って旅館の人も歓待してくれたけど、明くる日、バスで帰る時はみんな寂しそうに見送っていたよ（笑）。支配人から抗議は来なかったけど壊したところを修理する請求書は会社に届いたよね」

武藤は請求書を坂口に見せられたという。

「確か、９００万じゃなかったかなぁ。巡業中のバスの中で坂口さんに請求書を見せられてね。坂口さん、それを見て『思ったより安いな』って言ってたもんね（笑）」

前田に殴られた武藤の顔面は、翌朝、真っ青に腫れ上がっていた。前日の水俣大会で武藤は、猪木、上田馬之助と組んで、コンガ・ザ・バーバリアン、ブラック・バート、キューバン・アサシンと対戦していた。翌24日に会場の福岡・飯塚市体育館に着くと、前夜の修羅場を知らない対戦相手の外国人レスラーから「オレ、そんなに殴ったのか」と驚かれたという。武藤は坂口に「試合をやらせてください」と頼んだが、坂口は「お前、リングに上がったってそんな顔じゃ誰だか分からないじゃないか」と、飯塚大会と続く25日の北九州市若松体育館の二試合を欠場させた。

それほど、顔面は様変わりしていたのだ。

今となっては笑い話でもあり伝説とも言える「旅館破壊事件」だが、当時、武藤が「ＵＷＦ」にどれほど鬱積した思いを抱えていたかを象徴する出来事だったといえる。

「UWF」という思想

今、武藤はUWFを「思想」と表現する。

「入門してすぐにUWFができた時、傍から見ていてあの思想は嫌だなって思っていたし、理解できなかったよね」

柔道という競技の中で強さを追求することを卒業し、エンターテイナーになるためにプロレスラーになった武藤にとって、佐山サトルが掲げた「格闘技へ移行するための段階」というUWFの目論みは、自身と異なる「思想」だった。

「きっと総合格闘技かプロレスかどっちかしかないんだよ。現代では、それが分かれちまったから分かるんだけど、当時は、そのUWFの思想は難しいし、世の中にはきっと伝わりづらかったと思うよ。ただ、オレは今でも思うけど、やっぱり、ある意味、総合格闘技はアマレス、柔道みたいな一つの新しいスポーツができたようなもんで他の競技化されたスポーツと同じだから、そうなると何かつまらないって思うよな。プロレスはどこまで行ってもプロレスで独自だからね」

昭和の新日本プロレスは、伝統的に道場でガチンコの「決めっこ」だけを練習していたため、試合と道場の狭間で悩み葛藤していた選手もいた。

「葛藤は誰しもがあるわけだよ。道場の決めっこは、強いけど試合本番になったら弱いっていう場合も生まれるから、そんなことになったら普通は、葛藤が生まれるよな。もしかしたら、そういう葛藤があるヤツがUWFを作ったと思うけど、あのころは中途半端だったよ」

新日本とUWFの闘いは、前田たちがそれぞれ抱える葛藤と新日本の選手が持つプロレスへの考えのぶつかり合いだった。

「その思想のぶつかり合いって面白いんだよ。何で面白いかって、答えが分からないのにみんなで答え探しをしているわけだから、その最中はきっと面白いんだよ。今、振り返ると、あの時オレはUWFが鬱陶しくてたまらなかったけど、きっとオレも面白かったんだよ。だって、オレもその最中は答え探しをしていたわけだからね。ただ、当時のプロレスの技術的にも大変だったよ」

UWFの思想は時を経て、髙田延彦がヒクソン・グレイシーと対戦し、1997年10月11日に東京ドームでスタートした総合格闘技イベント「PRIDE」に変化を遂げたと、武藤は考えている。

「UWFの思想は、そのまま進化してPRIDEまで行ったよね。やっぱり、時が経てば格闘技かプロレスかどっちかしかないんだよな。当時はそこまで進化していなかったからね」

武藤は、格闘技の道は考えていなかった。

「オレは繰り返し言うけど、柔道の世界がベースになっているんだよ。そこには、オレより強いヤツが本当にいっぱいいたから、強さを求める世界へ行こうなんて思わない。強さを計るのって難しいんですよ。桜庭和志みたいに、アマチュアレスリングではそこまで強くないけどPRIDEには向いてた、みたいなケースもあるわけでね。まったく違う色を、強いとか何とかって、一つの色に染めようなんて無理なんだよ」

ここまでは、武藤が思うUWFだった。では、反対に前田日明に「武藤敬司」はどう映っていたのだろうか。

前田日明、武藤敬司を語る

「武藤は全然分かっていないんですよ」

語気を強めた前田は、猪木が新日本プロレスを創設した時の思いを説いた。

「あの時、猪木さんは、プロレスを守ろうとして新日本を旗揚げしたんですよ。生前、試合をした木村政彦さんが『プロレスを作りだ。八百長だ』と発言するようになって、新日本を作ったころのプロレスの地位は、どん底に落ちていたんですよ。そんな時代に猪木さんは『プロレスはそうじゃないんだ。本当に実力がある人間がやっているんだ』と主張して実践したんですよ。そもそも、新日本と全日本の成り立ちの違いって分かりますか？ 猪木さん、山本小鉄さん、星野勘太郎さんに共通しているのは、若手時代にアメリカ武者修業に行かされた場所がテネシーだったことなんです。テネシーは、太平洋戦争での戦死者が一番多い場所で、アメリカの中でも反日感情が一番強い地区だったんです。そんな場所だから、猪木さんちと対戦する相手は『シュートをやってもいい』って言われていて、そんなヤツらと戦ってきたんですよ。一方の馬場さんは、ニューヨークでスターになりましたけど、そんな経験はしていないんです。そういう過酷な修羅場をくぐってきた人たちが作ったのが新日本プロレスなんです。だから、キング・オブ・スポーツと掲げたし、モハメド・アリともやったんです。そういう意味

で、新日本プロレスって世界のプロレス界の歴史の中でも特異な進化を遂げた団体だったんです」

大阪市大正区出身の前田は、高校時代まで空手を学び、公園で稽古をしていたところを佐山にスカウトされ1977年に入門した。

「自分が新日本に入ったころ、猪木さんは、今のアメリカンプロレスからいずれは、現在で言う総合格闘技をやりたいっておっしゃっていて、道場全体で格闘技を追求していたんです。ボクシングの木村ジムからボクサーを呼んで、ボクシングのスパーリングもやっていました。当時は地に堕ちたプロレス界のイメージを復活させる為に必死になって身を張っていましたし、当時の選手がどんな思いで道場で練習を重ねてきたのかとか、武藤はそういう歴史を全然分かってないんですよ」

前田は武藤が入門した1984年4月の一か月前にUWF設立のため新日本を離れているので、道場で武藤と接点はない。二人が交わったのは武藤の凱旋帰国後のリング上だった。

「当時の武藤の印象って、坂口さんが推していたから、チヤホヤされて、特待生コースに乗っていた印象ですね。猪木さん、山本さんに触れる前に坂口さんにベッタリでお坊ちゃんみたいに育てられてましたよね」

武藤は、強さの追求は柔道で終わったと考え、坂口、マサ斎藤、長州力などアマチュアでオリンピック代表や日本一を極めた選手も同じ考えだと主張した。

「武藤はアマチュアで実績を残した選手は、道場で強さを求めないと言っているけど、まったくお門違いなんです。それは、吉田さん（光雄＝長州力の本名）ってミュンヘンオリンピックに出

110

3章 スペース・ローンウルフVS「UWF」

ているんですけど、同じミュンヘンに出たジャンボ鶴田さんより強かったんですよ。アマレスでそこまで極めた人が新日本に入って初めてスパーリングをやったのが小沢さん（正志＝後のキラー・カーン）でね。吉田さん、小沢さんに決められたんですよ。小沢さんの方が全然強かったんですよ。だから、強さという意味でアマの方が上にあるみたいな考えはまったく間違っているんですよ」

武藤が思想と評した「UWF」を前田は「自分は猪木さんから教えられたことをやっただけ」と明かした。

「猪木さんには、プロのレスラーにはあらゆるエッセンスが入っていて、リング上で何が起きても対応しないとダメだと言われました。だから、その教えをそのまま実践しただけです」

新日本との抗争で、前田は「猪木なら何をしても許されるのか」など徹底的に猪木を批判し緊張感を高めた。

「あれはプロのレスラーとしてリングを盛り上げないといけなかったから、言っただけなんです。それでね、オレらUWF勢なんて、所詮、プロレスが下手な前座レスラーの集まりだったんですよ。そんな前座の連中がやる試合を新日本は受け入れてくれなかったから、『何で、できないんやろう？』っていう思いはありましたよね」

お互いの感情が爆発した旅館破壊事件も、前田は武藤の記憶を全面否定した。

「自分がきっかけを作ったとか言ってるらしいが、そんな力も発言力も新人の武藤には無い。ホラもいい加減にしろといいたい。あれは、山本小鉄さんが猪木さんに働きかけてやった宴会で、

武藤は関係ない。それで、武藤が酔っ払って絡んできたから、本当にチヤホヤされて、特待生扱いだったから、何か遊んでやろうと思っただけですよ」

その後、前田は1987年11月19日、後楽園ホールの六人タッグマッチで長州の顔面を蹴ったことに端を発し、新日本を解雇され、1988年5月12日に新生UWFを旗揚げ、爆発的なブームを起こす。しかし、1991年1月にUWFは解散し、同年5月に「リングス」を設立、1999年2月21日、レスリングのグレコローマン130キロ級で五輪を三連覇したアレクサンダー・カレリンとの試合で現役を引退した。

新日本、UWFと続き自らの理想を追求した「リングス」を「総合格闘技をやるまでの実験でした」と明かした。髙田がヒクソンに挑んだように、「UWF」の思想を突き詰めるとやはり「格闘技」にたどり着いた。

今、前田は「THE OUTSIDER」という格闘技大会を主宰し、プロレスとは一線を画している。改めて武藤への評価を聞いた。

「武藤は、良くも悪くも頭が良すぎる。それで入った時に教える人がいなかったんですよ。それは、新日本全体にもいえることで、道場で教える人って藤原さんとか、木戸さんとかみんなUWFへ行ってしまったんですよ。それは後々、考えると新日本にとって最大の誤算であり、損失だったと思います」

武藤は前田の言葉を聞いて今、こう思う。

「当時は前田さんは前田さんで必死だったと思う。自分たちの思想を貫かないと生きていけない

っていう思いだったと思う。それはオレも同じで、必死でムーンサルトをやったよ」

想定外のオファー

葛藤のUWFとの戦いの最中、思わぬところからオファーが届いた。それは、銀幕の世界、映画の主演だった。

1986年、映画プロデューサーの伊地智啓は、監督の相米慎二と次回作「光る女」の主演俳優を探していた。

伊地智は相米が32歳の時に、監督デビュー作となった1980年の薬師丸ひろ子主演「翔んだカップル」から相米作品をプロデュースし、1981年12月公開の薬師丸主演の「セーラー服と機関銃」が大ヒット。1982年の邦画部門の配給収入で1位に輝いた。その後も1983年の「ションベン・ライダー」、1985年の斉藤由貴主演の「雪の断章 情熱」を手がけた。相米は、監督六作目となる1985年の「台風クラブ」で第1回東京国際映画祭のグランプリを受賞し、日本映画界の明日を担う新進気鋭の監督として飛躍していた。

毎年のように意欲作を送り出していた相米が次回作に決めたのが、伊地智プロデュースによる「光る女」だった。同作は、泉鏡花文学賞を受賞した作家小檜山博の同名の小説が原作で、北海道の山奥に住む大男「松波仙作」が婚約者を探すために上京し、歌えなくなった天才オペラ歌手と恋に落ちるストーリーだ。ヒロインの歌姫「小山芳乃」を秋吉満ちる（現・Monday満ちる）、婚約者「桜栗子」を安田成美が演じた。

主演俳優を決めるためにオーディションを繰り返したが、相米と伊地智の前にイメージする男は現れなかった。

「とにかくまず、デッカイ男が大前提でしたから、既存の俳優という枠の中には、並外れたデカイ男はいませんでした。相米と『お相撲さんの中から探さないといけないかな』と話もして、探しましたけど、今度は二枚目がいなかったですね。デッカくて二枚目っていう条件に合う男は、なかなか転がってなかったですね。そうなると今度は、『手近なところでプロレスはどうかな』とコネをたどった上で、写真を取り寄せて目についたのが武藤だったんです。相米も『武藤がいい』と言ってました」

武藤が持つ天性の「華」は、映画を制作するプロフェッショナルの心をもつかんだのだ。主演の「松波仙作」役を武藤に絞った伊地智だったが、三か月ほど撮影で拘束するため、試合を長期にわたって欠場しなければならず、所属する新日本プロレスが承諾するかが不安だった。坂口は「武藤敬司」の名前を世間一般に広めるチャンスと捉えていた。

「当時は武藤の名前はプロレスファンしか知らなかったからね。オレらは人気商売だから、普段のリング以外の何かプラスαが必要なんよ。映画出演でしかも主演だったから、これはプロレスを見ない世間一般に名前を売る絶好の機会だと思ってね。向こうから是非って要望されたから、ギャラもオレが交渉してまとめたんよ」

まったく想定外の映画界からの評価を武藤も前向きに捉えた。

3章　スペース・ローンウルフVS「UWF」

「自分の名前を売る一つのチャンスだと思ったし、うれしかったですよ」

凱旋帰国しUWFと戦っている最中に決まった映画初主演。役柄に合わせ、髪の毛を伸ばしヒゲを蓄え始めた。クランクインは3月下旬、北海道の山中でのロケから始まった。

撮影直前、大暴動のリング

撮影を控えた1987年3月20日。後楽園ホールで越中詩郎とタッグを組み、IWGPタッグ王座決定戦で前田、高田組とぶつかった。越中が高田をフォールし、王座を奪取した。フロリダですでにタイトルを獲得していたが、新日本マットで奪った初のベルトだった。

「ベルトってオレにとっては後から付いてくるもんだからさ、そんな感動とかはなかったよ」

初防衛戦は、6日後の26日、大阪城ホールで行われた「INOKI闘魂LIVEパート2」で行われた。

前田、高田組とのリターンマッチで、今度は越中が高田に敗れた。

この大会のメインイベントは、猪木とマサ斎藤の約四年ぶりのシングルマッチだったが、アイスホッケーのマスクをかぶり、ステッキを持った海賊男が乱入して斎藤に手錠をかけ、大混乱に陥り、反則で猪木が勝つという不透明決着となった。試合後、観客の不満が爆発して大暴動となり、警察が出動する事態にまで発展した。

この時、混乱を起こした海賊男と最初に絡んだのは、武藤だった。武藤は、大阪城からさかのぼること一か月半前の2月10日、フロリダのタンパでジェリー・グレイとのシングルマッチで対戦する試合前に、大阪城と同じ姿の謎の男に襲撃され、試合は不成立になった。この模様は「ワ

ールドプロレスリング」でも放送され、海賊男と表現された。

「海賊は、どんなコンセプトで生まれたんだろうなぁ。あれは、多分ね、かなり見切り発車だったと思うよ。海賊の中身も色んな人がやっているしね。もしかしたら、テレビ朝日側からUWFとの試合が『ちょっと地味じゃないの』って言われていたかもしれないし、もうちょっと派手なことが欲しいということだったのかもしれないよね。だって、最初にフロリダで出現した時に、テレビを構えてやっているからね。テレビも狙っていたってことだよ。もしかしたら会社なのか猪木さんなのか、どちらの考えなのかは分からないけど、オレを回すためには何か題材が必要だという考えの中で生まれたのかもしれないけど、オレのことはどっか行って、『これはいいな、いけるな』って猪木さんが取っていっちゃったんだよ。そういう意味でも出たとこ勝負の見切り発車だったんだと思うよ」

海賊男が巻き起こした大暴動のリングを背に武藤は、本格的に映画の撮影に入る。

相米監督の「過酷」な撮影現場

伊地智によると、まず、相米が武藤に命じたのは、プロレスラーの色を消すことだった。そのため、助監督の森安建雄が住む吉祥寺の自宅に同居させ、24時間を共に過ごした。

「相米はまず、助監督、役者としての振る舞い方を武藤に染みこませようとしたんです。そのため助監督と私生活を共にさせ、役者独特の日常的な感覚を武藤に教えたんです。例えば、外を歩く時は、こう歩くとか、酒場ではこんな風に飲むとか、徹底的に『役者とは』というものを授業したんです。そ

3章　スペース・ローンウルフVS「UWF」

んな生活を一か月して、そこから台本を渡しました」

最初の一か月だけではなく、撮影の三か月すべて、武藤は森安の自宅で過ごした。助監督との生活を「面白かったよ」と振り返ったが、相米と伊地智が狙ったような「役者」を染み込ませることは難しかった。

「森安さんは、独身でお母さんと吉祥寺の一軒家で暮らしていたよ。ただ、そこに住み込むにあたって、やっぱり、オレの中では役者というよりレスラーとしての頭が強いから、車庫に道場からダンベルとかベンチプレスを持っていって練習は欠かさなかったよね。途中から共演のMonday満ちるさんも同居するようになってね。台本をもらってからは、一緒に読んで練習したりしてね。吉祥寺駅の近くに生簀(いけす)がある居酒屋があってね、ほぼ毎日そこで飲んで、撮影が終わったら監督の悪口言ったりして、面白かったよ。だけど、毎晩、外食だったから、恐らく経費は相当使ったと思うよ」

撮影に入ると、相米の演出に戸惑いを覚えた。

「台本はあるんだけど、まず、何もないところから演技をさせられるんだよ。何の演出も指示もないんだよ。どう立ち居振る舞うか、空間をどう作るかって全部、自分で考えないといけないんだよ。だけどそんなもの、監督が思う空間と違うわけだよ。だからダメ出し、ダメ出しの繰り返しでね。こっちは初めての映画で演技なんてしたことないから、監督が何を言っているのか全然分からない。延々とリハーサルが続くから、セリフはそこで全部覚えちゃったね。ワンシーンを撮るのに、そういうことをずっとやっていて、その上、撮らない日もあるからね、大変だったよ。

撮影が始まったら、相米さんって長回しなんだよ。カットを割らない。ワンシーンが凄い長くてね。あの後も、お芝居とか何個かやっているけど、今振り返ってあの現場は異常だったよ。だけど、それも含めてきっと相米さんの中であらかじめ描いていた段取りなんだよ。この映画に携わって相米さんも『段取りをするな』ってことをよく言っていたけど、それも含めてすべて段取りだよね。映画って全部段取りだと思ったよね」

伊地智は、役者自身に考えさせる相米の演出をこう説明する。

「相米は、セリフを読んだ役者が、心からどう演じるかにこだわったんです。その役者自身が送ってきた過去の記憶を思い出させて、それを一つのセリフにつなげていくんですね。役柄ではなく武藤個人の歴史が、武藤ではなく素の武藤が出てくるまでじっくり待つんです。つまり、演じる武藤ではなく素の武藤が出てくるまでじっくり待つんです。ありきたりの要求を役者にはしません。だから時間がかかるし、武藤ならずとも誰でも戸惑います。特に武藤は役者じゃないわけですから、本人も言っているように、何を言っているのか分からなかったと思うし苦労したと思いますよ。だけど、彼は肝が据わっていましたよ。それと、シャイでね。何か言うと頬を赤らめるようなところがあって、そういうところに監督は好感を持ってました」

撮影は過酷だった。

主人公の「松波仙作」は北海道の山の中から上京した設定で、衣装は、裸の上半身に毛皮のベスト、下はボロボロのズボン。撮影期間中は、常にその姿で過ごすよう指示された。さらに、「撮影中は髪の毛は洗うな」と命じられた。

「髪の毛の脂は、メイクで表現できないからって言われてね。だけど、かゆくなるから指示を破って、洗ったんだけど、髪の毛がきれいになっちゃって、すぐにバレたよ（笑）」

新宿街頭でのロケでは、相米から「お前の師匠がいる」と言われた。見ると、路上に座っているホームレスで「お前もその隣に座ってこい」と指示された。

「それって撮るわけじゃないんだよ。同化してこいって言われてね。その間、みんな昼飯を食いに行ってさ、オレだけ路上にずっと座ってね、あれは傷ついたよ」

セリフの指導も独特だった。

「忘れられないのが『オレの嫁になってくれねぇか』っていうセリフが何度もNGだった。いまだに何が違うのか分からないんだけど、そのセリフが気に入らなかったみたいで、普通に町を歩いている人に声をかけろって言われて。町を歩きまわって、知らない女性に片っ端から『オレの嫁になってくれねぇか』って声をかけてね。カメラは回ってないし、スタッフも周りにいなくて、オレはあの毛皮のベストを着ているんだよ。そりゃぁ、みんな逃げるよな」

北海道の山中での、二週間に及ぶロケでは、雪山を登るシーンだけを撮影したが、完成した作品ですべてカットされていた。

プロレスラーであるにもかかわらず、役者として徹底的にしごかれる日々に、ついに武藤は行き詰まった。

撮影をボイコット

 ある日、撮影が終わるとそのまま坂口の自宅を訪ねた。その時、武藤は酔っ払っていたと坂口は思い出す。

「映画の役のままの格好をしてうちに来たよ。酒飲んで酔っ払って『何でこんなことやらなくちゃいけないんですか』って愚痴をこぼしてたよね。本人は、プロレスをやりたくてこの世界に入って、凱旋帰国して売り出されて、いい形で進んでいたっちゅう感触があったと思うんよ。だけど、映画の撮影に入ったから、本業のリングに三か月ぐらいブランクが出て、取り残されるんじゃないのかって落ち込んだんだよね。その時オレは、人気があるからこういうオファーも来るんだって言って慰めましたよ」

 撮影中でも、いつも武藤の頭の中にあったのは、プロレスだった。

「リングから離れた焦りはあったよね。だから、ずっとプロレスラーだっていうのは忘れなかったし、汗かかないと不安になって、どんなに遅く帰ってもトレーニングだけは欠かさなかった」

 長く苦しい約三か月にわたる最後の撮影は、北海道の山中だった。

「最後のシーンは非常に開放感があっていいイメージになるよ、みたいなことを言われて北海道で撮ったんだ。だけど、なぜか分からないけど、オレの中で現場の雰囲気が暗くて気に入らなくて、これが最後でいいものなのかって思いが込み上げてきてね。無性に、この映画壊してやろうと、一瞬思ってさ。撮影をボイコットするって言って、走って逃げて行ったんだよ。助監督とか

みんな追いかけてきたんだけど、そのころは膝も元気だから誰も追いつけないぐらいの速さで、ホテルまで逃げて行ったんだよ。スタッフはみんな、オレが完璧に100パーセント戻ってくると思って、準備を進めていたよ（笑）」

映画の撮影を終えた時、感じたのはプロレスで味わう快感だった。

「映画やって、やっぱりプロレスの方が面白いなって思った。だって役者は監督の駒であって、言いなりだからね。映画って監督と役者の戦いなんだよ。撮影現場に観客なんていないもん。だけどレスラーは、マッチメイクはあるけど、リング上の表現は自分がディレクターで、カメラワークも全部決められるし、自分を中心にすべてを見せていく主演俳優だからね」

そして、映画とプロレスの違いを明かした。

「何が決定的に違うかといえば、プロレスはライブ、生なんだよ。映画ってあれだけハードな撮影をやって、感動するのはクランクアップして作品になって公開された時なんだよ。でも、こっちは、もうその時には冷めているからね。だけど、プロレスは観客を前にしてライブで感じる感動がある。これってたまらないものがあってね。だからこそ今もリングに上がっているっていうのがあるからね」

「プロレスラー」である劣等感

武藤が主演した「光る女」は、1987年10月24日から東宝系で全国公開となり、公開前には

「第2回東京国際映画祭」に出品された。映画祭の審査委員長は、「ローマの休日」などで知られる俳優のグレゴリー・ペックだった。武藤も授賞式に出席した。

「司会が岡田眞澄さんで、オレが座ったすぐ傍にボンドガールがいて、『すげぇなぁ』って思ってね。主演男優賞を発表しますってなってさ、『えっ！ オレ選ばれたらどうしよう！ スピーチは英語でしゃべった方がいいのかな』って、一瞬だけ思ったよ（笑）」

結果は、グランプリを獲得した中国映画「古井戸」の主演チャン・イーモウが受賞。華やかな舞台の中でデビュー四年目だった当時、武藤はまだ、プロレスラーとしての自分、あるいはプロレスというジャンルへの自信を持てなかったという。それはセレモニーが終わった後のパーティーでのことだった。

「ディスコパーティーに出席した時に、通訳を通してどっかの国の誰かに『日本のクロコダイル・ダンディーみたいだね』って言われて、『何かスポーツやっていたの』って聞かれたんだけど、プロレスラーとは言わなかったよ。柔道をやってましたって言った。その時はやっぱりプロレスラーって言うのは恥ずかしかった」

プロレスラーであることを隠した言動は、プロレスLOVEを表現する今では考えられないことだが、当時はプロレスラーとしての自信が持てず、プロレスというジャンルへの複雑な感情を武藤の中でも抱えていたのだろう。

122

名優「すまけい」との出会い

三か月の映画撮影は「その後のプロレスラーとしての貴重な肥やしにはなったと思う」と明かす。中でも貴重だったのは、俳優すまけいとの出会いだった。北海道国後島出身のすまは、19 60年代に舞台で活躍し、1986年には山田洋次監督の「キネマの天地」でブルーリボン助演男優賞を受賞するなど、名脇役として存在感を発揮していた。「光る女」ですまは、秋吉満ちるが演じたヒロイン「小山芳乃」の勤めるクラブのオーナー役「尻内」を演じ、武藤とも何度も絡むシーンがあった。

「すまけいさんの演技が凄いんだ。何が凄いかって、監督が同じシーンで『すまさん、こういう風にしてください』ってその都度変えて言うことがあったんだけど、その通り何通りも何種類も人間ができるんだな。やっぱり、これがうまい役者だなって思ったし、同じセリフで何通りも演じることができる姿を目の当たりにした時、役者って技術だなって思った。これは、後にグレート・ムタになった時に生きているんだよ」

武藤、そして、グレート・ムタとキャラクターを変え、同じ相手でもまったく違う世界を表現したテクニックは、この時のすまけいから刺激を受けていた。

「光る女」、その後

撮影が終わり、相米とは疎遠になったが、助監督の森安とは交流を続けていた。

「森安さんとは、たまに飯食いに行ったりしていたよ。森安さんが自分でアパート借りて、俳優に演技指導やっていたから、オレもセリフ回しを覚えたかったし、たまにレッスンを受けに行ってたよ」

様々な葛藤と経験を積んだ「光る女」だったが、興行的には不入りでわずかで打ち切りとなった。

「二週間ぐらいで打ち切りになってさ。あんなに苦労したのに、『はぁぁ～何なんだよ』って本当に虚しかったよ」

相米は２００１年９月９日に53歳の若さで、森安は２００６年１０月１日に59歳で亡くなった。今、鹿児島の指宿で暮らす伊地智は、相米にとっての「光る女」と「武藤敬司」をどんな思いで見つめているのだろうか。

「興行的には散々でした。だけど、相米作品の中で『光る女』は、異色で独特の、どこのジャンルにも属していない映画だったと思っています。武藤は、監督への憎しみや辛さがあったと思う。だけど、彼は自分の世界を豊かにしようと、最後まで男っぽさを忘れなかった。役者としては正直、讃えられることはなかったけれども、三か月間、役者という世界に身を置いたことは、その後、プロレスラーとして存在感を発揮し独特の城を築いたことを考えると、意味のあることだったと思います」

リング上で「ＵＷＦ」、リングを離れ「光る女」と遭遇した稀有な時は、後の「武藤敬司」を築く青春時代でもあった。

124

映画撮影で空白となった三か月が過ぎ、季節は夏に変わっていた。「ビッグ・サマーファイトシリーズ」開幕戦の6月29日、後楽園ホールで武藤はリングに帰ってきた。二シリーズの欠場中に、新日本プロレスは激変していた。

全日本プロレスから長州力がUターン復帰していたのだ。それは、武藤にとって苦闘の始まりでもあった。

4章 ムタ誕生と幻の「SWS」移籍

「ナウリーダー」「ニューリーダー」抗争

1987年6月、「光る女」の撮影を終えた武藤が戻った新日本プロレスのリングは、劇的に変化していた。三年前に新日本を離脱し、ジャパンプロレスを設立、全日本プロレスに参戦していた長州力らが、復帰していたのだ。

「映画が終わって戻って来たらやっぱり雰囲気は変わってたよ。長州さんたちがデカイ顔していたわけだからね。ただ、オレなんかまだ若手だし、キャリアも積んでないし、プロレス界で残しているものもそんなにないから、別に何も思ってなかったよ。長州さんたちが戻って来たところでオレが被るダメージってそんなになかったからね。あんまり接点もなかったし。そういう意味では、オレなんかよりUWFの方がきっと意識していただろうな」

長州の復帰で新しい戦いの構図が生まれた。「IWGPチャンピオンシリーズ」最終戦の6月12日、両国国技館のメインイベントで猪木がマサ斎藤を破ると、長州はリングに駆け上がり、マイクを持ち藤波辰巳（ふじなみたつみ）（現・辰爾）、前田日明に共闘を呼びかけ、猪木らとの世代闘争をぶち上げた。

新日本、長州軍、UWFと、選手が飽和状態だったリング上に、猪木、マサ、坂口征二、藤原喜明ら「ナウリーダー」と、藤波、前田、そして長州の「ニューリーダー」が激突する世代闘争がスタートした。

当初、長州の復帰に「影響はなかった」と明かした武藤だったが、世代抗争の狭間で存在が完全に宙に浮いた。その象徴が8月19、20日に両国国技館二連戦となった「サマーナイト・フィー

「バー・イン国技館」だった。プロレス界初の両国二連戦の初日は、ナウリーダーvsニューリーダーの5対5イリミネーションマッチ。二日間共に超満員札止めだったが、なぜか24歳の武藤が、猪木らのナウリーダーに組み込まれたからだ。

初日のイリミネーションマッチでは、猪木、坂口、藤原、星野勘太郎とタッグを組み、藤波、長州、前田、木村健吾（現・健悟）、スーパー・ストロング・マシンと対戦した。ナウリーダー組で最後まで残ったのは武藤だけで、ニューリーダー組の長州、藤波と1対2の状況となり、最後は藤波の原爆固めに敗れ去った。

最悪だったのは二日目だ。猪木のパートナーは「X」と発表され、猪木が一人でリングに上がった。ファンが騒然とする中、猪木は、最初は坂口と藤原を呼び寄せ、どちらかがパートナーになるものと思った瞬間、武藤がリングインしたのだ。世代闘争にもかかわらず猪木が武藤をパートナーにしたことは、完全にテーマからかけ離れており、場内からは耳をつんざくほどの「帰れコール」の罵声が武藤に浴びせられた。

「二日目の猪木さんのパートナーは、本当はマサさんのはずだったんだよ。ところが、アメリカにいたマサさんがパスポートなくして日本に帰ってこれなくなって、急きょ、『お前行け』って言われてね。それでリングに上がったら客席から帰れコールだよ。そんな中で試合するのは精神的につらかったよ。まあ、そういう経験もしているから、その後の『武藤敬司』が構築されていくんだけど。そのころは欲も大それた夢もなかったから、ただ、ただ、辛かったよ。あの帰れコ

ールは傷ついたね」

デビューから順風満帆にスター街道を走ってきた武藤にとって、初めて味わうファンからの猛烈な批判の嵐だったが、決められたマッチメイクは絶対で、上からの指示は拒否できなかった。

「あのころは、意志なんてなかったし、当時は業界全体が封建的だったから、『嫌です』なんて言えるわけないよ。オレなんかあの時24歳だから、長州さんたちニューリーダーよりもっとニューリーダーだったんだよ。だけど、オレだけ年寄りに入らされてさ。まぁ、オレは何にでも順応していたから組み込まれたんだと思うけど、ある意味、本当に便利屋だったんだと思う」

傷ついた「帰れコール」の裏側で、かなわぬ恋もあった。国技館のリングサイドに、映画出演で知り合ったスタッフの女性を招待していた。

「キティ・フィルムっていうプロダクションがあって、そこのスタッフにに可愛い子がいてさ、リングサイドに招待したんだよ。まだ、その時は初対面というか、オレのことを知ってもらおうと思って招待したのに、それでオレが出たら、あの帰れコールだよ。オレもかっこいいところ見られなかったなっていう、自分の中で負い目を感じちゃってたからさ、食事にも誘わなかったし、そっからプッシュしなかったよ。そっちの方でもオレにとって帰れコールの代償は大きかった。すべては、マサさんがパスポート忘れたのがいけないんだよ（笑）」

武藤のシンデレラストーリーは、「帰れコール」で完全に挫折した。傷を負ったのは心だけではなかった。デビューから三年間、日本とアメリカでムーンサルトプレスを毎試合のように舞い続けた代償から右膝に痛みを覚え始めていた。

「国技館二連戦が終わった後の秋ぐらいから右膝が引っかかるようになった。膝の調子が悪くなってね。診察を受けたら、半月板が傷ついているということで、12月に右膝の半月板除去の手術をやった。あれが初めての手術だった。当時はスポーツ整形みたいなのがなくて、医学も発達してなかったからね」

当時はスポーツ整形みたいなのがなくて、半月板除去の手術をやった。あれが初めての手術だった。医学も発達してなかったからね、手術が終わった後のリハビリ施設なんかもなかったらしいね。

大暴動、そしてカリスマ猪木の失墜

武藤が手術をした12月、新日本プロレスでまたも大暴動が発生した。事件が起きたのは、12月27日に両国国技館で行われた「イヤー・エンド・イン国技館」で、当初は猪木と長州の三年半ぶりの一騎打ちがメインイベントの予定だった。ところがこの大会前にタレントのビートたけしがニッポン放送の「オールナイトニッポン」で、プロレス軍団の結成を表明、たけしプロレス軍団（TPG）と名付け猪木への挑戦をぶち上げていた。予告通りたけしは、ガダルカナル・タカ、ダンカンからたけし軍団と共にリングに登場し、刺客となる「ビッグバン・ベイダー」との対戦を迫った。

猪木はこれを受諾し、長州との一騎打ちを期待していた観客は大ブーイングを起こした。長州はマサと組んで、藤波、木村組と対戦したが、試合中に「やめろ」コールの怒号が渦巻き、長州、ベイダーとシングル二連戦を行って事態の沈静化を図ったが、リングには物が投げ入れられた。猪木は、観客の不満は収まらず試合後は大暴動に発展。観客が館内の備品などを破壊し、国技館を管理運営する日本相撲協会から会場の使用禁止を通告された。

大暴動の国技館を武藤は膝のケガで欠場していた。
「たけし軍団が来た時、休んでいたけど会場にいて暴動を見てたよ。どう思ったかって？『面白ぇな』って。『オレの帰れコールの比じゃないな』なんて思ってたよ。だって、お客さん全員が本当に怒ってんだよ。これこそ、生モノだよ。だからプロレスは面白いんだよ」
 もしも、今の時代に、超大物タレントのたけしがプロレスに参戦すれば、大きな話題となり受け入れられたかもしれない。ただ、当時のファンは、タレントがリングに上がるなどのバラエティ化を拒絶していた。その象徴が、この年の4月にテレビ朝日による「ワールドプロレスリング」の「ギブUPまで待てない‼ ワールドプロレスリング」への変更で、従来の試合会場からの中継だけではなく、スタジオに山田邦子をMCに迎えたバラエティ色を打ち出した放送にファンは拒否反応を示し、結果、半年で再び元の「ワールドプロレスリング」へと戻った。武藤は、当時、たけしのプロレス参戦をどう捉えていたのだろうか。
「微妙なところだよ。山田邦子さんの番組だって、あの頃のプロレスファンからしてみたらいささか毛嫌いされていたから、ビートたけしさんでもどうかなって思ったよね。時代がまだ、そういう時代じゃなかったよ。もっと違う時に出せば良かったのにって今は思うよ」
 当時、新日本の大暴動は連続していた。ただ、ファンの怒りは独自の視点で捉えていた。
「物を投げるファンってのは、絶対にまた来るファンだからね。つまり、そこまでやるぐらい熱いファンっていうことなんだよ。熱いっていうことは、そこまで情熱を持ってプロレスを見てくれているわけで、絶対に次のプロレスも見に来るお客さんだからね。この熱っていうのは怒りで

132

あれ何であれ、いいものですよ。今のファンはそこまでの熱はないもんね。今振り返ればそう思う。逆に今、どうやったら暴動起こせるかなって思ったりもするよ。今は、絶対に暴動起きねえよ。例えて言うと、そこまで一生懸命プロレスを見てもらってないってことだよな。もっと気楽にカジュアルに見ているってことだよね。昔のファンは一枚のチケットに誠心誠意つぎ込んで買っていたよね。だから、裏切られたら暴動を起こすぐらいの熱があったんだよな」

大暴動の直後に右膝半月板の除去手術を行い、ついに膝にメスを入れた。これが長い長いケガとの戦いの始まりだった。そして、術後の1988年1月2日、二度目の海外遠征に向かった。場所はカリブ海のプエルトリコだった。

プエルトリコ行きと唯一の「後悔」

「帰れコール」で挫折し、右膝の半月板除去手術で肉体も傷ついた25歳の武藤は、年明けの1988年1月2日にプエルトリコに入った。

同国の団体「WWC」からのオファーは、桜田一男を通して受けた。

「日本に戻ってから、アメリカへ行きたいってずっと思っていた。日本のリングは面白くなかったんだろうな。オレは日本で持ち上げられてたけど、それでも若干、窮屈に感じていたよね。当時、巡業も多かったし生活もハードだったし、しんどかったよ。アメリカは、プロレスやっていても先輩、後輩ってないから、向こうの方が充実感を味わえたんだよ。そんな時に桜田さんから、プエルトリコで人を欲しがっているらしいって話をもらってね。アメリカじゃなかったけど、海

前座時代は、新日本の合宿所で生活していたが、凱旋帰国後は、世田谷区内の坂口の自宅近くのマンションで一人暮らしをしていた。坂口は、自宅に武藤を呼んで食事などの面倒を見ていたが、「帰れコール」で行き詰まった武藤から「アメリカへ行きたい」という相談を受けていた。

「武藤からよく海外へ戻りたいって聞いていたよ。当時は長州たちも戻って来て選手もいたし、悩みながら試合をしても仕方がないから、じゃあ行って来いって送り出したんだ」

桜田の紹介でプエルトリコに入ったが、右膝の手術直後だったこともあり、試合は組まれなかった。それでも、初めて見る同国のプロレスを学ぶため、試合会場には行っていた。

「ある時、試合で欠員が出て、プロモーターから『お前、出てくれ』って言われてね。それで初めてプエルトリコで試合をしたんだよ」

突然のオファーを受け入れ、半月板の手術からわずか一か月でリングに復帰した。これまでの人生を振り返ってもらった今回の取材で、「後悔」という言葉を使うことはほとんどなかったが、この時だけは今でも複雑な思いがよぎるという。

「プエルトリコはカリブ海に浮かぶ、南国のいい場所なんだよ。あんな温暖なところで三か月ぐらいゆっくり休んでいれば、膝も治っていたかもしれねぇなって思うことはある。ただ、当時は25歳で若かったから順応できたんだよね。その試合から向こうの会社の幹部に見そめられて、ずっと試合をすることになったんだけど、そこから膝は治らなくなった。あの時、試合を断れば良かったかなぁって唯一、思うことはある」

リングネームは「ブラック・ニンジャ」、プロモーターの要請で顔面にペイントを入れた。初めての顔面ペイントだったが、「ケンドー・ナガサキ」のリングネームでペイントレスラーとして活躍していた桜田は、特にアドバイスはしなかった。

「目の下に一本線を入れただけのような簡単なペイントだったよ。武藤は嫌がってなかったよ。武藤には『最初は分からないと思うけど、とにかく何か描いておけ』ってぐらいしか言わなかったよ。オレは他人の顔はやらないから、こういう風に描けとか言わなかった」

ブロディ刺殺事件

桜田とのヒールコンビで、クリス＆マークのヤングブラッズと抗争を展開するなど、プエルトリコでもトップを張っていた頃、日米で絶大な人気を誇っていたブルーザ・ブロディの殺人事件に遭遇する。7月16日に試合会場のバヤモン・スタジアムの控室で、ブロディがレスラー兼ブッカーのホセ・ゴンザレスに刺され、翌17日に亡くなった。享年42だった。

「あの時は、野球場で5日間連続のビッグショーの初日だった。ブロディが刺された時はオレも会場にいたんだ。控室は別だったけど、そしたら、ブロディが刺されたって聞いて、刺したのはブッカーのゴンザレスだって言われて、それでもう観客も入っていたんだけど、アメリカ人のレスラーが試合をやらないって言って、みんなアメリカに帰ったんだよ。それでプエルトリコで試合をすることができなくなった」

桜田も事件当日のことは鮮明に覚えている。

「刺された時、オレと武藤は、ブロディとは反対側の控室にいたんですよ。そしたら医者が来て、『今、ブロディが刺された』って言ってね。最初は、ファンに刺されたのかと思ったら、後から、ホセに刺されたって聞いてね。多分、試合とはずっと長い付き合いで、普段はいいヤツなんだけど、金にだけうるさかったからね。多分、試合前にホセに『こんなに客が入っているのに、何でこんなに安いんだ』って言ったんじゃないかなと思うよ。その後、葬式も行ってね。頭の毛が切られていた。腹も刺されて、首も切られていた。本当にいいヤツなんだけど、お金にだけうるさかったのが残念だったよね」

「闘魂三銃士」結成

プエルトリコでは、同日に入門し初めての海外武者修業に出ていた蝶野正洋、橋本真也と合流し、「闘魂三銃士」を結成した。平成のプロレス界で中核をなした三人の合体とそのユニット名を発案したのは、アントニオ猪木だった。猪木は三人に、7月29日の有明コロシアム大会のワンマッチへの出場を命じた。闘魂三銃士としての初の試合の対戦相手は、IWGPヘビー級王者の藤波辰巳、木村健悟、越中詩郎だった。三人がそれぞれの個性を爆発させ、一方的に攻めまくり、試合はわずか8分23秒、反則勝ちで闘魂三銃士が勝利した。武藤は、プエルトリコで蓄えたヒゲ面のままリングに上がり、スペース・ローンウルフ時代の過去を消そうと、黒のショートタイツに黒のリングシューズで、生まれ変わった姿を披露した。

「新日本の中で空白を生みたい部分もあったから、あの時は本当は帰りたくなかった。見せるよ

4章 ムタ誕生と幻の「SWS」移籍

1988年7月29日有明コロシアム大会ワンマッチ。闘魂三銃士としてリングにあがった。

り、変わる自分っていうのがあるからね。あの試合はやりたい放題やったんだけど。何せ帰ってこいって言うから戻ったら、ギャラが安くてさ。三人でやってられねぇよって怒ってね。その腹いせを藤波さんにすべてぶつけたんだよ（笑）

三人は『闘魂三銃士』とひとくくりにされたが、当時の勢いから言えば、圧倒的に武藤が突出して別格だった。蝶野、橋本からのジェラシーは感じていたのだろうか。

「おそらく蝶野はなかったと思うよ。蝶野、橋本はもしかしたら、そういうのを持っていたかもしれないけど、オレとはタイプが違うから、逆に認めてくれていたと思う。そういう意味では、佐々木健介とかがオレたちに最もライバル心を持っていたよね」

「グレート・ムタ」覚醒前夜

有明でのワンマッチを終えた武藤が、プエルトリコに戻ることはなかった。ブロディ刺殺事件の影響で、同国では、しばらく興行を続けることができなくなったのだ。

「困ったなぁって言う時に、桜田さんの自宅がテキサスのダラスだったから『エリックにトライしてみるか』って言われてテキサスに行った」

桜田の紹介で、「鉄の爪」ことフリッツ・フォン・エリックがプロモートする「WCWA」に参戦するため、ダラスへ入った。ダラスは、1981年1月に、全日本プロレスに所属していた高千穂明久がザ・グレート・カブキに変身し、絶大な人気を得ていたテリトリーだった。武藤は「スーパー・ブラック・ニンジャ」のリングネームで登場した。

4章 ムタ誕生と幻の「SWS」移籍

　新たなキャラクターには、バックボーンとなるストーリーが用意された。日本で生まれた「スーパー・ブラック・ニンジャ」は、来日したフリッツと対戦した父親が、必殺の「アイアン・クロー」に敗れ、父の仇を討つためにテキサスへ乗り込んだという設定でリングに上がった。

「だから、テキサスでは鉄の爪がオレのフィニッシュだった。しかも毒霧も吹いた。倒しても倒してもゾンビみたいに立ちがってくるから大変だったけど面白かったね」

　プエルトリコからテキサス。トップ選手としての地位は築いたが、一方で膝の治療やケアは、まったくしていなかった。違和感を抱きながらもリングに立ち続け、ムーンサルトプレスを舞い続けた。膝は悪化の一途をたどったが、ビッグチャンスがやって来る。全米で最も歴史と権威のある団体「NWA」からのスカウトだ。

　武藤がスカウトされた1988年末、「NWA」は、米国のニュース専門チャンネル「CNN」を設立したテッド・ターナーがオーナーとなり、新たに「WCW」として11月に発足したばかりだった。生まれ変わろうとする団体からのスカウトは、さらなるステップアップだったが武藤の本音は違っていた。

「それまでに米国の色んなレスラーを見て、オレの何が他の奴らより優れていないのかって疑問があった。だからテキサスでNWAからスカウトされた時に『こいつら、やっとオレのことを見つけたか』って思ったんだよ。だから、あんまりうれしくはなかったんだ」

　発足直後のWCWは、リング上の展開など確固たる方針はなかったという。

「まだ何をしてくれっていうのが分からなかった時代だった。だから、とにかく来てくれって言われて行っただけで、何かを強要されることはあんまりなかった」

スタイルは、プエルトリコと同じニンジャスタイルで参戦したが、ある時幹部から「童顔だからペイントで顔を完全に隠して欲しい」と指示を受けた。

マネージャーは、かつてザ・グレート・カブキについていたゲーリー・ハートが務めた。

「ペイントした雰囲気を見た時に、ハートの中でその面影からカブキが甦(よみがえ)ってね。向こうではみんなオレのことを『ムトゥ』と発音できなくて『ムタ』って呼ばれてたから、カブキの息子ということで、グレート・ムタとなったんだよ」

かつて、カブキを全米でトップヒールに押し上げた、ゲーリー・ハートの経験に基づくアイデアで「グレート・ムタ」は誕生した。

「ハートとの出会いがデカかった。ムタのイメージ作りから一緒に入った。彼から『リングに上がる時は、普通の人が手に入れられるものを身につけるな』っていうことを一番に突き詰めて考えている。それは今もずっと突き詰めて考えている。そういうアドバイスがムタにとって大きかったね」

顔面ペインティングも「スーパー・ブラック・ニンジャ」時代の簡単なペイントではなく、素顔が分からないように額からアゴの先まですべてに施した。

「最初は、試合前に顔にこんなにたくさん描くのは面倒くせぇなぁって思ってね。カブキさんとか桜田さんはすげぇ細かく描いていたけど、オレは適当だった」

ペイントについては、ムタの初期にこんな思い出もある。

「日本人だから漢字を書こうと思って、両頬にそれぞれ『忍』と『者』とか書いていた。鏡を見て書いていると文字が反対になるんだよな。だけど、最初はそれが分からなくて『いつ見ても達筆にうまく書けているなぁ』って思っていた。それが、日本から送られてきた雑誌を見て初めて『あれっ字が反対だ』って気づいた（笑）。漢字なんてアメリカ人は分からないから、指摘してくれる人なんかいなくて、字を逆さにしたまま試合してね。だけど、それが逆に漢字なのか何なのか分からない独特のデザインになって、結果的には良かったよ。それは今も同じで変わってないよ。字も色んなのを試したけど、最終的に今も残ったのは『忍』と『炎』なんだよ。『忍』『者』だと『者』が格好悪くてバランスが悪いんだよね」

「グレート・ムタ」覚醒

グレート・ムタの最初の試合はテレビマッチだった。

「いきなり、そこで手応えがあったよ。プランチャーをやったら、当時、ヘビー級でそんなことやるレスラーはいないから、それだけでウワッてなってね。続けてローリングソバットをやったら、またウワッてなってね。それでつかみはOKになって、上層部がこいつを持ち上げようってなったんだよね。何でも一発目が大切かって？　それは、分かんないな。フロリダでもプエルトリコでもテキサスでも、少なくとも、オレはそうだったけどね。アメリカだって地道にイチからはい上がって生え抜きでやっていくレスラーもいると思うけど、オレはそういうタイプとは違っ

試合のスタイルは、マネージャーのハートの動きに合わせた。

「ハートが一切、動かないという不気味なマネージャーだったから、その動かない不気味なイメージに合わせたスタイルになった」

テレビマッチで団体幹部の信頼を獲得したムタは、1989年4月2日、ルイジアナ州ニューオリンズのスーパードームでのスティーブ・ケーシー戦で観客の前に現れた。

時代は、「昭和」から「平成」へ元号が代わっていた。

力道山が開拓し、ジャイアント馬場、アントニオ猪木が築いた昭和のプロレスとは、明らかに一線を画すキャラクターのグレート・ムタは、平成元年の1989年に誕生した。昭和の新日本プロレスでファンが最も重要視していたのが「強さ」だった。それが平成に入り、プロレス独特の「華やかさ」、「カッコ良さ」へシフトしていった流れを考えると、元号が変わった年にプロレスだからこそ生まれたキャラクターで何でもありのスタイルと自由な世界を貫いた「ムタ」が誕生したことは、平成プロレスの方向性を決定づけていたのかもしれない。

ムーンサルトプレスは、ムタに変身した直後から繰り出していた。その時は、首4の字でギブアップを奪った後になって最初からムーンサルトはやっていた。

「ムタになって最初からムーンサルトはやっていたり、地獄突きとかブレーンチョップでフォールしたりしても、アメリカでは許されたよ。日本じゃ、それだと信ぴょう性がないから許してくれないよ。首4の字にしてもインディアンデスロックにしても、自然にいい意味で間を作ることができてね。そういう技がムタのイメージ

をさらに創ってくれたよね」
一方でカブキから継承し、今では代名詞となる毒霧も、最初は出さなかった。
「動きのない試合を続けながら、口からタラ〜っと緑を垂らした。次に手を緑に染めてね。それが定着してきた後に毒霧を出した。そうやって、ゆったりゆったり惹きつけ出した毒霧は、ムタのヒールでの地位を決定づけたという。神秘的なムードを漂わせ、観客の興味を惹きつけたところでようやく出した毒霧は、ムタのヒールでの地位を決定づけたという。
「ミッシー・ハイアットっていう女性マネージャーがいて、彼女の旦那だったエディ・ギルバートっていうレスラーと抗争になった。その時にハイアットに毒霧をかましたんだよ。女性に毒霧かますなんて、アメリカでは許されなかったから、それでヒートを買ってね。その時、ちょうどベビーフェイスで同じペイントのスティングがいて、彼との抗争が始まった」
スティングとの抗争は、WCWのドル箱になった。トップヒールとして確固たる地位を築くと、全米トップのNWA世界ヘビー級世界王者のリック・フレアーの最大のライバルに抜てきされた。
「フレアーとやった時、彼はベビーフェイスだった。彼は、ずっとヒールで来ていたからやりづらかったと思う。ただ、フレアーという存在は、ある意味、ベビーフェイス、ヒールっていう枠を突出して認知されていたことも事実だった」
「当時は、毎日のように思い出すフレアーの姿がある。あいつは、鮮やかなブロンドヘアーなのに、オレが毒霧

を吹くから、それが落としきれなくて、移動した空港で金髪が緑色になっていたこともあったよ（笑）」
 フレアーとの抗争でムタの知名度は全米にとどろいた。
「WCWがデカイのは、テレビ王のテッド・ターナーがオーナーで、ケーブルテレビをたくさん持っていたから、テレビをつけるとオレの試合がいっぱい放送されていたんだ。あのころ、全米でオレは、めちゃ出ていたよ」
 地区によって観客の反応の違いも感じた。
「米国も、南部へ行ったら10対0でオレがヒールなんだけど、東部へ行くとヒールを応援するファンが三割ぐらいいたよ。そういうファンはブルース・リーが好きだから、試合の中でブルース・リーをだぶらせる技を出したりしていた。地区によって戦い方を変えることも覚えていったよ」
 全米で人気が高まれば高まるほど、膝は、悪化の一途をたどっていた。手術した右膝だけでなく、左膝にも違和感を感じ始めていた。
「両膝が引っかかるようになって、ベストの六割か七割ぐらいの状態になっていた。それでも若いから、休まなくても試合ができたんだよ」
 全米でトップヒールとなったグレート・ムタだが、試合のスタイルは日本の「武藤敬司」と明確な違いはなかったという。
「細かいところはあるけど、当時は、ムタと武藤敬司の試合に明確な違いはないよ。だって、アメリカで武藤敬司のリングネームで試合をやったことはないから、武藤敬司はアメリカには存在

144

4章　ムタ誕生と幻の「SWS」移籍

しないんだよ。だから、武藤敬司の試合をやっていれば、それがそのままムタだったんだよ。ムーンサルトプレスにしても他の技でもムタと武藤は、まったく同じだよ。日本だけなんだ、この二重人格はね。米国は、自由なんだ」

ムタとして全米で確固たる地位を築いた時、思わぬところからスカウトが来た。水面下で旗揚げを計画していた日本の新団体「SWS」だった。

若松市政の来訪

1989年の暮れ、フロリダに住む武藤を日本から若松市政が訪ねて来た。

「12月ぐらいにフロリダに若松さんが来て『新しい団体をやるから、来て欲しい』って言われてね。たらふく美味いもん食わせてもらって『お前が描くプロレスをしていい』って言われたよ」

若松が打ち明けた構想は、大手眼鏡販売チェーン「メガネスーパー」の創業者で社長の田中八郎が旗揚げを計画していた新団体だった。メガネスーパーは、田中が1973年に「ニュー湘南眼鏡」を神奈川・小田原で創業し、1976年に埼玉・大宮でオープンしたチェーン店で、高価だった眼鏡を他店より安く提供するディスカウント販売で業績を伸ばし、当時は業界大手の規模へ成長していた。

一方の若松は、1973年に31歳で、国際プロレスでデビュー、カナダで武者修行後、1984年8月からは、覆面レスラーのストロング・マシーンのマネージャーとして新日本プロレスに参戦した。拡声器を手にアントニオ猪木を挑発する悪役マネージャーとして奮闘した。

まったく接点のなかった田中と若松だったが、当時、新日本の専務だった永里高平を介して二人は知り合ったという。

ケンドー・ナガサキこと桜田一男によると、田中と若松をつないだ人物は証券会社の幹部だったという。

「オレもその人を昔から知っていてね、その人を介して、オレは田中さんを紹介されたよ。その時田中さんは、株で莫大な利益を出してね。証券会社の人から『田中さんは、儲けた金で競馬に投資するかプロレス団体を作るか、どっちがいいか迷っている』っていうことを聞いて、オレは『だったら、プロレスに使った方がいい』って勧めたんですよ。それで、社長は団体を作ることを決めたんだよ」

桜田、そして若松との縁もあり、田中はプロレス団体を設立する構想を描いた。真っ先に注目した団体が、当時、一大ブームを起こしていた新生UWFだった。田中は、1989年8月13日に横浜アリーナで行われたUWFの「MIDSUMMER CREATION」を後援し、11月29日のUWF初の東京ドーム大会「U-COSMOS」では冠スポンサーとなった。UWFのスポーツライクなスタイルと超満員の会場を目の当たりにした田中は、プロレス界への参入を本格的に考え、若松に選手のスカウトを託した。

若松の長女は、当時をこう振り返る。

「元々は田中社長の、父に対する『私の片腕になって欲しい』という言葉から始まったSWSで、田中社長と父と母、そして父を田中社長に紹介した証券マンの方の四人で会食等をする中で、

4章　ムタ誕生と幻の「SWS」移籍

社長が母に『よろしくお願いします』とおっしゃって、始まったわけであります。そこからが武藤さんへのアプローチの始まりでした。あれから30年経ちますが、鮮明に覚えています。昨年インターネットを閲覧していた私の娘に『武藤さんがSWSのことを話しているよ』と、このWEBでの連載を教えられました。それが今こうしてお話させていただくことになったきっかけということに改めて年月を感じている次第でございます」

 田中が真っ先に獲得を熱望したのが、武藤だった。若松は田中の命を受け、フロリダで武藤に接触した。武藤によると、この時、若松から契約金も提示されたという。

「凄い良かったよ。いくらかって？　まぁ数千万、2、3000万円じゃないかな。WCWでもらっていた時と変わらなかったけど、さらに、ウソかどうか分からないけど、マンション一部屋あげるからとか言われたよ。今思えば本当に名義まで取り換えてくれたのかとかさ、怪しいもんだけどね。その時はいい条件だなと思いながらも、自信がないオレがいたから返事はしなかったよ。当時はコーディネートは自分だけで、団体を動かすなんて発想がなかったからね。いくらかキャリアは積んでいたけど、それはアメリカでの話であってさ、日本ではそれまでのオレの記憶に残っているキャリアはUWFとの戦いだよ。それとあの世代抗争でブーイングを浴びた中で試合をした記憶が強烈だったから、自信はなかったんだよ」

 武藤は若松からのスカウトを拒否した。しかし、ある若松の姿を見た時に心変わりする。

「若松さんは、マイアミにヘリの免許を取りに来てたよ。新しい団体は、選手の移動にヘリを使うとか言ってたよ。その時にオレも一緒に教習を受けてね。ヘリの操縦は難しかったよ。手と足

を一緒に動かさないといけないからね。覚えているのは、前からセスナが飛んで来て、あぁ、随分、遠いなって思っていると、あっという間にビューンってすれ違ってさ（笑い）。あの感覚は忘れられないよ。そんな若松さんを目の当たりにした時、最初は断ったんだけど、ヘリコプターの免許まで取らせる田中社長っていう人のスケールのデカさに驚いてね。『オレ、行きます』って言っちゃったんだよね」

選手の移動用のヘリコプターまで考えている田中の構想に、武藤は心を奪われた。若松から武藤獲得の報告を受けた田中は、正式に新団体の設立を決断した。

WCW離脱

若松に新団体への合流を承諾し、年が明けた1990年、武藤の周辺は一気に慌ただしくなる。

まず、ムタでトップを極めていたWCWを離脱した。

「マネージャーのゲーリー・ハートから『お前は絶対にベビーフェイスに行かない方がいい。ベビーフェイスになったらお前は日本人だからトップじゃなくなるからな』ってずっと言われていた。それはオレも理解していたんだ。そんな中ハートがWCWに『お前は今後、ベビーフェイスだ』って言われてね。だから『じゃあ、オレは日本に帰ります』って言って、1月か2月に辞めたんだよ

そうしたら案の定、WCWの幹部は激怒した。

「いきなりの離脱にWCWの幹部は激怒した。契約も残っていたからね。ただ、幹部とミーティングした時に『辞める時にすげぇ怒られたよ。契約も残っていたからね。ただ、幹部とミーティングした時に

辞める理由を『ホームシックで帰りたい』って言ったんだよ。そしたら、向こうも『ホームシックなら、しょうがない』って納得してくれてね。それと、契約する時に、日本に帰る時はこの契約には縛られないという条項があったから、契約上の問題はなかった」

帰国を決意した武藤だったが、若松から聞いていた新団体の旗揚げは秋以降だった。日本より居心地がいいアメリカマットで、の空いた時間は、日本に定着するつもりはなかった。新日本プロレスの社長に就任していた坂口に、当時全米さらにビッグになりたい野望があった。

最大の団体になったWWF（現・WWE）への参戦を相談していた。

「そしたら坂口さんに『今度、WWFと新日本と全日本でドームでやるんだ。その時ビンス・マクマホン・ジュニアが来るから紹介してやるよ』って言われてね。それで日本に帰ったんだよ」

坂口が明かしたWWFと新日本、全日本の合同興行は、1990年4月13日に東京ドームで開催された「日米レスリングサミット」だった。武藤から相談を受けた坂口は、この興行でWWFのビンス・マクマホン・ジュニア代表を紹介することを約束し、武藤は、WWF参戦への足がかりとして帰国したのだ。

一方、武藤は日本に戻ると若松から連絡を受け、神奈川県小田原にある田中の自宅を訪ねた。

「日本で田中社長の小田原の自宅に行って、初めて会ったんだよ。すげぇ、デカイ家でさ。田中社長は、その時、『東京ドームで試合をやって5万人呼ぶ』って言っていた。実際に、その後、ハルク・ホーガンを呼んでドームで興行やって5万人もらって、当時はうれしくて舞い上がってね。行きますって伝えたんだよ」

時はバブル経済真っ盛りだった。眼鏡販売で成功した田中は、豊富な資金力を引っ提げ、新団体設立を正式に決断した。団体名はメガネスーパーのスーパーを取り「スーパー・ワールド・スポーツ」すなわち「SWS」とした。そして、「SWS」は、武藤の獲得で設立が決まった、武藤のための団体だった。

坂口の説得

1990年3月23日、武藤は新日本へ筋を通すため、SWSへ移籍することを、当時新日本の社長だった坂口に伝えた。その日は、夜に後楽園ホールで坂口の引退式が行われる当日だった。昼間に六本木の新日本プロレス事務所を訪れ坂口と会った。

「坂口さんに『引退ご苦労さまです』って花束を渡して、そのまま『新日本辞めます。お世話になりました』って言ったんだよ」

引退のねぎらいからいきなり、思ってもみない離脱を告げられた坂口は、武藤を説得した。

「オレの引退式の午前中に、会社の社長室に武藤が花束を持ってきたから、引退のお祝いかなぁと思ったら、『引退おめでとうございます。ありがとうございました。お世話になりました』っていうから『何だ』って言ったら、『実は、メガネスーパーに誘われましてマンションの鍵をもらいました』って言いましたよ。『えっ！ちょっと待て、お前。今日、オレの引退式じゃないか』って言ってよ。何があったかを聞いたら、メガネスーパーの田中八郎社長の名刺を見せて、この人から誘われてって言うから、ちょっと待ってって話をしたんですよ」

150

4章　ムタ誕生と幻の「SWS」移籍

武藤から名刺を預かると、坂口は田中に直接電話をした。そこで「話をもらってありがとうございます。本人と話をして残ることになりました」と一方的に伝え、引き抜きを阻止した。

「田中さんも、分かりましたって言ってくれたよ。その後、武藤に『これからオレがちゃんとしてやるから、頑張れ』って言ってね。『今更、よその団体に出ても何を考えているんだって言われるぞ』っていう言い方をしたよね。それで『お前が頑張ればオレが責任持ってやってやるから、頑張れよ』って説得したんよ。そしたらあいつもあっさり言ったよね」

坂口の説得で武藤は、移籍を翻意した。

「オレは、メガネスーパーからしてみれば裏切り者だよな。やっぱり行かなかった最大の原因は、最終的にあの当時のオレは自信がなかったんだよ。自分で団体を動かせる自信がなかったんだよね。それがSWSへ行かなかった最大の理由だよ。それで最終的に新日本を選んだんだよ」

急転直下の新日本残留に田中は、憤慨したという。武藤は謝罪のため都内の若松の自宅を訪問した。

武藤が自宅へ来たことを、若松の長女は覚えている。

「私どもの自宅に、武藤さんが挨拶にいらっしゃいました。きちんとスーツを着ておられ、父も母も武藤さんに対しては『正直な青年』という思いがあったのではないでしょうか。その時に、やはり武藤さん自身が、田中社長に直接お会いして断りを入れるのが良いという話し合いのもとで、父と武藤さんは小田原へ行きました」

武藤獲得をあきらめた田中は、待望していたスターの獲得に失敗したことで、プロレス団体の

151

設立に一時は難色を示したという。しかし、田中は若松との話し合いをしているうちに、再び団体への意欲が沸き始め、武藤に代わるビッグネームとして、全日本プロレスの天龍源一郎の獲得を提案。田中は、天龍なら新団体に相応しいと考え、獲得を指示し、天龍は全日本を離脱、SWSへ移籍した。

この天龍獲得に、「オレが動いた」と明かすのは、田中にプロレス団体設立を進言したという桜田だった。

「オレが覚えているのは、田中さんから『新日本の藤波さんが欲しいんですが、桜田さん、話をしてもらえますか?』って言われたことだよ。それで、オレは『明日、藤波と話をします』って言って電話を切ったら、すぐにまた電話がかかってきて『藤波さんじゃなくて天龍さんに代えてください』って言われて、後日、『やる』って連絡が来たんだよ」

桜田によると、若松が新団体の設立に奔走していた同じ時期に田中から相談を受けていたという。武藤とは、アメリカで公私共に親しかった桜田は、「新しい団体に来いよ」と話をしたという。

ただ、武藤は桜田からのスカウトは記憶にないという。

「桜田さんから声をかけられたかなぁ? そこは、どうだったかなぁ。若松さんはアメリカまで来てくれたからハッキリと覚えているけど、桜田さんから誘われたかは覚えてないよ」

桜田は武藤が下した残留の決断を今も「もったいない」と言う。当時、SWSは、既存の団体から選手を引き抜く時に高額の契約金を提示していた。桜田も同様で「1億ぐらいもらった」と

4章　ムタ誕生と幻の「SWS」移籍

明かす。

「あいつは家も買ってやるからって言われたのに戻っちゃった。あのまま来てれば何億って入ったのにね。あいつバカだよね。もったいないよな」

そう明かした桜田だが、1億円は離婚した妻に「全部持っていかれた」と笑った。

SWSのその後

SWS設立の動きは4月下旬に一気に表面化する。天龍が全日本を退団し、他の選手も時間を置いて移籍してきた。5月10日に田中と天龍は新団体「SWS」の設立会見を行った。その後、全日本と新日本から選手を大量に獲得し、当時は資金力をバックにした引き抜きと報じられたが、天龍のように引き抜かれた選手もいる一方で、「SWS」の好待遇に惹かれ自ら売り込んだ選手も多数いた。

SWSは、選手をそれまで所属していた団体のカラーに合わせて大相撲の部屋のように「道場檄(じょうげき)」、「パライストラ」、「レボリューション」の三つにグループを分け、部屋別対抗戦を打ち出し9月29日に福井市体育館でプレ旗揚げ戦を行い、10月18、19日に横浜アリーナでの二連戦で華々しく旗揚げしたが、当時、ファンに最も影響力があり、最大の発行部数を持つ専門誌「週刊プロレス」から金権プロレスと猛批判を浴び、さらに内部では三派に分かれた選手同士が激しい軋轢(あつれき)を繰り返し、旗揚げから二年も経たない1992年6月に崩壊した。若松は「もしSWSに武藤さんが入っていれば、今も続いている。人間性がいいから。人の心が分かるから」と明かし

たが、武藤は笑って否定した。
「いや、オレが行っていても歴史は変わってないでしょう。あれだけ、風土が違う選手を集めたら誰がやってもうまくいかないと思うよ」

まったく異業種のメガネスーパーのプロレス参入は、黒船襲来と言われた。マット界の常識を超えた年俸を選手に提示し、アメリカ最大の団体「WWF」と提携し、ドーム興行も行った。若松は、田中がSWSに投資した金額は「150億ぐらい」と、けた外れの投資だったことを明かす。プロレスに投資する企業は、カードゲームなどの開発、発売を手掛ける「ブシロード」が新日本プロレスを傘下に収めたように今なら歓迎されるはずだが、当時は、「週刊プロレス」の報道に象徴されるように、バブル時代に社会問題化されていた地上げ屋のような、金で既存のプロレスを買いたたくダーティーなイメージで捉えられた。当時、坂口は馬場と「SWS」の侵攻への対策を何度も話し合ったという。

「馬場さんから電話がかかってきて、ちょっと出てこいって言われて、キャピトル東急へ行ったよ。天龍が出るって言われて、お前のところはどうだって言われてね。情報交換じゃないけどメガネスーパーへの対策について二人で話をしたよ。だけど、出る選手はみんな、高いギャラをもらってたからどうしようもなかった。食い止めようがなかったよね。あのころのオレたちにとって、SWSは何をするのか分からなかったから恐怖だった」

馬場と坂口が恐れた「SWS」を断行した田中は、2010年12月17日、71歳で亡くなった。

坂口は、SWSが解散した後に田中と何度か会食したという。

4章　ムタ誕生と幻の「SWS」移籍

「SWSが潰れた後に、田中社長の小田原の自宅まで行って話をしたことがあったよ。その時にオレ言ったよ。『社長、金の使い方間違えましたね』って。道場作って、土地買って、何十億って使ったんだからな。だから社長には、『オレたちにちゃんと言ってくれれば、猪木さん、馬場さんと話をして社長をコミッショナーにして、スポンサーにして、社長の理想的なプロレスを作ることができたんですよ』って言ったら、社長は笑ってたよ。あのころは恐怖だったけど、今となってはあれだけプロレスに投資してくれた人だから、本当はありがたい人なんだよね」

幻に終わった武藤の「SWS」移籍は、当時、すべて水面下の話で、表沙汰にはなっていなかった。しかし、メガネスーパーのスカウトを受けた1989年12月から、残留を決断する翌年の3月までの四か月は、まさに激動の日々だった。

「あの時は、毎日がてんやわんやで大変だったよね」

揺れ動いた日々をくぐり抜けた新日本残留は、新たな衝撃のスタートだった。1990年4月27日、東京ベイNKホール、凱旋帰国マッチで鮮烈な姿を刻み込んだ。

二年ぶりの本格凱旋

1990年4月27日、武藤は、新日本プロレスの東京ベイNKホールのリングに立った。約二年ぶりの本格凱旋マッチは、メインイベントで蝶野正洋と組み、マサ斎藤、橋本真也が持つIWGPタッグ王座へ挑戦した。

「あの試合前は、内心は不安でいっぱいだったよ。でもそれは、アメリカでの話であって、日本ではどうなるのか、自分に自信を持てなかったからね」

不安は、新テーマソング「HOLD OUT」が鳴り響いた瞬間に解き放たれた。満員の会場が一斉に武藤コールを奏で、純白のTシャツに真っ赤なタイツを身につけた主役が花道に姿を見せた瞬間、会場は一気にヒートアップした。前田を解雇してUWFブームが沸き起こり、たけしプロレス軍団が参戦し、大暴動が発生するなど、新日本プロレスのファンは心の底から傷つき、新しいスターを待望していた。アメリカでグレート・ムタとなりトップを取った武藤にすべての望みをかけたファンの思いが、耳をつんざく武藤コールに表れた。「帰れコール」で傷ついたスペース・ローンウルフ時代をまったく感じさせない、新たなテーマソングで、トップロープをつかむと大車輪を決めてリングインした。観客の興奮は最高潮に達した。

「それまでの新日本で、Tシャツで入場する選手はそんなにいなかったから、新鮮に映ったかもしれないね。オレとしては、シンプルなアメリカンスタイルのベビーフェイスの格好をイメージしていた」

凱旋帰国に備え、タイツは赤とオレンジの二枚を用意していた。前座時代の黒のショートタイツ、スペース・ローンウルフ時代の青のロングタイツのイメージを一新する鮮烈な赤は、アントニオ猪木から藤波辰巳、長州力ら、それまで新日本のメインイベンターが着ていた黒のショートタイツとは明らかに一線を画していた。

「オレにとって、あの昔の新日本の黒イズムはそんなに好きじゃなかった。だって、新日本の中

4章　ムタ誕生と幻の「SWS」移籍

で黒は普通じゃん。当時は、あの黒がみんなの学生服みたいなもんだったからね。レスラーである以上、目立とう精神とか、他のレスラーより浮いていかないと存在意義がないからね」

　赤のショートタイツは、新日本伝統の「猪木イズム」からのいわば脱皮でもあり、アメリカでトップを張った強烈な自己主張の表れでもあった。

「試合前は不安だったけど、リングに上がったらそんなこと言ってられないからね」

　ゴングが鳴ると、興奮はどよめき、あるいはため息のような躍動感と目にも止まらないスピード感溢れる技の連続に観衆は感嘆したのだ。エルボーもギロチンも誰もができる普通の技だが、武藤が繰り出すと異次元の輝きを放った。

「プロレスの技って恐らく見よう見まねで誰でもやれるんだけど、エルボー一つとっても技で魅せるのとただやるだけっていうのではまったく違うんだよ。例えていうなら、マサさんのバックドロップを思い浮かべてよ。バック取って投げる時の技は、力強くてホントきれいだよね。同じバックドロップでもマサさんがやると全然違って見えたよね。4の字固めだってフレアーがやると違うじゃん。トップに立つレスラーって、みんなそういう技を持っているんだよ」

　フィニッシュは、やはりムーンサルトプレスだった。マサ斎藤に炸裂した月面水爆は、まるでトップロープからジャックナイフが空を切り裂くように速く鋭く、そして華麗だった。

「オレの中では、ムーンサルトプレスは、ヤングライオンの時からスペース・ローンウルフ時代とムタとで出し方を変えているつもりはないよ。すべて同じだよ。あの試合でもそうだった。オ

レの中では、あの試合はアメリカで培ったスタイルをお披露目しただけなんだよ」

全米でトップを張った二年の進化を、たった一試合でリングとファンの心に刻み込んだ。当時の新日本は、猪木が参議院議員となって第一線を退き、坂口が引退、藤波が腰の負傷で長期欠場中だった。停滞していた状況を、武藤がこれまでの新日本のイメージを打ち破る鮮烈な赤とグレードアップしたムーンサルトプレスで打ち破った。同時にこの試合は、武藤、蝶野、橋本の「闘魂三銃士」が揃い踏みした初のメインイベントで、三銃士の時代に突入するスタートラインでもあった。すべてにおいて新時代の到来を感じさせた大成功の凱旋試合だったが、大きな落とし穴があった。

「試合が始まってすぐ、橋本にローリングソバットをやったんだけど、着地の時に左膝を痛めてさ。あの試合が終わった後、何試合か休んだんだよ」

大成功の凱旋試合の裏側での負傷は、リング上で躍進する「光」と両膝の負傷という「影」が常に背中合わせとなる、武藤の宿命の始まりでもあった。

新社長坂口

武藤が凱旋した1990年は、新日本プロレスが新しい興行体制と選手への待遇を本格的に打ち出した年でもあった。前年の1989年6月16日の株主総会で新社長に就任した坂口は、まず選手の給与を年俸制に変えた。それまでは、一試合ごとに選手個別にファイトマネーが決まっており、シリーズが終わると、まとめて支払う形式だった。この方法だと試合数によってファイト

4章　ムタ誕生と幻の「SWS」移籍

1990年4月27日東京ベイNKホール。約2年ぶりの本格凱旋マッチで蝶野と組んで、マサ斎藤・橋本組の持つIWGPタッグ王座に挑んだ。武藤は、マサにギロチン・ドロップを見舞うなど、観客を沸かせた。

マネーの総額が変動することから、会社として年間予算を決めにくいというデメリットがあった。

経理担当だった青木謙治は、年俸制によって年間の事業計画を立てやすくなったと明かす。

「選手のギャラの年間総額が把握できるので、それに合わせて、利益がどれぐらい必要で、そのためにはドームをやりましょうとか年間計画が立てやすくなりました。年俸制になって、選手も収入が試合数で変動しないので、ローンが組みやすくなったと思います」

坂口は、年俸制導入と同時にシリーズの見直しも断行した。背景にはテレビ中継のゴールデンタイム撤退がある。1988年3月にテレビ朝日の「ワールドプロレスリング」の月曜午後8時の放送が終わり、4月から関東地区では土曜午後4時の放送になった。同時に日本テレビの「全日本プロレス中継」も土曜午後7時の中継を打ち切り、4月から日曜午後10時半の放送に変わった。昭和の終わりと共に、プロレスのゴールデンタイムでのレギュラー放送も幕を閉じた。

ゴールデンタイムでの中継で入ってくる放映権料は団体を支える柱だった。坂口によると、タイガーマスクが登場した1981〜83年の最盛期で「年間6〜7億円近い」放映権料が入ってきたという。シリーズも毎週の生中継に合わせて組んでおり、試合数もタイガーマスク時代には200試合を超えていた。しかし、ゴールデンタイムから撤退し夕方の放送になると、放映権料が減額された。従来と同じ試合数では、地方興行で不入りが続けば、移動費などを含めて経費だけがかかることになり、経営は圧迫されてしまう。そこで、試合数を削り確実に収益が見込める会場を中心にするシリーズ展開に変えたのだ。発案したのは営業部にいた上井文彦だった。

「ボクが興行の流れを変えてくださいって言ったんです。放映権料が下がって、支出を抑えなけ

4章　ムタ誕生と幻の「SWS」移籍

ればいけなかったので、『これからのシリーズは短期で行きますから、長くても三週間しかやりません』と言って、年間の試合数をガクっと減らしたんです。それまでは全日本と張り合って年間試合数が多い方が日本一っていう感じだったんですけど、儲からない興行を地方でやるっていうことは、金を捨てに行っているみたいなもんですから、巡業に出なければ、その分経費は浮くんです」

武藤が凱旋した4・27NKホールのワンマッチ興行は、新たな展開を打ち出した出発でもあった。

平成の新日本プロレスは、テレビの放映権料と地方興行の試合数が収入の柱だった昭和の経営体制から、スリム化を図ったが、一方で借金も残っていた。上井によると坂口が社長に就任した1989年の時点で「12億8000万円ありました。原因は色々ありましたが、一番大きかったのはアリ戦です」と明かす。1976年6月26日に日本武道館で行った猪木とモハメド・アリの格闘技世界一決定戦で抱えた借金は、10年以上を経ても完済していなかったという。融資先の銀行との交渉は会社の生命線で、青木は、トップに立った坂口の存在が「大きかった」と振り返る。

「坂口社長に『今、こういう状況で銀行にお願いに行かないといけないんですが』と相談をすると、『じゃあ、ワシがいっちゃるか』と立ち上がって頂いて、一緒に銀行へ行ってくれました。そうすると、私なんかが一人で行くよりも、あの坂口社長がわざわざ来てくれたって、銀行の対応は全然違いました。とにかく頼もしい社長でした。銀行に借り替えする時に経理部長が行って、事業計画をどんなに作って説明しても動かないところはありましたけど、坂口社長が行くと、ま

あ坂口さんの顔に免じてっていうことも結構ありました。今はほぼほぼなくなりましたが、当時の銀行は、支店長決済とかありましたから、坂口社長の顔のおかげで、支店長決済で優遇されていたと思います。社長自ら動いてくれると、社員は燃えますよね。社長のためにもっと頑張ろうって思いますよ。当時はそういう社員が多かったように思います」

坂口は1999年6月に社長を退任するが、新日本の抱えていた借金は在任中に完済している。

「完済した時に銀行に挨拶に行ったら、支店長に『すべて返済してくれなくて結構です。もうちょっと借りてください』って言われてね。銀行にしてみれば、借金があった方が儲かるわけだからね。こっちはもう大丈夫ですからって断ったよ（笑）」

「ドーム興行」を牽引した闘魂三銃士

昭和時代から抱えてきた負債を完済し、経営者としても卓越した手腕を発揮した坂口が、推進した最大の基軸が昭和にはなかった「ドーム興行」と「G1クライマックス」だった。

初の東京ドーム興行は、1989年4月24日、「89格闘衛星☆闘強導夢」のタイトルで開催した。発案したのは、アントニオ猪木だった。アリ戦を筆頭に常にプロレス界の外にある世間の視線を意識していた猪木は、前年の1988年3月に東京ドームがこけら落としを迎えるとプロレス界初のドーム興行を決めた。

ただ、坂口は、猪木がドーム興行を決めた時、すべての幹部が反対したことを覚えている。

「猪木さんが『ドームでやるぞ』って言い出した時、みんな『えっ!?』って感じだったよ。その

4章　ムタ誕生と幻の「SWS」移籍

 ころは、後楽園ホールだって満員にならない時代よ。昭和の終わりは、興行も苦しくて悪い時代だった。後楽園の試合前に、猪木さんと控室で会場のモニターを見てたら、テレビに映る客席に全然、人がいなくてね。別の場所に座っている客をカメラに映る方に移せとか指示したこともあったよ。みんな一生懸命やっているんだけど、どうしようもないキツイ時代だったよね。だから、ドームでやるぞって猪木さんが言ったけど、最初は社内の雰囲気はみんな反対っていう感じだったよ。だけどね、これは不思議なんだけど、猪木さんが『やるぞ』って言うと、最初、みんな、文句を言うんだけど、最後は『だったら、やりましょう。やってやりましょう』っていうムードになるんだよね。それが、うちの会社の伝統っちゅうか、パワーになってたよね。猪木さんは、アリ戦にしろ、ドームにしろ、色んなことをやってきたけど、最初はみんな無謀だとか批判されて、反対されるんだよ。だけど、実際に猪木さんがやると、何だかんだ言われるけど、やったことは後々、付いてくるんだよね。何億って赤字が出ても、やったことは後から凄いって言われる。猪木は凄いことやる、ひいては新日本プロレスは凄いことやるって評価されるんよ。猪木さんが言い出さなかったら今はないと思うよ」

 開催前は、社員も無謀だと思った初のドーム興行だったが、主催者発表で5万3800人を動員し、収益面でも成功した。平成元年に猪木がまるで打ち上げ花火のように咲かせたドーム興行は、新日本はもちろん、他団体にも波及し、今では新日本の1・4東京ドームはプロレス界の恒例かつ最大の行事となって定着した。ドームは、東京だけでなく西武ドーム、ナゴヤ、大阪、福

163

岡、札幌でも開催し、平成の新日本に隆盛をもたらした時の収入について「2、3億は出たんじゃないの。経費もかかるけど、スポンサーがついたり冠つけたり、グッズも凄かったしね。いい売り上げがあったよ」と明かした。そして、「ドームイコール三銃士だよね。武藤、蝶野、橋本の三人がいたからこそドームツアーができた。ずっとあの三人がよくやってくれたよね」と続ける。闘魂三銃士の躍進がドーム興行を牽引した。テレビのゴールデンタイム中継を失ったプロレスは、平成に入り、ドームを軸に興行を展開し、「ドーム」はプロレスのシンボルとなった。

一大会で莫大な利益を生み出したドームと並行して活況をもたらしたのが、1991年8月に開催した「G1クライマックス」だった。8月7日に愛知県体育館で開幕し、9日から11日まで史上初の両国国技館三連戦を敢行した。決勝戦は武藤と蝶野の激突で、大方の予想を覆して、蝶野が初優勝を飾った。蝶野が勝った瞬間に、館内は座布団が舞い、ファンは沸騰、「G1」は新たなブランドとなり、今では「真夏の最強戦士決定戦」として完全に定着した。試合後に、優勝した蝶野を武藤と橋本が両手を上げて祝福する姿は、「三銃士」が新日本の中心となったシンボル的な光景だった。「G1」は、興行的にも大成功し「ドーム」と並ぶ平成の新時代を象徴するビッグイベントとなった。ドーム興行とG1の成功は「新日本イコール三銃士」となった歴史の転換点でもあった。

「現場監督」のマッチメイク

経営を坂口が支える一方で、リング上をマッチメイクしたのが長州だった。坂口の社長就任で取締役待遇となった革命戦士は、エース兼現場を仕切るマッチメイカーに就任した。自らを「現場監督」と位置づけた長州は、年俸制への変更を機に、選手の査定を実行した。リング上はもちろん、道場と試合前の練習態度、控室、セコンドでの振る舞いなどすべてに目を光らせ、年俸の査定に反映した。一部の選手は真っ向から不満を露わにしたが、興行がヒットしていた長州、自らの信念を変える必要はなかった。マッチメイクがファンの支持を獲得し、会社に利益をもたらしていることが絶対的な権力を維持する支えになっていた。そして長州は、武藤の凱旋を機に、一気に橋本、蝶野の闘魂三銃士をリングの中心に据えるマッチメイクを敢行し、武藤は5月24日に東京ベイNKホール月には長州自らが三人と連続でシングルマッチで対戦した。

「もう前田さんのUWFとかがいなくなったから、二度目の凱旋帰国で意識したのは、やっぱり長州さん、藤波さんとかの先輩だったよね。あの時のターゲットは橋本とか蝶野ではなかった。三銃士は、中間管理職じゃないけど、（佐々木）健介といった、下からの突き上げもあったよ。上と下に挟まれた感じだったよね」

初めての長州との一騎打ちは、ムーンサルトプレスからの原爆固め、さらにアントニオ猪木の必殺技「卍固め」をも繰り出し、革命戦士を追い込んだ。しかし、最後はリキラリアットの前に

沈んだ。

「当時の長州さん？　オレにとっては気に入らない感じだったよ。多分、それは多くの若い選手がそう思っていたと思う。目の上のこぶですよ。恐らく長州さんは、オレと正反対のスタイルなんだよ。デビューしてから今までずっとそのキャラクターを守り続けているスタイルよね。入場のパワーホールから始まって、サソリ固めとラリアットで試合を決めているあのスタイルは、全然変わらないよね。一方で、オレなんかフニャフニャ変わっていってさ。入場のテーマ曲なんかいくら変わったか分からない。で、恐らく長州さんは、オレのこのスタイルのプロレスが好きじゃないんだよ。やっぱり、橋本みたいなスタイルが好きなんだよ。周りの人たちはみんな、長州さんが好きなんだと思う。そういう意味では昔の人間だと、あの時の新日本は、みんながラリアットを使ってね。長州さんそれを強要して長州もどきを作っているようなイメージを持っていたけど、それは違うよ。長州さんは強要していないと思う。こういうスタイルでやれって言ってなかったと思う。むしろまったく逆だよ。それが、きっといい時と悪い時があった。オレ自身それを不満に感じた時もあったし、それは他の選手の中に多くいたかもしれないよね」

健介とか天山（広吉）とかが寄せて行ってたよな。まぁ長州さんは感性が普通の人と違った。

長州は、三銃士の中で橋本を引き上げた。三銃士の中で、長州が最初に負けたのが、初の東京ドーム大会で戦った橋本だった。三銃士シングル三連戦でも武藤と蝶野には勝ったが、5月28日に大阪府立体育会館で対戦した橋本に敗れている。そこに自らの次のエースを橋本に託そうという思いが表れていた。デビューから常に三銃士の中でトップを突っ走ってきた武藤だったが、長

166

州政権で橋本にトップの座を奪われようとしていた。しかし、ジェラシーはなかったという。

「橋本へのジェラシーなんて、そんなのないない。三銃士っていうのは、誰かがトップに立てば、他は休めるっていう、うまい具合に循環していたんだよ。ずっと一人でトップを走っていたら疲れちまうよ。オレたち三人ってちょうどいいバランスだったよ」

三銃士の活躍で息を吹き返した新日本は、この年の8月、後楽園ホールで一週間連続のシリーズを開催する。メインイベントはすべて闘魂三銃士が務め、連日、超満員札止めを記録した。三銃士が新日本の中心になった時、武藤に新たな展開が待っていた。

グレート・ムタの日本初見参だ。

5章 ムタvs猪木、武藤vs髙田

「ムタ幻想」という壁

1990年9月7日、大阪府立体育会館でグレート・ムタが日本マットに初見参した。

対戦相手は、越中詩郎だったが、ムタとの一騎打ちに合わせて越中も、この試合だけメキシコ遠征時代に使っていたリングネームの「サムライ・シロー」で登場した。対戦前は、「武藤敬司対越中詩郎」とはまったく違った、「グレート・ムタ対サムライ・シロー」の「化身対決」が期待された。

「ハッキリ言って、ムタは日本では出したくなかった。あくまでもアメリカではムタであるからね。アメリカだけの限定で取っておきたかったんだよ」

アメリカでトップヒールとしてリック・フレアー、スティングと抗争したムタの日本初登場だったが、武藤の本音は消極的だった。そんな迷いがリングに表れたのか、試合内容も技も「武藤敬司」と代わり映えせず、相手の「サムライ・シロー」も「越中詩郎」と違いはなく、観客もどちらがヒールなのかベビーフェイスなのか分からない中途半端な試合となり、会場の反応もマスコミの見方も冷たかった。

「自分でも試行錯誤しながらサムライ・シローとやったよ。アメリカでは、武藤敬司がムタとなりヒールになったわけだからね。それをそのままをやったから、終わった後に、武藤がペイントしただけで何も変わらない試合だって叩かれたよな」

しかし日本のファンは、武藤ではない完全に別人格とアメリカではムタと武藤は一体だった。

5章　ムタVS猪木、武藤VS髙田

なる悪のムタを求めていた。大阪で期待を裏切ったムタは、次の試合で雪辱を期す。一週間後の9月14日、広島サンプラザで対戦相手は馳浩だった。

「馳戦で同じ失敗は許されないからね。サムライ・シローとの試合を自分の中で考えて、アメリカとは違う日本オリジナルのムタを作らないといけないと考えた」

馳は、ムタがサムライ・シロー戦で不発になった理由が分かっていた。

「グレート・ムタという幻想をマスコミを通じてファンの中でできあがっているにもかかわらず幻想を現実にする時に、武藤選手はどうやっていいのか分からなくて戸惑いながら試合をして、こけてしまいましたね。武藤選手と越中さんの間に意識の差もあったと思います。分かりやすく言えば、準備不足ですね。それは見ていてすぐに分かりました」

馳は、学生時代にレスリングで活躍し、専修大学を卒業。その後、石川の星稜（せいりょう）高校で国語の教師となり、1984年のロサンゼルス五輪でレスリング・グレコローマンの90キロ級に出場、翌年には教師を辞めて、大学の先輩、長州力が設立したジャパンプロレスに入団した。1986年にプエルトリコでデビュー戦を行い、カナダ・カルガリーで武者修業。その間に長州が新日本プロレスに復帰したことに伴い、日本デビュー戦はたけしプロレス軍団が登場した1987年12月27日の両国国技館で、いきなり小林邦昭のIWGPジュニアヘビー級王座に挑戦し、奪取した。

ムタと対戦した当時は、試合ではメインイベンターを支える中堅レスラーとして活躍し、道場は長州から厚い信頼を得て若手選手を指導するコーチを務めていた。

大阪で「こけた」ムタを見て馳はテーマを設定した。

171

「ムタ戦で私のテーマは、客に悲鳴をあげさせることでした。そのためには、私だったらこうしようっていうアイデアがいっぱいありました。カナダにいた時に小さなテリトリーでしたが、ベビーフェイス、ヒールの両方でメインイベントを毎日やっていた経験がありましたから、どうやったら観客に悲鳴をあげさせられるかは分かっていました。そのイメージを試合で形にしました」

テーマはもう一つあった。それは、武藤敬司が意識してグレート・ムタを演じることだった。

「武藤選手が大阪の試合を『武藤と越中の試合をやってしまった』とコメントしていました。ですから私は、それを逆手に取って、前半にラフファイトを仕掛けてムタのペイントを全部はがすことを決めていました。はがすと武藤の素顔が出て来ますね。『武藤敬司』にしたところから、ヒールのムタが出てくる試合にしようと思ったんです。それが最大のテーマでした。人間誰しも二面性、三面性、多面性があるように、ムタは武藤選手の人間性の本質的な部分でもあるんですね。あの時、心おきなく武藤選手がムタを演じるシチュエーションが必要だったんです。そのために、ペイントをはがして武藤に戻して、そこからムタを演じればいいなと考えていました。一人の人間が同時に演じる二面性の苦悩がクリアに表現できればいいなと思っていました」

武藤は、日本オリジナルのムタの苦悩を考え、馳も、テーマを持って広島サンプラザのリングに上がった。共通の目的は、「武藤敬司」ではなくまったく別の人格と個性を持つ「グレート・ムタ」を作ることだった。

5章　ムタVS猪木、武藤VS髙田

馳VSムタ

　大阪の雪辱を期したムタは、コールと同時に赤い頭巾を脱ぎ捨てると真っ赤なペインティングを露わにし、緑の毒霧を吹いた。続けてゴングが鳴るとセカンドロープに駆け上がり、赤の毒霧を天井へ向かって噴射した。違う色の毒霧の連射に会場はどよめいた。試合は、腕の取り合いなど、正当なレスリングを展開したが、急速に流れが変わったのが馳が赤コーナーにムタを追いつめた直後だった。馳は、張り手の連打で狙い通りペイントをはがした。素顔の武藤が現れたことをきっかけに、ムタが豹変（ひょうへん）した。場外で鉄柱攻撃を繰り出す非情な攻撃に会場は一気に傾き、ムタへの憎悪が爆発し痛烈なヤジが飛んだ。ブーイングとヤジを浴びせられる光景は「武藤敬司」にはない世界観だった。武藤は、この時、日本オリジナルの極悪ヒールとしてのムタが誕生したことを確信した。

「サムライ・シロー戦を見事に教訓にしたからこそ馳戦があったんだよ。あの時に真のヒールとしてのムタが生まれたよね」

　ついにヒールとして覚醒したムタは、圧巻のエンディングを見せた。トップロープからダイブした馳の顔面に緑の毒霧を吹き付けると、リング下から持ち出した担架で、レフェリーのタイガー服部を殴打し反則負けになると、そのまま、担架に馳をのせ、ムーンサルトプレスを浴びせたのだ。鮮血の赤と毒霧の緑でおどろおどろしい顔面となった馳に浴びせた担架ムーンサルトに、

ついに会場からは悲鳴が起きた。それは馳が掲げたテーマが現実になった瞬間だった。

「あの時、悲鳴が起きましたね」

広島のムタ戦で、その後につながる日本オリジナルの狂気を引き出した馳は、衆議院議員となった今もなお、会場の悲鳴を思い出すと満足そうに、そして楽しそうに当時を振り返った。あの試合は馳にとっても重要な分岐点だった。

「ムタ戦は私にとって初めてのメインイベントのシングルマッチで、テレビ中継という大きなチャンスを与えて頂いた試合でした。それを生かせるかどうかは自分次第じゃないですか。このチャンスは逃せない、そう思ってリングに上がりました」

ムタ戦に象徴されるような、試合ごとにテーマを設定し追求する馳の姿勢は、死を意識したことから生まれた。ムタ戦の三か月前となる6月12日、福岡国際センターでの後藤達俊戦でバックドロップを受け、一時、心臓停止に陥り生死の境を彷徨った。この経験が馳を変えた。

「あれは、私の受け身のミスだったんです。後藤さんのバックドロップは速かったですから、ちょっとタイミングがずれて、受け身を失敗した私が悪いんです。ただ、あの時に、そういうことは今後も有り得ると思いました。そうすると、自分が何試合目か、対戦相手が誰か、テレビがあるかないか、お客さんができあがっているかどうか、そういうものを全部確認した上で試合に臨むようになったんですね。あの経験がなかったら、ムタ戦もないと思います。それは間違いないと思います」

死を意識した末に馳がたどり着いた、一試合の意味を考える分析力が、極悪ヒールのムタを生

5章　ムタVS猪木、武藤VS髙田

1990年9月14日広島サンプラザでの馳戦。ムタは、リング下から取り出した担架で、レフェリーのタイガー服部と馳、さらにセコンドの佐々木健介を殴打。反則負けに。

1990年9月14日広島サンプラザでの馳戦。ムタは、担架に馳をのせて、月面水爆を見舞った。

み出した。広島では、その象徴がペイントをはがすことだった。ただ、武藤の中では、別の捉え方をしていた。

「馳先生が言っているペイントをはがす狙いは、オレの中では今イチよく分からないよ。ただ、初期のムタは、ペイントがはがれることって見る側にとっては、ウルトラマンのカラータイマーの意味があるんじゃないかって思ってたよ。ウルトラマンは三分間しか地球にいられないじゃん。カラータイマーって宇宙に帰らないといけないカウントダウンの合図だよね。ペイントがはがれるのも、それと同じで、まるでカラータイマーが鳴るようにムタがいなくなって、だんだん武藤に戻るみたいな意識があったんじゃないかな。オレ自身、ムタが消えて武藤に戻るシーンを、ところどころで刺激的に利用していたかもしれないよね。ただ、試合やっている時は、鏡を見て試合をしているわけじゃないから、自分でペイントがはがれているかはがれていないかって分からないからね。だから、馳先生が言うペイントはがしてから武藤を出すって言われても、いつはがれたかなんて分からなかったよ（笑）」

ただ、やはり、「ムタ」の覚醒は、馳戦だと断言する。

「今でも『ムタにとって一番の試合は？』って聞かれたら、やっぱり、あの時の馳戦ですよ。ムタが目覚めたのは、あの試合だよ」

「ムタ」と「武藤敬司」

戦慄の馳戦でムタは、今につながるキャラクターと地位を築いた。観客も「武藤敬司」はベビ

5章　ムタVS猪木、武藤VS髙田

ーフェイス、対する「グレート・ムタ」はヒールとハッキリとした二重人格を認知した。入場シーンもムタは独自の世界を作った。馳戦から16日後の9月30日、横浜アリーナでのリッキー・スティムボート戦は、天井から宙づりで登場した。また、1991年9月23日、横浜アリーナでの藤波辰爾戦では、二代目・引田天功のイリュージョンで出現するなど、ファンを驚かせた。

「スティムボート戦のあの宙づりは、人力だからね。入場する時も一つ前の試合ぐらいからずっと待機しないといけないし、小便も行きたいけど、ずっとぶら下がっているから行けねぇし、大変だったよ（笑）。引田天功でも入場したけどね、ただ入場っていうのは、スタッフがやることであってね。やっぱり、入場は入り口であって最終的には試合で見せないといけないよな。当初、ムタは入場までを売って試合はどうでもいいって言われたこともあった。毒霧とか使って客席がウワァってなるけど、試合が盛り上がらないってこともあった。それはあんまりよくねぇよな。やっぱり、プロレスは結末が重要だもんね。言ってみれば、入場の時に『誰だ？ あれ』ってなって、試合が終わったら、会場がウワァってなるのが理想だもんね」

顔面のペイントも赤、青、緑、白など試合ごとに変わった。

「ペイントの色は、完璧にその時の気分だよ。初期のころは、ポロポロよく取れたよな。もう少し経ったらSFXの世界で落ちないペイントが出て来て、それを使うようになったけどね」

武藤敬司とグレート・ムタという二つのキャラクターが明確になった時、新日本の最高峰、IWGPヘビー級王座に武藤とムタが連続で挑戦する時が来る。チャンピオンは長州だった。デビュー8年目で迎えたチ92年5月17日、大阪城ホールでまずは武藤が、長州に初挑戦した。

ヤレンジは、ムーンサルトプレス二連発を放つも、リキラリアットの連打に粉砕された。

それから三か月後の8月16日、福岡国際センターで今度はムタが挑戦した。試合は、IWGPヘビーとグレーテスト18クラブ王座のダブルタイトルマッチとして行われ、ムーンサルト二連発で革命戦士を葬り、初めてIWGPのベルトと18クラブ王座の二冠のベルトを腰に巻いた。試合後は消火器を長州へ噴射し、やりたい放題の大暴れを見せつけた。同じ月面水爆二連発でも武藤は敗れ、ムタは、勝利した。

「最初のIWGPはムタだったけど、別にオレの中では何とも思わなかったよ。何で武藤じゃなくてムタなのかとか、そんな意識はなかった。もしかするとIWGPを取った時点でそんなにうれしいっていうのもなかったような気がする」

化身としてのムタでの戴冠ではあったが、橋本真也、蝶野正洋の闘魂三銃士の誰よりも早く新日本の最高峰を極めた。そんな栄光も、武藤の中では特別な感慨はなかった。今、長州戦で思い出すのは、思わぬ副収入だった。ゴールデンタイムから撤退した新日本プロレスは、テレビ中継がないビッグマッチなどを収録した「闘魂Ｖスペシャル」というVHSビデオの販売をスタートしていた。ムタが長州を倒したIWGPヘビー級王座戦は、テレビ中継のない「ノーテレビ」マッチだったため「闘魂Ｖスペシャル」で売り出された。

「この長州対ムタがすげぇ売れたんだよ。選手は、ビデオのロイヤリティがもらえるからいい金になったよ。どういう計算か分からないけど、確かその一試合だけで4、500万ぐらいもらえたよ」

5章　ムタVS猪木、武藤VS髙田

9月23日には横浜アリーナで橋本を破り、初防衛に成功する。直後に私生活でも10月4日にモデルの芦田久恵と結婚し幸せをつかんだ。出会いは、蝶野の中学時代の同級生だった久恵が、試合を観戦に来たことがきっかけだった。

「橋本も蝶野に紹介してくれって言ったんだけど、女房はオレを選んだんだよ。オレと橋本だったらどっちを選ぶかって答えは分かりきっているよな（笑）」

京王プラザホテルでの挙式披露宴の仲人は坂口征二夫妻が務めた。結婚を前にした婚約発表は、坂口のアイデアで、ファンクラブツアーで訪れた香港に到着した初日に行った。ツアーに同行した坂口は、今もあの発表は「参ったよ」と苦笑いする。

「香港には、久恵ちゃんも内緒で来ていてね。そこで婚約を発表したんだけど、そうしたら、ツアーに来ているファンが泣き出してね、後でオレのところに苦情の手紙が来たよ。『せっかく参加したのに、ガッカリしました。私生活では結婚と公私共に充実する中、武藤とムタの「二刀流」が本格化する。通常のシリーズは、「武藤」で参加し、タイトルマッチに「ムタ」が登場した。ザ・グレート・カブキとの親子対決も実現し、1993年1月4日、東京ドームでは蝶野が持つNWA世界ヘビー級王座とのダブルタイトルマッチを制した。

ムタのバリューは、誕生したアメリカでも変わらなかった。武藤とムタは、二つの人格を使い分け、さらには日米を股にかけビッグマッチに参戦していた。人格は二重でも、必殺技がムーンサルトプレスであることに変わりはなく、戦い続けた。ただ、毎年のように渡米して、WCWの

179

膝がまたも悲鳴をあげた。

93年3月21日、名古屋レインボーホールで、武藤敬司として佐々木健介の化身パワー・ウォリアーと対戦し、月面水爆二連発で勝利したが、右膝の痛みに耐えられなくなり戦線離脱した。診断の結果、膝関節症で二度目の右膝の手術を行った。

「右膝の軟骨を取り除く手術だった。マサ（斎藤）さんに紹介を受けて『いい医者がいる』って聞いて日本じゃなくてミネアポリスで受けたんだ」

膝に爆弾を抱えながら、福岡ドーム初進出となった1993年5月3日には、ムタとしてハルク・ホーガンとの夢の対決を成し遂げた。IWGPヘビーは五度の防衛に成功し、9月20日の愛知県体育館で橋本にベルトを明け渡したが、約十一か月もの間、一人のレスラーが、通常のシリーズを「武藤敬司」で戦い、「グレート・ムタ」としてIWGPヘビー級王者を務めトップを極めたのは、新日本の歴史の中で、後にも先にもこの時の武藤しかいない。

「当時のオレは、新日本の中でそれなりにもてなされていたよ。武藤とムタを同時にやっているうちにG1が始まって、蝶野が出てきて、橋本も出てきた。ムタも定着し出してきた。今振り返るとその辺から三銃士時代が始まったよね。1990年代だよ、全部。終わりにはnWoがあったしね。90年代の頭から終わりまで10年ぐらいは三銃士時代だったんだよな」

平成に入り新日本が息を吹き返した原動力は、間違いなく「闘魂三銃士」だった。ただ、それは三人だけでなく「グレート・ムタ」というプラスαも含まれる。では、平成の初期、「武藤敬司」と「グレート・ムタ」のどちらの勢いが勝っていたかといえば、答えは「ムタ」ではないだろう

180

坂口体制になり興行の主軸となった「東京ドーム」でも、初めて登場したのは武藤ではなくムタだった。1991年3月21日の「'91スターゲートIN闘強導夢」でムタがスティングと戦い、続く1992年1月4日に開催した「超戦士IN闘強導夢」もムタがスティングと組んでリックとスコットのスタイナー・ブラザーズと対戦した。1993年の1・4で蝶野と戦ったのもムタだった。

一方の武藤は、1991年11月5日に日本武道館で、馳とのコンビでIWGPタッグを奪取したが、ドームと並ぶ新たな軸となった「G1クライマックス」では、第一回、二回と蝶野が連覇、大本命と目されながら優勝は許されなかった。東京ドームに初めて「武藤敬司」として上がったのも、凱旋帰国から三年八か月も経た1994年1月4日の「'94 BATTLE FIELD IN闘強導夢」だった。試合も馳と組んだスタイナー・ブラザーズとのタッグマッチで「ドームならでは」というプレミアム感はなかった。「武藤敬司」にとって「グレート・ムタ」の存在感が増していく感覚を、本人はどう捉えていたのだろうか。

「グレート・ムタが出ると武藤敬司は穏やかになるわけだけどね。両方いっぺんに出るわけにはいかないんだから。また、その反対もあるわけで、東京ドームなんかは、その時の人気と勢いでムタへのラブコールが多くなる時もあればムタへのラブコールが多くなるっていうことですよ。

言えることは、ムタと武藤はライバルなんだよ。例えば東京ドームの試合にどっちが出るかっていうのも、その時の威勢のいい方が出る。オレの中ではそれは競争なんだよ」

武藤の中で「武藤敬司」と「グレート・ムタ」を競わせることで、それぞれのレスラー像をグレードアップさせていたのだ。では、周囲は「二人」をどう評価していたのだろうか。獣神サンダー・ライガーは、こう分析する。
「ムタは、新日本の歴史の中で異質ですよ。例えて言うなら、みんなが黒い点ばかりの中で唯一、白い点だったんです。だから良かった。アメリカではマネージャーのゲーリー・ハートから今のお前はこうだよっていう風なアドバイスはあったと思うんです。だけど日本ではハートは関係ないんです。そこが彼の天才だったところです」
　独自のムタを見出した武藤は、恐らく楽しみながらリングに上がっていたとライガーは考えている。
「ボクは、これまでファンの人から『ライガーさん、色々やってくれてありがとう』とか言われてきました。それは、とてもうれしいんですけど、ぶっちゃけて言えば、てめえが楽しみたいからやっていることをやっているだけなんです。だから極論を言えば、他の人のことはどうだっていいんです。自分が一番なんです。プロレスが好きだから好きなことやりゃあいいじゃんって思ってムタもトライしていたと思います」
　武藤選手も多分、そういう考えだと思いますよ。プロレスが好きだから、プロレスが好きだから好きなことやりゃあいいじゃんって思ってムタもトライしていたと思います」
　ムタを覚醒させた馳は、IWGPヘビーを先にムタが取った理由を「あれはやっぱり営業でしょう。営業的にはそうした方が良かった」と簡潔に答えたが、当時、実売で26万部を売り、団体

5章　ムタVS猪木、武藤VS髙田

とファンに圧倒的な影響力を誇っていた怪物的専門誌「週刊プロレス」の編集長だったターザン山本！は、新日本には武藤を売り出せなかった理由があったと見る。

「武藤には、新日本のファンが支持してきた猪木イズムという思想、情念、魔物、毒というエッセンスはまったく必要ないんですよ。なぜかというと、武藤には絶対的な才能があったから、アントニオ猪木の着物を着る必要がないわけで、どんな時でも武藤という絶対的才能で生きているから外側にある価値観は関係ないんですよ。それは生まれ持ったもので、見た目とかたたずまいとか雰囲気とかオーラとかそういう本人しか持ってない無意識の絶対的才能なんです。日本のマット界では、馬場さん以外に、橋本にも蝶野にもない。猪木さんにもそういう才能はなかった。あの発想は猪木さんにはない。だから、ボクは週プロで『天才』という一言で押しまくったんだけど、『天才武藤』っていくら書いても新日本は、バックアップしなかったんです。それは、新日本が猪木イズムを支持するファンで成立してきた団体なので、絶対的才能がある武藤は、そういう新日イズムに洗脳されていないために、武藤を売ったら伝統的に築き上げた猪木イズム、新日本イズムがイレギュラーを起こすんです。そうすると武藤の才能だけが突出して新日本の歴史そのものが武藤によって引っ繰り返ってしまう。でも、時代を劇的に変えようと思うのなら、本当は才能で猪木イズムを超えることができる武藤を看板にするべきだった」

若手時代に海外へ行ったら誰も成功したことがなかったムタになって成功した。猪木イズムを背負うエースにはなれなかったから、団体を背負うエースにはなかったから、入門直後から道場で強さを発揮し、デビュー後は天性の華をリング上で見せた武藤の才能が、

183

猪木からつながる新日本の伝統にそぐわなかったため、「武藤敬司」を押すことができなかったというのだ。

「武藤敬司には新日本イズムというカラーがないから、IWGPを取ったのはムタだったんです。当時のムタは昔のルー・テーズとかフリッツ・フォン・エリックのような、アメリカからやってくる未知の強豪のような存在ですよ。全日本でいえばNWA王者だったフレアーのように、ビッグマッチにしか来日しない超大物外国人選手として、新日本もファンもムタを支持したんですよ。

ただ、ムタを押すことそれ自体が猪木イズムから遠ざかることになったのは皮肉でしたよ」

驚異的な部数を誇っていた週プロの表紙をムタが飾ることは、人気のバロメーターでありステイタスでもあった。しかし、ターザン山本！が当時、表紙に何度も起用したのは武藤よりもムタだった。

「実際ボクも、週プロの表紙には、ムタを何回も起用したけど、武藤敬司はあまり表紙にしなかった。なぜか？ ハッキリ言って売れないからです。猪木イズム、新日本イズムの色がないから売れない。日本人は、能力はないけど努力して努力してはい上がってくるところを評価するから、いくらボクが天才って言ってもファンに届かないんです。それに何でもできる天才肌だから余計に売れない。だから『天才武藤』っていくら書いても届かないし、理解されなかった」

突出した才能を持つ武藤敬司の光ではなく、毒で新日本プロレスを染めたグレート・ムタは、新日本に利益をもたらした。団体もファンもそしてマスコミも虜にし、毒はさらなる猛威を振るう。1994年5月1日福岡ドーム、アントニオ猪木との一騎打ちだ。

ムタ、伝説のアントニオ猪木戦

アントニオ猪木は、50歳を超えた時に引退を考え始めたという。1960年9月30日に17歳でデビューし、28歳で新日本プロレスを創設した燃える闘魂は、幾多の名勝負を展開し歴史を築いたが、1989年7月に参議院議員となり、リングから遠ざかった。1990年は四試合、93年は一試合、94年は三試合、50歳を迎えた95年は一試合だけで、いずれも東京ドーム、福岡ドームなどのビッグイベントのみだった。

1994年1月4日の東京ドームで、天龍源一郎との初対決で敗れた猪木は、51歳の誕生日を迎えた直後の2月24日、日本武道館大会で、近い将来の引退へ向けたシリーズ「INOKI FINAL COUNT DOWN」を開催することを発表した。

第一弾は5月1日、福岡ドームに決定し、対戦相手には「グレート・ムタ」が選ばれた。ファンもマスコミも「超異次元対決」と想像を膨らませ、試合の意味づけを考えたが、当事者の武藤には、猪木との初シングルマッチなどマッチメイクへの思い入れはなかった。

「猪木戦？ いたってカジュアルですよ。こっちは、一つの商売でやっているんだから。そんな、いちいち組まれたマッチメイクに思い入れなんてないよ。仕事だから組まれたらやるし、こなさなきゃいけないってそれだけだよ。大工さんは家を作るのが仕事で、この家を作ってくれ、って言われたら作らなきゃいけないってそれと一緒だよ」

ムタを選んだのは猪木自身だったという。

「猪木さんが武藤じゃなくてムタを選んだもんね。多分当時、猪木さんよりムタの方が評価がデカかったんだよ。確かにリング上で描く絵を思い浮かべた時、オレの中では今イチ、ファイナルカウントダウンって分かんなかったよ。でも、試合が決まった時、確かにリング上で描く絵を思い浮かべた時、オレの中では今イチ、ファイナルカウントダウンなのに、1、2、3……ってアップしていったじゃん(笑)」

 猪木対ムタは、4月4日の広島グリーンアリーナ大会で動き出した。この日、猪木は特別参戦し、馳と組んで藤原喜明、石川雄規と対戦した。武藤はセミファイナルで蝶野とのタッグで長州、天龍と戦ったが、試合開始早々に天龍からマイクで「ムタで来い」と挑発されると、控室に戻ってムタとなり、文字通り一人二役で戦った。試合後は、猪木が上半身裸になってリングサイドに現れ、ムタとにらみ合った。武藤からムタへの変身は、両者の一騎打ちを盛り上げる格好の布石だった。

 ムタは、その後も4月7日に熊本市体育館で馳と組み、長州、藤原と対戦、11日に九州厚生年金会館で木戸修とシングルで対決した。カードが決定し、福岡ドームへ向けて試合を重ねていく間、猪木から警告を受けた。

「猪木さんとの試合が決まってから、ムタが他の選手とイーブンの試合をしたら猪木さんから怒られたもんな。猪木さんにとって、福岡ドームで強いムタを迎え撃つっていうシチュエーションを作らないといけないわけだからね。福岡ドームに向けてムタのいいところを売って、美味しく肥えたところを食いたいわけだからね。猪木さんってそういうタイプじゃん。猪木さんは恐らく

5章　ムタVS猪木、武藤VS髙田

　オレを肥やしにしたかったんだよ。長生きするための栄養素にしようとしていたんだよ」
　迎えた5月1日、福岡ドームは、5万3500人（主催者発表）の観客を動員した。注目のメインイベントは、入場からムタが猪木を飲み込んだ。先にリングインしたムタは、猪木の「炎のファイター」が流れる入場時、花道で仁王立ちして行く手を防ぎ、テーマソングを止めた。ガウンを脱いだ猪木を見届けると今度は、敬意を表しロープを上げてリングへ迎え入れた。何をするのか予想がつかないムタの動きに観客はどよめきを起こし、5万人の視線は主役の猪木そっちのけでムタに集中した。
　田中秀和リングアナウンサーは「昭和の鬼か。平成の悪魔か。鬼か悪魔か。スーパーヒール。超異次元対決」と前口上した。「昭和」と「平成」の時代を象徴する二人の戦いは、ゴングが鳴ると、勝手気ままにムタが動いた。真っ赤な毒霧を吹くと、猪木の存在を無視するように場外に飛び出し、リングを照らすライトから垂れ下がるはしごにぶら下がった。かと思えば、リング上では正当的なグラウンドの展開を見せ、猪木の必殺技「卍固め」も試みるなど鋭い動きで試合を支配した。
　ムタの毒が猪木を染める時が来る。アリキックを食らったところで緑の毒霧を顔面に噴射し、立て続けに、今度は顔面をのぞき込むように至近距離から吹き付けた。ここから一気に試合が動く。花道でブレーンバスターを浴びせると後頭部にラリアット、場外で机上パイルドライバーを敢行し、さらには額を切り裂き流血に追い込んだ。場外で延髄斬りを食らったが空き缶を脳天に叩きつけ、緑に染まった顔面に真っ赤な血が流れる猪木の首を、はしごから垂れ下がるロープで

絞めた。ブレーンバスターを猪木に切り返され、チョークスリーパーで絞め上げられたが、大の字になった時に猪木の髪の毛をつかむと、またも緑の毒霧を顔面に噴射した。

ムーンサルトプレスの二連発から、ジャーマンスープレックス、ドラゴンスープレックスで畳みかけた。最後は、スペースローリングエルボーがかわされ、スリーパーで絞められ、そのままフォールを奪われた。結果は猪木に敗れたが、ムタのインパクトだけがリングに残った。試合後、猪木はリング上でマイクを持って絶叫した。

「ムタ、どんな手でも受けてやる。オレの命を取ってみい。ムタ、こんな勝負じゃなくてお前の、本当のとどめの勝負を教えてやらぁ」

引退へのカウントダウン第1弾という記念試合で、太らせたムタを鮮やかに仕留めようという燃える闘魂の思惑は、裏目に出た。怒りに満ちた絶叫が何よりの証拠だった。

「あの試合は雰囲気が面白かったよ。オレが先に入場して、猪木さんを止めてしまったんだよな。ヤバかったのは猪木さん、血が出ちゃったんだよ。猪木さんは、糖尿だから血が止まらなくって、大変なんだ。あの時の猪木さんは、なぜだか分からないけど、リング上でめちゃ怒っていたよ」

猪木の怒りは、武藤のいわば確信犯による演出が引き起こした。試合前から用意周到に、ムタの世界を創造する準備をしていたのだ。この試合では、随所でドームのすべての照明が消え、両者をスポットライトだけが照らした場面があった。暗闇の中、猪木がチョークスリーパーで絞め、ムタが毒霧を噴射し、ムーンサルトプレス二連発を舞ったシーンは、まさに「超異次元対決」の幻想的な色彩をリングで際立たせた。

5章 ムタVS猪木、武藤VS髙田

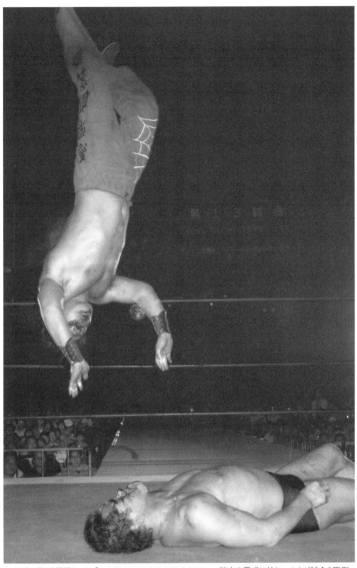

1994年5月1日福岡ドーム「INOKI FINAL COUNT DOWN」。猪木の思惑は外れ、ムタが試合を圧倒。

「照明を消したのは、オレが試合当日にひらめいてスタッフに指示したことなんだよ。はしごも前の年の福岡ドームのホーガン戦で使ってたんだ。試合前にリングで練習した時に、去年と同じようにぶら下がっていたから、『また、このはしご使えるな』と思ってスタッフに頼んで残してもらったんだよ。ただ、照明は、消えたらもっと暗くなるかと思ってたけど明るかったりもしたな。あれは、オレのイメージじゃなかった。オレたちの動きに、光が後から追いかけてくるぐらいになって、見ている側が『今、何が起きているんだ』っていう風になって欲しかったんだけど、そうはならなかったよ」

 新日本プロレスは、いつでもどんな時でも創設者でありカリスマでもあった「アントニオ猪木」が絶対的な主役だった。しかも、この試合は、引退への記念すべきカウントダウンのスタートで、恐らく誰もが猪木を引き立てることを厭わなかったはずだ。しかし、武藤＝ムタは違った。

「もちろん、猪木さんへのリスペクトはあるよ。だけど、オレにとって重要なことは、ムタをどう作るかであって、ムタを作り上げなきゃいけないじゃん。だから、猪木さんがリングインする時にロープを広げて招いたのは、『ムタワールドへようこそ』みたいな世界に染める意味があったんだよ。照明を消したアイデアも、この試合の背景とか猪木さんが相手とかを考えた末に行き着いたムタのための演出だよ。それは、武藤敬司じゃなくてグレート・ムタだからできたんだよ」

 あの試合でムタに覚醒して以来、武藤にとってムタは、常にどう演じきるかが最大のテーマだった。主役は常に自分だった。それは相手が絶対的カリスマの猪木だろうが同じだった。普段着のムタで戦った福岡ドーム。だからこその「カジュアル」だった。

5章　ムタVS猪木、武藤VS髙田

「猪木さんが掲げたあのストロングスタイルの新日本プロレスの中で、ムタって唯一、新日本が認めたゲテモノレスラーだよ。本来、ストロングスタイルはあんなゲテモノを求めないんだよ。だけど、何ではい上がったかというと、長州さんも、猪木さんも毒霧を食らっているからね。それは、認めざるを得ないよな。基本的にムタってギミックがあるから有利なんだよ。だから、猪木さんが毒霧を受けてウワァってやってオレを有利にさせるためにあるものだからね。だから、猪木さんが毒霧食らってウワァなんかやっただけで、ストロングスタイルがゲテモノの土俵に乗ってくれたんだから、その時点でもうオレが勝ってるんだよ。これが例えば前田日明さんだったら、絶対に毒霧食らってリングスで途中からプロレスを辞めたんだよ」

結果は負けたが、武藤にとって燃える闘魂に毒霧を浴びせたことがカタルシスだった。

「だから、何度も言うけど、相手が誰であろうとオレにとってムタの世界を作ることが一番なんだよ。でね、若いころに、この自分の世界観を作ることを教えてくれたのって猪木さんなんだよ。だから、オレの師匠は猪木さんなんだ。やっぱり、猪木さんは素晴らしいよ。今は、同じ相手で手の合う者同士がビッグマッチやっているけど、猪木さんって、『この馬の骨、どこの馬の骨か分からない』っていうヤツとメインで締めてたからね。その器量ってのは、なかなか難しいと思うよ。だって、いつ崩れるか分かったもんじゃないからね。で、オレは崩れた方が好きなんだよ。何か崩れていた方が面白い。崩れた時の必死さとか、その時に垣間見る真剣なまなざしとかさ、そういうのを見たい。オレの根底には、猪木さんから学んだ、そういうものがありますよ」

入門してから道場、試合、移動中と間近で猪木の背中を見てきた。スペース・ローンウルフ時代は、タッグパートナーに抜てきされ猪木プロレスを体感してきた。

「あの当時、オレは猪木さんのパートナーを一番、多く務めたと思うよ。外国人と試合して、オレがやられて、猪木さんに『助けてください』ってタッチを求めて、最後に延髄斬りで美味しいところをかっさらっていったよね。そういう姿も学んだけど、当時、ずっと傍(そば)で見ていて、猪木さんって運動神経は良くないと思ったよ。鈍臭いもんな。恐らく球技なんかやらせたら、全然できないだろうね。だけどプロレスって鈍臭くてもよく見えたりするんだよ」

そして、猪木の魅力をさらに語った。

「猪木さんがいいのは表情だよ。あれは、オレらでは絶対出せない表情だよ。思うに、やっぱり当時、女優さん（倍賞美津子）が奥さんだったから、影響を受けているんだろうね。今でも覚えているのは、若手のころ、猪木さんと一緒に埼玉の方にある治療院に行ってね。その帰りに猪木さんの代官山のマンションに連れて行かれて、倍賞美津子さんに手料理を振る舞って頂いて、猪木さんとオレの三人だけで飯を食ったことがあるんだよ。その時に『プロレスとは』というような話をお聞きしたよ。それ以上にあの時は、何せ、そう具体的な内容までは覚えてないんだけど、勉強になりましたよ。その数か月前までは山梨の田舎で生活していたわけでね。そんな若造が今、猪木さん、倍賞美津子さんっていう華やかでリッチな人と自宅で飯食っているなんて信じられないじゃん。その時は『今、オレって凄い現場にいるんだな』ってその何とも言えない豪華な空間がたまらなくてさ、

5章　ムタVS猪木、武藤VS髙田

ういううれしさの方を強く覚えているけどね」

　武藤だけが知る様々な「アントニオ猪木」を受け止めた経験、天性のセンス、そしてアメリカと新日本で培ったキャリアの集大成が福岡ドームで形になった。

　昭和の新日本プロレスの試合は、結末がどこへ行くのか分からない、あたかもレスラーと観客が同じ危険な橋を渡っているかのようなスリルが最大の魅力だった。リング上では、先輩も後輩も関係ない。あるのは、互いのプライドの激突、一瞬で「虚」が「実」になり、「実」が「虚」に変わる緊張感、己の存在価値を証明する魂の削り合いだった。すべての評価は、観客が下す過酷なサバイバル。時代は平成に入ったがムタと猪木の一戦は、その典型のような試合だった。

「確かにそうだったね。リングに上がればプライドのぶつかり合いだから。特に昔はそうだったよね。あの試合で猪木さんに飲まれなかったか？　それはないでしょ。猪木さん、年取っているしね。あの時、いくつだったの？　51歳か。今のオレ（56歳）を考えると若いな。ていうか、猪木さんより今のオレの方がコンディション全然いいな（笑）」

　試合後、思惑通りに試合ができなかった猪木は、控室で荒れに荒れたという。試合を見た馳浩は、猪木が激怒した原因を「ジェラシー」と表現した。

「猪木さんが怒った理由は簡単ですよ、自分中心で試合を展開できなかったジェラシーです。天龍さんともやりづらそうでしたね。猪木さんがジェラシーを感じて荒れるほど武藤選手とか天龍さんの才能を認めていたということじゃないですか」

　猪木にジェラシーを抱かせた武藤の心境をこう推しはかった。

「それも簡単ですよ。こんな試合、どうでもいいと思っていたんです。そんなに深く考える男じゃないんだから。自分のやりたいようにやれればいいって。ただ、それだけです」

 当時「週刊プロレス」の編集長だったターザン山本！は、大荒れに荒れた原因は、猪木自身にあったと指摘する。

「猪木さんの素晴らしさは、常に相手の思惑の上を行くところにあるんです。それは相手が考えていることを全部、引っ繰り返すことなんだけど、この時はムタに全部それをやられた。対するムタは、ただ、遊んで楽しんでいるだけだったんです。『これをやったらオレも面白いからみんなも面白いだろう』って思ったんですよ。だからはしごにぶら下がったんです。あれ、自分で楽しんでいるだけで無意識なんですよ。バックボーンとか理屈がないんです。だから、ムタは怖いんですよ」

 武藤はムタの姿を借りて無意識に新日本プロレスの源流「猪木イズム」を脱皮し平成の新日本プロレスの方向性を示した。5・1福岡ドームは、昭和の「猪木イズム」を飛び越えた、歴史の分水嶺でもあった。

 武藤は猪木が試合後、荒れたことは当然知っている。

「そういうのは聞いたけど、猪木さんは、オレに何も言ってこなかったよ」

 そして、続けた。

「1994年は逆にオレの肥やしになったよね」

 昭和の鬼を飲み込んだ平成の悪魔「グレート・ムタ」のステイタスをワンラン

5章　ムタVS猪木、武藤VS髙田

クアップした年になった。迎えた翌1995年、今度は武藤敬司が驀進(ばくしん)する。捉えたのは「UWF」だった。10・9東京ドーム、髙田延彦戦だ。

「UWF全面対抗戦」の夜明け

北朝鮮、UWF、武藤敬司。

1995年が明けた時、この三つのワードに何の関連も脈絡もなかった。恐らく新年を迎えた時点でこれらがリンクすることを予言していた人物は皆無だったはずだ。しかし、振り返るとすべてが絡み、まるで起きた現実は必然であったかのように思えるから歴史は不思議で面白い。発端は北朝鮮1995年は武藤のプロレス人生を大きく左右する激動と飛躍の一年になった。だった。

参議院議員だったアントニオ猪木は、師匠力道山の祖国である北朝鮮との交流を前年の1994年から始めていた。政治的な交渉の一貫で猪木は、国交がない同国とのスポーツ交流を提案し、朝鮮アジア太平洋平和委員会と新日本プロレスの共催で、1995年4月28、29日に平壌(ピョンヤン)の綾羅(りょら)島メーデースタジアムでプロレスイベント「平和のための平壌国際体育・文化祝典」を開催した。初日に15万人、二日目に19万人を動員したイベントは、ゲストにモハメド・アリを招待し、アメリカの「WCW」に協力を仰ぎ、リック・フレアーの参戦が実現。二日目のメインイベントで猪木はフレアーと対戦し、初めて生で見るプロレスに平壌市民は熱狂、イベントは表向きには成功した。

裏側では新日本プロレスはとてつもない借金を背負っていた。開催費用はすべて持ち出しで、興行収入は事実上まったくなかった。北朝鮮でのイベントは、開催日の1月17日に阪神・淡路大震災が発生し、被災地となった関西地方を中心に興行は苦戦していた。この年は3月には、オウム真理教による地下鉄サリン事件が発生し、日本全体が沈み込んでいた。厳しい時に重なった想定外の膨大な借金に社長の坂口征二は、頭を抱えた。

「開催の費用は全部うちの負担だったよ。会場の設営でスタジアムの芝生の上に敷くベニヤ板が必要になって、日本から3000枚を船で送ったりしてね。北朝鮮で30万人以上を集めたイベントやったって言ったって入ってくるものは何もなくてすべて出るばっかりで結局、全部で3億ぐらいの赤字だったよ」

当時は「猪木対アリ戦」が主な原因だった、10億を超える借金を銀行に返済している途中で、そこに追い打ちをかける3億円もの赤字は会社にとって死活問題だった。

「あれは非常に痛かったですね。このまま行けばうちの会社は、間違いなく傾く。下手したら終わるかもしれないと思いました」

経理担当だった青木謙治も危機的状況に陥ったことを明かした。1972年3月に旗揚げした新日本プロレスは、幾多の荒波にもまれてきたが、倒産が現実味を帯びたことはなかった。北朝鮮で抱えた3億円もの借金は、設立から23年目に迎えた最大の危機だった。2月3日に札幌中島体育センターでスコット・ノートンとのIWGPヘビー級選手権挑戦者決定戦に敗れ、5日の函館市

196

5章　ムタVS猪木、武藤VS髙田

民体育館でもタッグマッチで野上彰（現・AKIRA）に負け、7日の青森・弘前市民体育館ではマイク・イーノスとのシングルマッチでフォールを許した。原因不明の大スランプと取り沙汰され、グレート・ムタとしてエル・ヒガンテと戦った8日の仙台市民体育館の試合前に、マッチメイカーの長州が、9日の茨城・水海道大会から無期限の欠場を発表した。

「ノートンに負けて、それをきっかけぐらいにスランプだって言われたけど、休んだのは会社の意向だよ。空白期間を作ることが必要だったんじゃないの」

武藤が振り返った「空白」は、飛躍につながった。4月16日の広島サンプラザでの天山広吉戦で復帰し、敗れはしたが、「光る女」で主演した時以来となるヒゲを蓄えたイメージチェンジで、復活の予感をアピールした。そして、北朝鮮でのイベントを終えた直後、5月3日の福岡ドームで、IWGPヘビー級王者の橋本真也に挑戦、ムーンサルトプレス二連発で破壊王を撃破し、「武藤敬司」として初めて新日本の最高峰を極めた。さらに8月11〜15日まで両国国技館五連戦で行われた「第5回G1クライマックス」で初めて優勝した。IWGP王者のG1制覇は、五回目にして史上初の偉業で試合後のリング上で「武藤敬司は驀進します」と絶叫し、デビューから十一年目でようやく「武藤敬司」がエースの椅子に座った。

「U」の宣戦布告

武藤が優勝したG1の裏側で新日本プロレスは、北朝鮮の負債を返済する計画を進めていた。莫大な借金を帳消しにする手段は、興行会社である以上、破格の利益を生み出すイベントを打つ

以外に方法はなかった。条件は、誰も考えもつかないビッグサプライズだ。編み出したプランが「UWFインターナショナル」との全面対抗戦だった。

1991年1月に三派に分裂したUWFの中で高田をエースに据えたUWFインターナショナルは、アントニオ猪木が掲げた「プロレスこそ最強」を標榜するポリシーを打ち出していた。旗揚げ当初こそ観客動員は順調だったが、分裂した三派の中で最も選手数を多く抱えていたため、選手のギャラなどの人件費が、徐々に経営を圧迫していく。注目を集めるために刺激的な話題を提供する手段に出る。

象徴的だったのは、1994年2月に新日本、全日本、WAR、リングス、パンクラスの五団体に一方的に参加を呼びかけた賞金1億円トーナメントだった。4月3日に大阪城ホールで開幕する「94プロレスリング・ワールド・トーナメント」への参加選手を、水面下での交渉をまったくせず、新日本の橋本真也、全日本の三沢光晴、WARの天龍源一郎、リングスの前田日明、パンクラスの船木誠勝への参戦の招待状を送り、参加を呼びかけたのだ。優勝賞金を1億円と掲げ、会見では現金1億円を用意し本気であることをアピールした。他団体の名前を利用するやり方に長州は「あいつらの墓に糞ぶっかけてやる」と吐き捨て不快感を露わにした。UWFインターナショナルの話題を口にすることは相手を利することになるため、以後、長州も新日本のレスラーも、表立って一切口にすることはなかった。

そもそも新生UWFと新日本の間には長州の顔面を蹴り上げた前田を解雇したことがきっかけに生まれた団体で、UWFと新日本の間には埋めようもない溝があると、当時のプロレスファンは思っており、1億円トーナメントの対応で亀裂はもはや修復不可能だということを認識した。新日本とU

5章　ムタVS猪木、武藤VS髙田

WFはどんなことがあっても交わることがないと当時は、誰もが思っていた。

だからこそ、全面対抗戦は衝撃的なインパクトを持っていた。両団体のフロントはUWFインターの山崎一夫が新日本へ移籍した際に話し合ったことをきっかけに、対抗戦の実現へ動き出す。新日本にとって北朝鮮の借金3億円を解消する手段はこれ以外になかった。一方のUWFインターナショナルも経営の危機に瀕していた。両者の利害が水面下で一致した時、わずか数か月前では誰も予想もしていなかった新日本プロレスとUWFインターナショナルの全面対抗戦が実現へと動き出した。

「ドームを押さえろ」

8月24日、新日本プロレスとUWFインターナショナルは、同時刻にそれぞれの事務所で記者会見を行った。記者を集めた当初の理由は、山崎の処遇についての両団体の見解の発表だったが、会見は長州の独壇場となった。東京スポーツの記者に、会見中の髙田に連絡を取るように促すと、髙田と電話を通じ対抗戦をやることを提案した。続けざまに社員に電話し「ドームを押さえろ」と指示し、空き日が10月9日だと分かると、東京ドームを予約した。かくして10・9東京ドームで新日本とUインターの全面対抗戦が電撃的に発表となった。

「長州から電話を受けたのが、地方出張中だった営業部長の上井文彦だった。

「確かボクが下関の体育館にいた時に長州さんから電話がかかってきたんです。ものすごい怒鳴り声で『上井、東京ドームが空いている日をすぐ調べてくれ』っていきなり言われました。それ

でドームに問い合わせると、10月9日が空いてますって言われて、長州さんに伝えると『すぐに押さえろ』って言われて押さえたんです。それまで、Uインターとやるなんてまったく知りませんでした。本当に急でした」

1989年の初進出から毎年ドーム興行を行っており、チケットの売り方のノウハウは熟知していた。しかし、会場となる東京ドームを押さえてから大会までわずか42日という超短期間の営業はもちろん経験がなかった。蓋を開けてみると、すべては杞憂(きゆう)だった。

「営業部としては、ドームを押さえてからがスタートです。たった1か月ぐらいしかありませんでしたが、チケットは奪い合いみたいにあっという間に売れました。瞬殺ですよ。実券で4万枚以上は売れました。猪木さんの引退試合とこの時のUインターとの対抗戦はノウハウからして、試合が急きょ決まったからポスターが刷れなくて、コピーで間に合わせたのを記録なんです。ただ、上井もUインターとの対抗戦は、北朝鮮の借金返済をかけたイベントだったと証言する。

「あのドームは会社にとってのるかそるかの大勝負でした。それが一発で息を吹き返しました。借金はあのドーム一発で返して終わったんです」

託された武藤

新日本プロレスにとってまさに会社の存亡をかけた興行は、全9試合で第1試合はタッグマッチだったが、二試合目からメインイベントまではすべてシングルマッチの全面対抗戦だった。UWFインターの大将は、エースの高田以外に有り得なかった。マッチメイカーの長州は10・9を

5章　ムタVS猪木、武藤VS高田

前に「ドームでUを消す」と「UWF幻想」の粉砕を公言し、高田の迎撃をIWGPヘビー級王者でG1を制した武藤に託した。

「高田さんとやったのは、オレがチャンピオンになったからじゃないの。ただ、あの時、もしかしたら橋本を推す案だってあったはずだよ。だけど、会社はオレを指名したんだよな。言うなれば、一つの大変な仕事が来たって感じたよ。やっぱり、注目される以上は、ミスも許されないというか、滑稽に映ったら困るわけであって、それなりにコンディション作っていかなかったらダメなわけで気は使ったよね」

馳は、高田の相手は武藤しかいなかったと力説した。

「長州さんの考えの中で、UWFを潰すためには武藤じゃなきゃダメだった。橋本だったら逆にUWFが上がってたでしょうね。新日本がUWFを叩きつぶすには武藤じゃなきゃダメだった。武藤しかいなかった。事実その通りになりましたね」

「週刊プロレス」でUWFの幻想を徹底的に膨らませ、ブームの一翼を担った元編集長ターザン山本！が馳の言葉の意味をこう説明した。

「高田は、道場で努力した経験を積み上げて、シューティングと呼ばれたUWFの技術を勉強してきたんです。高田の技術は言ってみれば、毎日のように積み重ねて意識的に努力して身につけ磨いた経験主義なんです。それと同じことをやってきたヤツは負けるんです。絶対的な才能がある武藤はそうじゃないんです。UWFの技術を武藤の才能が超えているわけです。技術とは関係のない無意識の才能を持っているんです。それが分かっていたから高田とやらせたんです。も

高田が仕掛けてきても対応できるんです。仕掛けることは意識的だから、無意識はその上を行きますからね」

当時、UWFは従来のプロレスとは一線を画す団体と認知されていた。ファンは「U」に猪木が標榜した「プロレスこそ最強」という幻想を抱いていた。中でも高田は、ボクシング元WBC世界ヘビー級王者のトレバー・バービックとの異種格闘技戦で、ローキックを連発してリングから逃亡させ、元横綱の北尾光司をハイキック一発でKOするなど、全盛期の猪木を彷彿（ほうふつ）とさせる戦いで、U信者と呼ばれる熱心なファンから最強と信じられていた。

キックを主体にし、猪木の後継者を自負する橋本の後継者では、スタイルと思想が「U」と同じ色だったため、「U」を染めることはできない。「U」を「プロレス」で塗りつぶすには、「エンターテイナー」になりたいとプロレスラーを目指し、アメリカで「グレート・ムタ」になり、何より柔道で全日本の強化指定選手にまで選ばれ、練習生時代から道場でずば抜けた実力を見せつけてきた武藤には、ガチンコの「強さ」もあり、武藤敬司以外にいなかった。そして、「U」をどんな手段に出ても対応できる信頼と安心感を備えていた。

新日本は「U」の幻想を消すべく武藤の才能にかけた。しかし、当事者の武藤にそんな意識はなかった。

「オレにとってUWFとは、スペース・ローンウルフ時代からの戦いだったけど、そんな幻想を消す消さないなんて大それたことは考えなかったよ。ただただ、シンプルに、東京ドームのメインイベントだから、きちんと自分の仕事をこなしきらないといけないなぁとしか思ってねぇよ」

5章　ムタVS猪木、武藤VS髙田

高田が仕掛けてくることは頭にあったのか。
「少しは意識したよ。いきなりパンチもらってKOされるかも分からないじゃん。まぁ意識したけど、リングに上がったら必死でプロレスをやるだけだって思っていたよ」
脳裏にあったのは新日本プロレスの看板だった。
「それまでのオレは、海外に行っていた期間が長かったから、新日本の中にいても感覚がどちらかといえばアウトローだった。だけど、あのUWFとの対抗戦の時に初めて団体戦を意識した。それまではオレは勝手に生きてきて、勝手にはい上がってきたという自負があった。だけど、あの東京ドームで初めて新日本プロレスという看板を意識した。新日本を背負ってリングに上がったんだよ」
「北朝鮮」が発端となり、「UWFインターナショナル」との対抗戦へ踏み出し、「武藤敬司」がメインイベントで髙田と戦う──。わずか半年前なら誰もが思いもつかないバラバラだったパズルは、10・9東京ドームで、まるで必然だったかのようにピースがはまった。

「U幻想」を打ち破った髙田戦

チケットが瞬殺で売れた全面対抗戦は、当時のドーム観客動員記録となる6万7000人（主催者発表）を飲み込んだ。あまりに売れすぎたため、トラブルも発生した。営業部長の上井が明かす。
「だぶり券を出してしまったんです。それもワンブロック全部ですよ。完全にうちのミスでした。

何せ他の席は全部、売り切れていましたから、だぶったお客さんを移動させる席が作れないんです。見るところがないから急きょ、立ち見にしてもらって、覚えてないんですが、後で払い戻しをしたかもしれない。とにかく試合が始まるまでその対応で大変でした」

テレビのゴールデンタイムでの放送こそなかったが、観客動員、マッチメイク、会場の熱気、すべてにおいて平成のプロレス史上最大スケールのイベントは、第2試合から7試合までのシングル対抗戦を四勝三敗で新日本がリードしていた。迎えたメインイベントで、東京ドームの長い入場の花道に、凄まじいオーラをまとって姿を現したのは武藤だった。新たなテーマソング「TRIUMPH」に乗って、ガウンに身を包み、腰に巻いたIWGPヘビーのベルトをドーム全体に見せながらリングに向かう姿は、花道の途中でガウンを脱ぎ捨てた高田とは対照的なオーラを放っていた。

「入場ってある種、一番レスラーとしてエクスタシーを感じる時だよな。5万人、6万人が、オレが動いたらそれに反応して歓声をあげてくれる。みんながその一点を見つめてくれる気持ち良さっていうのは、味わったものにしか分からない快感だよ。これは、ライブだけで感じられることだよ」

快感に酔いしれながら高田とリング上で対峙した。決戦はIWGP王座をかけた防衛戦でもあったが、二人の戦いにベルトの存在はまったく意味を持たなかった。6万7000人の興味はただ一つ、武藤か高田か、高田か武藤か、どっちが勝つか、それだけだった。

運命のゴングが鳴る。武藤は、グラウンドで関節を取り合うUWFスタイルに対応した。

5章 ムタVS猪木、武藤VS髙田

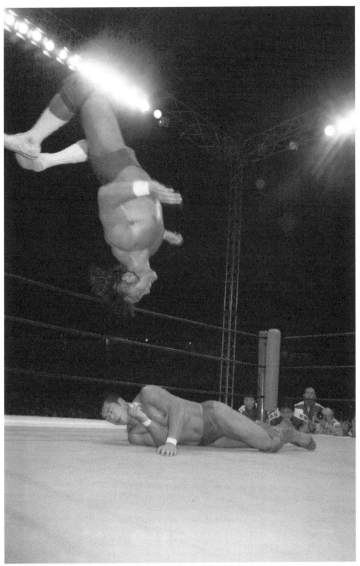

1995年10月9日東京ドーム髙田戦。ムーンサルトプレスは寸前でかわされた。

「あの序盤の展開は、言うなれば昔の若手時代のプロレスみたいなもんだよな。オレは、UWFとやってきたからね。あのブーイングを受けながら耐えてきた経験があそこで生きたんだよ」

高田のキックと関節技に真っ向から対抗し、武藤も自分の色を存分に出した。バックドロップで投げると、瞬時にトップロープに駆け上がってムーンサルトプレスを繰り出すことが武藤のプライドだったのだ。寸前でかわされたが、UWFの辞書にはない月面水爆を繰り出すことが武藤のプライドだった。そして、フィニッシュの瞬間が訪れる。一度はロープに逃げた高田を再びドラゴンスクリューでマットに倒し、左足のミドルキックを受け止めると高田の右足からの延髄斬りで膝をついた。高田の攻勢と思われた瞬間、強引に足を引きずり再び足4の字だ。両手をばたつかせながら高田はギブアップした。UWFスタイルでは絶対に決まらない古典的プロレス技の「足4の字固め」がフィニッシュホールドとなったことは、まさに「U」を「プロレス」の色で染めた象徴だった。6万7000人の歓声を全身で受け止めた武藤に対し「4の字固め」で足を引きずる高田とのコントラストは、新日本プロレスのファンにとってあまりにも劇的で、「U」の信者にとっては非情なシーンだった。

「4の字は、それまで散々アメリカでフレアーに食らっていた技だったからね。その時、オレはフレアーに4の字でやられながら、たった一つの技だけで試合を組み立てて観客を魅せられるフレアーをうらやましくも感じていたんだよね。その時の経験、思いがあの高田戦で出たってとこじゃないのかな」

「U」の幻想を粉砕した足4の字固めは、フレアーへのオマージュだった。

「あの試合は、プロレスファンだけでなく、もしかするとプロレス界以外の多くのファンに注目された。色んなところに影響を与えた試合だった。だから、あの試合で下手したらオレはステイタスが二段階ぐらい上がったと思うよ。高田戦が武藤敬司というものをアップグレードさせてくれたよ」

試合のスケール、観客の興奮……あらゆる角度から見て、平成のベストバウトとなった武藤対高田の10・9東京ドーム。

翌日のスポーツ紙は軒並み一面で報じ、プロレス界だけでなく世間一般に武藤敬司の名前が一気にメジャーになった。

足4の字の説得力

知名度だけではない。プロレス人生に於ても大きな試合だった。ドラゴンスクリューからの足4の字は、高田戦以降、バックブリーカーからのムーンサルトプレスと並ぶ武藤の必殺フルコースとしてファンに認知された。

「UWFは、まず蹴りから入るっていうスタイルがあった。あの蹴りに対抗する技としてドラゴンスクリューがあって、あれがあったから4の字が生きたんだよ。そういう意味では、あの技の流れはラッキーだった。あの試合が存在したことでドラゴンスクリューから足4の字という流れが説得力を持つようになって、おかげで、少しムーンサルトプレスへの比重が少なくなったんだよ。ずっと膝の調子が悪かったから、膝にとっては助かったよ。あのまま、ムーンサルトだけに

頼っていたら、膝はもっと悪くなっていたはずだよ。あそこまでは、毎試合のように出してたからね。だけど、高田戦で、4の字という新たな武器を獲得したから、ムーンサルトは要所要所で使っても許されるようになってきたんだ」

10・9までは、両膝を痛めながらも日本でもアメリカでもビッグマッチであろうがなかろうが、ムーンサルトプレスで敵を仕留めてきた。しかし、高田をギブアップさせた「足4の字固め」がファンに必殺技として認められ、月面水爆を繰り出さなくても日本中、どこへ行っても観客を満足させ納得させるパターンを手中にした。二度も手術を施し悪化の一途をたどっていた膝にとって「足4の字固め」は救世主だった。

「すべてはあの試合があったからこそだよ。プラス試合運びの中で動と静がかみ合うようになって、いい形で試合の組み立てができるようになったよ。もともとオレが持っている飛び道具という動があって、シックという静もあるから動と静の両方で説得力を持てるようになって、オレの試合が芸術としてどんどん完成していった。あそこまでにフレアーとやったことだったり、色んな経験が加味されて、高田戦でオレ流っていうものが生まれたよ。だから、あの試合はオレに色んないいものを与えてくれたし、今のオレにとってあの試合が一番の起点なのよ。その今のオレが編み出したマニュアルの試合運びを、今の新日本とかみんなマネしているからね。今の近代的なレスラーたちの試合運びは、オレが発明したんだよ」

今、高田さんをこう振り返る。

「本当は高田さんってメッチャ、プロレスうまいんだよ。スペース・ローンウルフの時にやって

5章　ムタVS猪木、武藤VS髙田

て『この人、プロレスできるじゃん、もったいねぇな』って思ってたし、当時は試合から離れるとよく六本木なんかで飲みに行ってね。先輩だったから可愛がってもくれたんだけどね……。だけど、UWFへ行って、その後PRIDEへ移ったよね。まぁ、しゃあないなって感じだよね。これがオレと髙田さんとの大きな違いなんだけど、多分、髙田さんはプロレス嫌いだったんだろうなって思ったよ。でね、オレはプロレスが好きなんだよ。それは、今も、ずっと変わらないんだよ。やっぱり、プロレスに自信があるし、プロレスラーとしてのオレに自信があるんだよ。プロレスだと思ってやっていますよ」

　プロレスが「好き」な武藤と「嫌い」な髙田。その落差がスペース・ローンウルフ時代から続いてきたUWFとの間に生まれた壁だった。

「もしかしたら、UWFへ行った人たちってみんなプロレスが嫌いだったんだよ。だってスタート、根底、出足から全部、違っているじゃん。どういうことかといえば、例えばレスラー誰もがフィジカル、技術とかが同じだとするよね。後、何が重要かというと、マインドなんだよ。プロレスはマインドを表現するものなんですよ。そのマインドが全部違うっていうことなんですよ。プロレスってオレが思うに、オレたちはいかに弱いところをさらけ出すかっていうのが一番重要なんだよ。それは猪木さんのプロレスもそうだしアメリカンプロレスも絶対にそう。言うなれば、映画を見て感動するのもそこだよ。主人公が、初めっから強くてカッコ良くてそのままジ・エンドだったら感動しないよね。挫折して叩かれて、そこからはい上がるドラマに共感するわけだよ。なのに、そういうマインドさえも毛嫌いするのがUWFだよ。そこがないとドラマだって

209

「作れるわけねぇんだから。マインドが違うんだから、オレたちと合うわけないよ」

自分にとっての「全盛期」

新境地を切り開いた10・9東京ドームから三か月後の翌1996年1月4日、同じドームで高田と再戦し敗れた。しかし、初対決で新日本の看板を背負い勝利したインパクトと輝きは、まったく消えることはなかった。「武藤敬司」でIWGPヘビーを初奪取し、G1初制覇。そして高田戦という勲章を得た1995年をこう振り返った。

「レスラーそれぞれに全盛期っていうものがあるとするならば、あの年っていうのは、オレにとって全盛期だったんだろうな。年齢も32歳。レスラーになってから10年が過ぎたころ。精神的にも肉体的にも一番、充実していた時期だったかもしれないな」

小学校を卒業する時、32歳で「プロレスラー世界一」と書いた未来予想図は、確かに20年後、現実になった。

「己のプロレスを貫きUの幻想を打ち砕いた武藤は、その任務を終えると再び「グレート・ムタ」として光を放つ。1996年4月29日、東京ドームでアメリカ最大の団体「WWF」(現・WWE)で活躍していた新崎〝白使〟人生と対戦した。前年2月8日のエル・ヒガンテ戦以来、一年二月ぶりに見参したムタは、長い沈黙を破るように極悪の限りを尽くした。クライマックスは、人生が持ち込んだ卒塔婆をたたき割った時だった。折れた卒塔婆で額の流血に追い込むと、流れる血を人差し指ですくい「死」と卒塔婆にしたためたのだ。ムタの歴史の中でナンバーワンともい

210

える凄惨なシーンだった。

「あれは、思いつきだよ。最初から計算してたら、あんなことできないよ。今、思えばよくやったと思うけど、それも許されるのがムタのムタたる所以（ゆえん）だよね。あの試合は、後から人生本人から聞いたところによると、あいつは、ムタと試合をしたいがためにWWFとの契約を打ち切ってドームに参戦したんだよ」

同じドームで「武藤敬司」で高田と二連戦を行い、わずか三か月後に今度は「ムタ」に変身しまったく違う世界を見せ、いずれも観衆を魅了した。

「あの高田戦のころが、振り返るとオレのプロレス人生の中で一番のピークだったね。自分が一番だって凄い自信を持っていたよ」

今も自負するように、当時は「天才」という表現では物足りない唯一無二の存在で、確かに全盛期で、世界一のプロレスラーだった。

絶頂期を迎えた1997年は、さらなるキャリアの集大成と言えるムーブメントを起こす。踏み込んだ新たな世界、それが「nWo」だ。

6章 nWo

エリック・ビショフの証言

1996年、アメリカの「WCW」に新しいヒールユニット「New World Order」が誕生した。発案したのは、副社長で現場責任者のエリック・ビショフだった。

「WWFとの戦いに勝ち抜くための、強いインパクトが欲しかった。それも大衆が信じる何か強いショックが必要だと考え、あのアイデアが生まれました」

当時、WCWは、ビンス・マクマホン・ジュニア率いる「WWF」(現・WWE)と激しい興行戦争を展開していた。テレビ視聴率を含めてライバル団体を制圧するため、ビショフは新たな発想を巡らせていた。たどり着いたアイデアは、リアルな感情だった。ヒントは、WWFから引き抜いたケビン・ナッシュとスコット・ホールが発した言葉にあった。ホールは92年、ナッシュは93年にWCWを退団しWWFへ移籍していた。ビショフは96年5月に2人を引き抜き、WCWへ復帰させた。

「ナッシュとホールがWCWを去った理由が、当時、WCWでチャンスを与えられず評価されなかったという不満でした。彼らは言わばお払い箱にされWWFへ移ったのです。復帰を要請した時に二人は私にこう言いました。『あの時のWCWに今も不満がある。復帰してWCWへリベンジしたい』。私は、このリアルな感情をノンフィクションとしてリングに生かそうと考えました。自分たちを捨てたWCWを見返してやる、乗っ取ってやるという彼らの本気がnWoのスタートだったんです」

6章 nWo

ビショフは、二人のリアルな感情を生かすためリングに登場させた。従来のベビーフェイス対ヒールという構図を超えた、団体そのものを乗っ取るという「本気」がファンの共感を呼んだ。この新たな波に反応したのが、ハルク・ホーガンだった。

80年代前半から90年代初頭にかけ、新日本プロレスとWWFで絶大なアメリカンヒーローとしてカリスマになったホーガンは、俳優への転向を理由に93年にWWFを退団していた。ビショフは、契約が切れたホーガンを94年にWCWへスカウトしたが、当初は思い描いていた人気を得ることはできなかった。WWFから復帰したナッシュとホールの活躍を目の当たりにしたある時、ビショフの下へホーガンから電話がかかってきた。

「ホーガンは私に『ナッシュ、ホールに続く三人目のメンバーは誰にするんだ?』と聞いてきました。当時、私の中で3番目の男は、スティングにするつもりだったんです。すると、彼は『オレだ』と即答しプランを打ち明けず逆に『君は誰だと思う?』と聞きました。実は、その一年ほど前にホーガンにヒールになることを打診したことがあったんです。しかし、その時の返事は『NO』でした。しかし、ナッシュとホールの活躍を見て考えが変わったんです。レスラーにとって一番大切なものは、インパクトなんです。ホーガンが新たなインパクトを欲していることを私は分かっていました。しかし、私の方から話をすることは、しませんでした。言わば待つことにしました。なぜか? だから、彼の言葉に驚きもしませんでしたし、その方が彼をコントロールしやすくなるからです。

逆に我が意を得たりという気持ちになりました」

ホーガンの加入で、ビショフはユニット名を「New World Order」（新世界秩序）、略して「nWo」と名付けた。

「nWoは、聖書に記されている言葉です。アメリカ人にとって「New World Order」は、文字通り新しい秩序や世界を作るという例えで、一般的に親しまれている用語なんです。私の中でナッシュとホールが繰り広げたリング上でのノンフィクションを見た時に、まさに、新しい何かが始まると頭にインプットされ、この言葉が浮かんできました」

新ユニット「nWo」は、96年7月7日、フロリダ州デイトナビーチのオーシャンセンターで行われたPPV「バッシュ・アット・ザ・ビーチ」でホーガンがナッシュ、ホールと合体しリング上で「これが、New World Orderだ」と高らかに宣言して正式に誕生した。「nWo」のロゴは、ビショフと親しいディズニー関連のデザイナーが作成、カラーは「シンプルで分かりやすくハッキリしている」と黒に統一した。

アメリカンヒーローだったホーガンのヒールターンは、ファンに衝撃を与えた。

「なぜ、ヒールになったんだと猛烈に抗議したファンもいました。それほどのインパクトとショックをファンに与えたんです。ですから、これは成功すると確信しました」

以後、WCWは「nWo」をファンの過剰な反応にビショフは「nWo」への手応えを得た。ファンを中心に展開し、興行、さらにテレビ視聴率でも83週間連続で、視聴者数でWWFを上回り、WW

Fを圧倒するムーブメントを起こした。当時、新日本プロレスは、WCWと提携していたが、95年のUWFインターナショナルとの全面対抗戦の大成功で勢いを回復しており、アメリカで発生した新たな波にそのうちの一人だった。

蝶野、アメリカへ

当時、蝶野は94年の「G1クライマックス」で3度目の優勝を飾った後にヒールターンし、コスチュームを白から黒へ変えていた。翌95年2月からヒロ斎藤、天山広吉と共に「狼群団」というヒールユニットを結成していた。

「あの頃、nWoの結成は、日本の新聞、雑誌もホーガンが初めてヒールターンしたっていう程度の小さい扱いだったんです。その後、9月ぐらいに東スポが『ホーガンnWo結成 黒い軍団を作った』って割と大きな記事にしたんですね。黒の軍団っていうのは、95年の北朝鮮でビショフさんと会った時に『蝶野さんの黒のキャラクター、面白いからアメリカに来ないか』って聞かれたことがあって、東スポの記者から『蝶野さん、ホーガンがパクってますよ』って言われたんです。その時に思いつきみたいに『視察に行く』とコメントして、東スポが『本家蝶野が黒の軍団視察』って決まってもいないのに、ネタだけ飛ばす記事を書いたんです。当時はUインターとの対抗戦で、新日本は、武藤選手や橋本選手を中心に国内興行がバンバン盛り上がっていたんですけど、オレはちょっとその路線から外れていたんですよ。ちょうど年末にスケジュールが空い

たから、その記事を口実にして、渉外担当でWCWとの窓口だったマサ（斎藤）さんに『行きましょう』ってお願いをしてアメリカに行ったんです。だから、最初はオレの中でnWoを日本に持ってこようとまでは思ってたわかりませんでしたね。

蝶野にとって最初の「nWo」への接近は、東スポへネタを提供する話題作りだった。ただ、渡米には、マッチメイカーだった長州力から反対された。

「長州さんは外国人レスラーがあまり好きじゃなく、興味を持ってもらえなかった。あの時の長州さんは、自身がプロデュースするUインターとの対抗戦の功績で勢いに乗っていた。猪木さんも、アメリカンスタイルには否定的でしたが、プロレスビジネスへの対抗心がありました。ただ当時の猪木さんは、ロシアや中国にアジア戦略と、プロレス未開拓地の開拓と、いささか厄介な計画に邁進中で、北朝鮮の『平和の祭典』は経営を揺るがすしたので、国内路線の長州さんが強いリーダーシップと興行実績で、唯一猪木さんにNOを言う立場でしたね。二人の対立の悪化は本当に面倒だった。長州さん、猪木さんの前では、三銃士だって意見できる時代じゃなかった。だから、オレは東スポとネタを飛ばして、マスコミ先行で煽って、会社に行ける状況を作ったんです。あと唯一マサさんが、猪木さんと長州さんの二人の間に入れる人で、三銃士や若手の声も聞いてくれる存在。急な渡米でほとんどアポナシのどんな展開が生まれるか分からない状況でWCWの会場を視察した。この時、蝶野は、マサ斎藤と渡米し1996年2月16日にフロリダ州ペンサコーラで行われたWCWの会場を視察した。この時、絶大な貢献を果たしたのが

6章 nWo

マサ斎藤だった。ビショフは、蝶野とマサと面会し、マサから新日本で「nWoをやりたい」と打診された。

「その時、私の答えは、マサと握手をしただけでした。なぜなら、この業界でマサほど正直で誠実な人は稀です。私は彼のような人物に会ったことはないし、彼の言うことは全て絶対的で、信頼していました。ですから、それ以外に新たな契約書も何もありませんでした」

マサ、蝶野とビショフの会談には、日本担当マネージャーを務めていたサニー・オノオこと小野尾和男も同席していた。オノオは、この時の合意を「ジェントルマン・アグリーメント」と振り返る。

「マサさんからの要望にビショフは、何も言いませんでした。本当に握手だけをして『これでいいよ』とだけ話しました。普通は、詳細な契約書が必要になるんです。ところが、二人は違いました。まさにジェントルマン・アグリーメントでした。マサさんとビショフさんの信頼関係があったからこそ、日本でnWoが実現したんです」

nWoを新日本マットで展開することに、名称の使用料など一切の追加条件をビショフは要求しなかった。マサの存在がなければnWoジャパンは実現しなかった。ビショフとマサのそれほどまでに強い信頼関係は、94年にビショフがWCWの副社長、現場責任者となった時に生まれた。契約内容は、

「私がWCWで責任者になる前、新日本とWCWは、提携関係を結んでいました。その代わりにWCWは、選手を派遣する という約束でした。ところが、この時の責任者だったビル・ワットが契約を不履行し新日本

が望む選手を派遣しなかったんです。それで、関係は破綻しました。私は、トップになった時、WCWをさらにインターナショナルな企業にしたかった。そのためには、日本の市場が重要だと認識していました。ですから、まず新日本との破綻した関係を修復しようと日本へ行きました。彼の存在がなければ、WCWと新日本のその時に力になってくれたのがマサ斎藤だったんです。関係は修復できませんでした。その時に私とマサは強い信頼関係を築いたのです。ですから、マサから『nWoを日本でもやりたい』と言われた時に契約書も言葉もいりませんでした。握手するだけで十分だったんです。それほど、私はマサを信頼していました」

 ビショフとマサの合意を受け、蝶野はそのままホーガンと会談した。この時もマサの力が大きかった。

「ホーガンに会おうとしたんですが、『会えるかどうかわからない。一緒にありがたかったのがマサさんの存在でした。WCWの中でもコントロールができない』と言われたんです。『マサさんが来ているから会えないか』と話をしたら、あいつらの特別な控室に入ることができて、ホーガンに『日本でもこのnWoをやりたいんだ』って話すとすぐにOKで、逆に彼の方から『一緒にやろう』と言ってくれました」

 70年代から80年代にかけ、アメリカマットでトップヒールとして各地を転戦していたマサ斎藤は、ホーガンが24歳でデビューする前にプロレスの厳しさを教えた人物でもあった。主戦場はAWAで、実はビショフも少年時代にマサのファイトをテレビで見て「アメリカ人にはないカリスマ性と恐怖を感じていた」と振り返るほど惹きつけられていた。ビショフ、そしてホーガンの、

6章　nWo

ビジネスを超えたマサ斎藤へのリスペクトと信頼関係が、蝶野の電撃的なnWo加入につながった。マサ斎藤がいなければ、nWoジャパンの誕生はなかった。

ホーガンから加入を認められた蝶野は、そのまま試合に出場した。アメリカマットで起きていた凄まじいnWoへの熱気を肌で感じ、主戦場を新日本からWCWへ移すことを決断した。

「帰国して年が明けた1月の契約更新の時に『新日本と契約をしないで向こうでやりたい』とお願いをしました。新日本と契約を交わすとテレビ朝日との契約もあるから、後でゴタゴタすると嫌なんで『信用してくれ』って話をしたんです。あの時のオレはUインターとの抗争から漏れていたから、自分の立場も何とかしたいっていう思いもありました。会社も了承して、1月にWCWのオフィスがあるアトランタにアパートを借りてかみさんと一緒に引っ越しをしたんです」

自宅もアトランタへ移し、退路を断つ覚悟でnWoに賭けた。1月20日からWCWに本格参戦したが、すぐに新日本プロレスからアメリカまで取材を要請する連絡が入った。

「週刊プロレスの編集長にアメリカまで取材に来てもらって、オレがnWoに入った記事が週プロに載ったら、ファンが一気に反応して『nWoって何だ！』って火が付いたんです。そうしたら、すぐに新日本から『一試合だけでいいから帰ってきてくれ』って連絡が入って、最初は断ったんですけど、とにかく帰ってきてくれの一点張りで、外国人サイドに入る形で仕方なく帰国しました」

nWoがまたたく間に席巻

　nWo蝶野の日本初登場は1997年2月2日の後楽園ホールだった。メインイベントでスコット・ノートン、マーカス・バグウェルとトリオを結成し、武藤敬司、西村修、小島聡と対戦した。サングラスをかけ、黒のガウンにnWoTシャツを着てリングイン。映像、グラビアでしか見られなかった「nWo」をそのまま直輸入した蝶野に、ファンは熱狂した。手応えを得た蝶野と新日本は、nWoジャパンの結成へ動く。

「Uインターとの日本人団体対抗戦も一段落したチャンスだった。そのためにはアメリカから日本にnWoを持って来る必要があったけど、WCWにそんな余裕はなく、同時進行で行うならWCWでのnWoの動きが日本の雑誌、新聞でも大きく載るようになったので、日本でもnWoの外国人選手が必要になり、外国人選手と日本人選手のユニットとして今までにない規模で広がり、新しい物になっていきましたね」

　日米をまたに掛けた同時進行のストーリーを蝶野は描いた。そのためには日米両国でファンが共感を覚えるカリスマが必要だった。そんな壮大な役割を務めることができるレスラーは、日米を通じて武藤敬司＝グレート・ムタしかいなかった。

「当時の新日本では、WCWにアメリカンスタイルを認めてもらえるレスラーは、マサ斎藤さんが別格で、自分とグレート・ムタ＝武藤敬司ぐらいに限られていました。ムタはWCW発足の功

WCWから生まれた東洋の神話性があって、アメリカのスターでした。WCWのフレアー体制時は、レックス・ルガー、スティング、グレート・ムタがトップ3。ただ、その後フレアーのWCW系とWWEから引き抜いたホーガン系とのトップベビーフェイスの対決路線は苦戦していて、ホーガンヒール路線の奇策が見事に当たったんです。当時、WCW系ルガー、スティングも注目されていましたが、WCWでのムタは封印し、日本限定にこだわりがあった武藤さんを説得するには時間が掛かりましたよ。でもビジネスの匂いを感じてからは早かったですね。ムタに対するこだわりや商品価値は本人しか分からない。アメリカは団体もテレビマンが主導する時代で、レスラーが月曜日の全米テレビ戦争、視聴率を先導した事は画期的でした。これは日本で伝わらなかった舞台裏でした。だから、オレがやろうする日本での展開は、日米ビジネスの使い分けと理解が必要。誘える仲間は武藤敬司しかいませんでした。ケビン・ナッシュかスコット・ホールに『天山の加入はどうか。アメリカで通用する選手だよ』と相談したら『蝶野、nWoはトップofトップでルックスも必要だ』と納得の却下。ヒロさんは元から無理と思い出さなかった(笑)。日本で仲間に誘えるのは武藤さん以外いませんでした。まあでも新日本のエース武藤敬司を引き込むのは簡単でないことも分かっていましたけどね」

自らの考えを伝えると武藤はOKした。

「オレはどういう経緯でnWoを蝶野とマサさんが話し合って持ってきたのかっていうことは、知らなかったよ。そもそもホーガンがnWoを作った時もその背景とかあまり分からなくてね、視界に入ったのも途中からだったよ。ただあの時、Uインターとも一段落して新しい刺

激を求めていたから、蝶野のプランに乗っかったんだよ」

蝶野によると、共闘を合意した武藤から様々なアイデアが出て来たという。

「オレが新日本の中でトップ路線から外れてしまっていたから、武藤さんも安心してタイミング的にも良かったかもしれない。武藤さんに話をして、『だったらこんな形にしよう』と乗ってきてくれました」

蝶野と武藤は日米のリングで仕掛けた。まずは、蝶野が2月16日に、両国国技館で越中詩郎と対戦したムタを、nWo入りへスカウトに動く。4月12日の東京ドームで、蝶野とムタが一騎打ちし、ムタが勝った試合後に両者が握手を交わす。今度はアメリカに舞台を移し、5月26日、WCWのテネシー州ナッシュビルでの蝶野vsムタの試合後にムタが正式にnWo入りを果たした。

日米を股にかけたストーリーでムタと蝶野が合体した。

アメリカで「nWoムタ」が誕生すると、日本のファンは、nWo入りした新たなムタをこの目で見たいと渇望した。急速に高まった人気をバックに新日本は、6月22日に後楽園ホールで開幕したシリーズ「'97サマーストラグル」で、開幕戦から7月6日の札幌・真駒内アイスアリーナの最終戦まで、全戦nWoムタの参戦を決定した。

nWoムタが初登場した6月22日の後楽園は、異様な熱気と興奮で包まれていた。リングアナウンサーの田中秀和は「新日本の歴史が変わる」と前口上した。アントニオ猪木時代の、遺恨と因縁が連綿と続くドラマを展開してきた昭和のリングから、ファッショナブルで理屈抜きでカッコイイ平成の新日本へ変わった象徴的な宣言だった。リング上で頭巾を脱ぎ、黒のペイントに白

6章　nWo

文字で「nWo」と書かれた「nWoムタ」が出現すると、超満員の観衆がどよめきと歓声と雄たけびを上げた。たった一日でファンのハートをわしづかみにしたnWoムタの初めてのシリーズ参戦は、各地で連日満員となった。蝶野と武藤が描いた日米両国で同時進行する展開は、見事に成功した。

ビショフは日米でnWoが成功した理由をこう振り返る。

「nWoが両国で機能し人気を博したのは、実にユニークでパワフルなレスラーの組み合わせだったことだ。蝶野さんと武藤さんは、WCWでやったストーリーをそのまま日本でもやったから成功したのだと思います。蝶野さんと武藤さんは、選手それぞれが独自のスタイルと技を持っていた。nWoスタイルのプロレスは、当時、世界中どこを探してもないスタイルだった。このスタイルが世界中のファンを魅了したのだと思う」

そして、アメリカでホーガンが牽引したように、武藤敬司の才能が成功の要因だったと明かす。

「私が知る限り武藤さんは、日本において、過去30年間で最も偉大な選手です。日米関係なくあれだけカリスマ性の高いレスラーはいません。例えばアメリカでは、リングとファンをつなぐ意味で、テレビでのインタビュー対応が下手な選手は、トップになれません。武藤さんは、英語がしゃべれない。つまり、グレート・ムタはインタビューに対応できなかったんです。それでも、あれだけファンと通じ合った。それはひとえに彼のカリスマ性です。言葉はなくても、試合だけでファンの心をつかんだのです」

nWoが席巻した1997年は、新日本プロレスにとって実りの年になった。柔道世界一の小

225

川直也がプロレスに転向、4月12日に東京ドームで橋本真也とデビュー戦を行った。それまで一年に一回、あるいは二回だったドーム興行が、この年は1月4日と4月12日に東京ドーム、5月3日に大阪ドーム、8月10日にナゴヤドームにそれぞれ初進出、11月2日には四度目となる福岡ドームと五大会開催し、当時、全国にあったすべてのドーム球場を制覇する四大ドームツアーを成功させた。加えて通常のシリーズは nWo 人気の沸騰で、各地で満員を記録していた。ドームとシリーズの両輪ががっちり絡み合っており、中でもマッチメイカーの長州ら幹部は6万人を動員するドーム興行の成功を第一に力を注いだ。

武藤と蝶野

　会社の幹部がドーム興行を最重視する中で、武藤と蝶野に思わぬ副産物が生まれた。通常のシリーズを武藤が動かす nWo の流れは、現場監督の長州が関与せず、二人で自由に描くことが許されたのだ。
　当時を武藤は「めっちゃ面白かった」と声を弾ませる。
「あの時、いざ自分が nWo の中に入った時はめっちゃ面白かったよ。何せ、新日本プロレスという環境の中で小川がいて橋本がいて猪木さんがいて、オレたちのことは、ドーム興行があったから、会社の幹部の頭は、みんなそっちでいっぱいになっていて、眼中にねぇんだよ。だからその分、蝶野とオレが地方のリングを自由に展開していたんだよ。オレが nWo に入るか入らないかってそんな話題ばっかりで通常のシリーズを半年ぐらい回していたんだよ。逆に小川を相手にして動かしているのはオレらっていう自負もあったし、自由にやっていたよ。あの時、

橋本は、大変だなって思ったけど、こっちはめっちゃ面白おかしくnWoを楽しんでいたよね。そういうのが何となくつぼにはまってきた」

あそこで、仕掛けていくことをすげぇ勉強したし、楽しさを覚えていたよね。そういうのが何となくつぼにはまってきた」

蝶野と武藤は、ムタと同時に「武藤敬司」のnWo入りという展開を描いていた。ムタは、nWoに入ったが果たして武藤は……という、興味をファンに提示し、そのテーマを軸に自由にリングを謳歌した。会社から押しつけられず自分たちでリングを動かすnWoが武藤には快感だった。蝶野は、ストーリーを展開する上でマスコミへのコメントを重視した。

「あの時は、マスコミを上手に使いましたよ。自分たちで好きなコメントを言って、そのコメントが言ったもん勝ち的なところがあったんで。あの時、新聞にはこういうコメント、じゃあ雑誌はこういうコメントって使い分けました。それで、自分たちのストーリーをマスコミが膨らませてくれた。そういう活字を見て、長州さんたちも『こいつらとは感覚が違うから任せるしかねぇな』ってなったんじゃないのかな。あの時、自分らが自由に動かせたのは、そういう形だったと思います」

マスコミと連携してnWoの黒のイメージをスケールアップした蝶野は、テレビ中継の演出の指揮も取った。当時の新日本プロレスとテレビ朝日の「ワールドプロレスリング」のスタッフ間には細かい連携はなく、試合をそのまま放送する関係でしかなかった。蝶野は、この旧弊を打破しスタッフと密に話し合いを重ねた。

「アメリカを見ていましたからね。アメリカは、テレビ班があって映像とリングが連動していました。オレもプロじゃな

いけど、カメラ一つ取っても、何で映り方が違うのかとか考えて、それからはスタッフに撮る角度、距離感とか全部撮り方を言いました」

「ワールドプロレスリング」のオープニングも、まるでミュージックビデオのような映像を製作し放送した。蝶野は、nWoをファッションにした。新日本の営業部員の名刺を黒のnWoデザインに変え、リングサイドのカメラマンが着るビブスも黒に変えた。テレビマッチでは実況の辻よしなりアナウンサーを襲い、白いワイシャツに黒のスプレーで「nWo」と塗った。入場テーマソングもイントロに「nWo」と入れ、ドーム興行では天井に「nWo」のロゴマークが映し出されるように演出した。メンバーには、ファンの前に出る時は私服でも頭の先から靴まで黒に統一することを要求した。

「名刺とかビブス、テーマソングとかすべてはオリジナルで自分で考えましたよ。私服も指示しました。それはどの時代のトップレスラーでも、トップにいるべき選手は意識しないといけない以上に立っているのは当たり前ですから。そこら辺は、オレは結構細かく言っていたかもしれません。逆に武藤さんは気にしない性格で、ある時なんかは、一緒にインタビューを受けて、撮影の時に完全に私服の赤いTシャツを着て、そのまま撮影しようとしたから、黒いTシャツに替えてもらったこともありましたよ」

さらにプロレスファン以外の視線を集めようと、WCWでホーガンがNBAのデニス・ロッドマンをメンバーに入れたように、98年1月4日の東京ドームでは、親交のある横浜ベイスターズ（現横浜DeNAベイスターズ）の三浦大輔、鈴木尚典と共にドームの花道を歩くなど、他のス

ポーツからアスリートを会場に呼び話題を集めた。武藤はそんな蝶野のコーディネートをまるで傍観者のように見ていた。興味の中心はリングの中だけだった。

「蝶野は、そういうのはマメだったよ。あのマメさはオレにはないよ。リングから離れたところで作り上げていくのはあんまり好きじゃなかったから、地でいったほうがいいだろって思ってたからね。服の色とかだって何となく地でいきたかったからね。服の色とかだって何となく地でいきたかったかもしれねぇな。興味があったのはリングをどう転がすかであって、そこに手応えを感じていたからね」

ムタvs小川

天才肌で自然体の武藤を、繊細な蝶野が操縦していたのがnWoジャパンの実態だった。デビューから武藤と同じ釜の飯を食い、長所も短所も分かっている同期生だったからこそ、それが可能だったし、何よりリング上で蝶野は武藤＝ムタをリスペクトしていた。

nWoムタで躍動した当時、蝶野が敬意を表す武藤のプロレスラーとしての天性を見せつける試合があった。97年8月10日、ナゴヤドームでの小川戦だった。

プロレスデビュー4戦目だった小川をムタは、プロレスの魅力を存分に披露した。ゴング前に、レフェリーを務めたアントニオ猪木へ緑の毒霧を顔面へ噴射。試合では、柔道のシンボルである小川の黒帯をほどき、世界一の柔道家の首を吊り上げた。フィニッシュも小川が三角絞めに来たところを、至近距離から顔面に毒霧を吹きつけ、急所蹴りから背中にフラッシングエル

ボー、最後は左腕を十字固めで捕らえると、指を折る反則技を繰り出した。セコンドの佐山サトルがオレンジのタオルを投入し勝利した。最後はセコンドのヒロ斉藤が着ていたnWoTシャツを小川の背中にかけて、リングを去った。猪木への毒霧からnWoTシャツのエンディングまで、プロレスのリングで「プロ」のムタが「アマチュア」の小川を圧倒した。
「あの時は小川を見事に料理したよ。柔道世界一のヤツをオレは投げていたからね。指折り？ムタらしくっていいじゃない。反則技だからね。あの試合は、ムタだから逆に小川も受け入れやすかったと思う。武藤だったらもっと意固地になっていたかもしれないよな。絡んだのはあの一瞬で、それ以降は水と油だったよね。あそこで小川という人材が来なかったら、もしかしたら新日本というより猪木さんが格闘技の方へ行かなかったかもしれないね」
 中学から本格的に柔道を始め、専門学校時代は全日本強化指定選手に選ばれた武藤にとって、柔道世界一のプロレスラーはどう映っていたのだろうか。
「小川は普通の柔道家じゃないからね。全日本で何連覇もして、歴代の柔道家の中でも山下泰裕さんの次ぐらいにスゴイんじゃないの。柔道界では抜けてる存在だよ。だけど、プロレスのセンスは？って聞かれると、難しいところだね。デビューしたのも30歳手前でいい年だったし、プロレスラーとして生きていく選択肢は、柔道の強さがバックボーンにあるっていう幻想しかなかったよな。強いっていうイメージで売っているから、ちょっとやられるとすごくもろく見えちゃうんだよね。プロレスのキャリアを積んでいる人とやるとボロが見えたりするからね。三沢（光晴）さんとタッグでやった時、会場でテレビ解説をして見たことがあったんだけど、どう見ても

6章　nWo

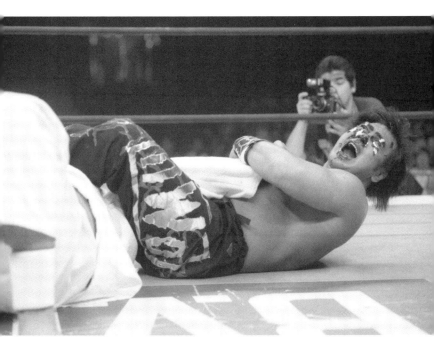

1997年8月10日ナゴヤドーム。小川の指を折るムタ。

三沢さんの方が強く見えてしまったからね。強いっていう幻想で来ているから、逆にやられた時に、どうするかっていうのが難しいんだよ。ただ唯一、橋本とやる時は強そうに見えたんだけどね。プロレスってのは、見る人には、何となく分かってもらえるものがある世界なんだよ。ナゴヤドームの試合も、小川が柔道世界一で、いくら柔道の天才で強くても、プロレスラーとしてのキャリアはオレの方が上だからね。見ている人に、そう見られる自信は持ってるしね。もし、あの試合で負けていても、『グレート・ムタ、ここにあり』っていう傷痕を残す自信はあったよ」

 小川を通じてプロレスの深さと醍醐味を知らしめたナゴヤドームから、一か月あまりの9月23日、日本武道館でついに武藤敬司がnWoへ加入する時が来た。

「武藤敬司」nWo加入

 この日、ムタが蝶野とタッグを組み、佐々木健介、山崎一夫と対戦した。序盤で蝶野のトップロープからのタックルを誤爆されたムタが、そのまま、控室へ消えた。1対2の状況で蝶野が戦う大混乱のリングに数分後、オレンジのショートタイツ姿で素顔の「武藤敬司」が出現した。武藤館がどよめく中、武藤が選択したのがnWoだった。健介果たして、どちらへ動くのか。武藤館がどよめく中、武藤が選択したのがnWoだった。健介にドロップキックを放つと、スペース・ローリング・エルボーで倒し、最後はムーンサルトプレスでフォールを奪った。裏切りの月面水爆に武道館はヒートアップし、満天下にnWo入りを意思表示した。2月に蝶野がnWoジャパンを結成してから、リング上で武藤をスカウトし続けてきた七か月間にも及ぶドラマは、武道館で大きな節目を迎えた。

なぜ、あの武道館でnWo入りを選んだのだろうか。

「逆だよ。あそこから作ったんだよ。最初からあそこでターンすることを決めていたんだよ。だから、そこまでの中身はどうでもよかった。武道館でnWoに入ることを決めておけば、途中の経過は、その時の気分で何をやってもいいわけだからね。Tシャツを脱いだり着たり、今日は着るところまでやって、握手するところで裏切るとか、観客が考えていることの反対をやってもいいわけだからね。だから面白かったんだよ。そこまで引っ張ってこられたのは、今までオレと蝶野が経験してきた海外でのエッセンスが多く含まれていたからなんじゃねぇかな。長州さん、藤波さんの先輩方はああいうことはできないよ。あの人たちの時は、そういう教育もないし、そういうプロレス界じゃなかった。ただ、勘違いしてもらったら困るんだけど、オレたちもマジだったよ。そこは人間的に違うのかな。もっとカジュアルに考えていたよな」

リング上でnWo入りをアピールした後、リングサイドのファンからTシャツを奪って身につけた。ファンを巻き込んだパフォーマンスに武道館は喝采した。

「あれは、オレのアドリブがうまいな。さすがだな（笑）。ファンが乗っているとプロレスは面白いよ。狙った通りに乗ってくれるとプロレスラー冥利に尽きるよ」

武藤自身が自画自賛した武道館でのnWo入りを蝶野はどう捉えていたのか。

「武藤さんは、オレのこと細かいって言うけど、そのへんのこだわりは武藤さんの方が細かいよ。普通は、入る入らないで半年間も引っ張れませんよ。すぐにターンすればいいのにね（笑）。誰

からも指示がなくてオレらが作っているわけだから、途中で『もうそろそろターンしてもいいんじゃないの』って何回も言いました。そこは、武藤さんは細かかったですよね。『まだダメだ』とか、『あの人の中で独特のこだわりがありましたよ。あんまり引っ張ってばっかりいるから、そのうちnWoそのものがなくなるかもしれないって思いましたよ」

武藤のヒールターンは、WCWでホーガンがnWoへ加入した時と同じようなインパクトがあった。nWoの生みの親であるエリック・ビショフは、一人の人間が「グレート・ムタ」と「武藤敬司」の二つのキャラクターでnWo入りする、WCWでも例がないストーリーを引っ張ったことに脱帽した。

「1人のレスラーが、同時にヒールとベビーフェイスをうまくこなせるかこなせないかは、例えば、ムービースターが作品によっていろんな役にのめり込むように、どれだけ演じる当事者がそれぞれの役を100パーセント理解してこなせるかにかかっています。ミュージシャンも、一つの曲がヒットすると大抵、同じスタイルで行きますよね。普通は、一度受ければ、ずっとそのスタイルで行くものなんです。ですから、ベビーフェイスからヒールへシフトするのは、とてつもなく大変なことなんです。なぜなら、一瞬でも観客に『あれ？この人は、前はベビーフェイスだったよな？』、あるいは『ヒールだったよな？』という疑問を抱かせたらダメだからです。だけど武藤さんには、『ムタ』と『武藤』という二つのスタイルがあり、それができた。これは極めて稀な才能を持った人間にしかできません。そして武藤さんは、それでマーチャンダイジングを2倍儲けたんですね（笑）」

6章 nWo

蝶野と「武藤敬司」の合体で、名実共に「nWo」が新日本プロレスの主役に君臨した。武道館の直後に始まった、10月10日福島・郡山セントラルホールで開幕した次期シリーズは「nWoタイフーン」と名付けられた。ヒールが完全な主役を奪ったのは、旗揚げ以来、初めての出来事だった。10月19日に神戸ワールド記念ホールで健介、山崎のIWGPタッグに挑戦してベルトを奪取し、nWoジャパンの勢いに拍車がかかった。一方で新日本の本隊は明らかにネームバリューも実力も弱体化した。戦う図式としてはバランスを欠いたが武藤は、「それでいい」と考えていた。

「その時は究極、nWoのワンマンショーでいいんじゃないかっていうぐらいの感覚だったよ。相手は誰でもよくて、オレらが登場すればお客さんは喜ぶんだってね。だからワンマンショーだよ。nWoは、もともとホーガンからそういうイメージで売っているじゃん。そこでいい試合をするとかって考えてなかったんじゃないの。センスとかそっちの方で押してたよ。そういえば、犬軍団ってのもnWoだったよな。小原（道由）の背中にスプレーで『犬』ってオレが書いたんだよ。さすがに、後で長州さんにすごい怒られた記憶あるもん。いくらなんでも失礼だってね。確かにあれはやり過ぎだよな（笑）。だけど、それぐらい相手のことは視界に入ってなくて、オレらがやることは、何でも受け入れられるっていう感覚だったよ」

武藤はnWoを「ワンマンショー」と言い切ったが、蝶野はそこまで大胆にはなれなかった。

「あのころはカードを見て自分なりに感じるものがありましたよ。かつては、正規軍のコーナーは、猪木さん、藤波さん、長州さんとか固定していて、反対側は毎日、相手が代わるわけですよ。

だけど、それがnWoの時は、ヒールのオレらが代わらなくて、向こうが毎日、代わったんですね。常に固定されてメインを張るときの緊張感って、全然違うんですよ。相撲で言えば東と西みたいなもんで、東に座るとやっぱりプレッシャーがあるんです。東の横綱としてメインイベンターを務めてトップを張った興行が、満員になっていないと責任を感じますからね。オレは、プレッシャーがありましたよ。あの人は、どこへ行っても自分がトップだっていう感覚なんです。逆に武藤さんだけです。だから相手が誰に代わろうがワンマンショーって言えるのは、それは武藤さんがいなくなって橋本、健介しかいない正規軍は、どう考えてもブ男の集まりでしょうがなかったですもんね。今もあれが良かったのかどうか正直、分かりません。ただ、ビジネス的には盛り上がったし、あの時はどこでも会場は入ったし、オレが客を入れている自負がありましたよ」

1998年にnWoは、新日本プロレス創立以来、当時、最高となる売り上げ高39億3000万円（東京商工リサーチ調べ）を団体にもたらした。この年は、1月4日に長州力、4月4日にアントニオ猪木が、共に東京ドームで引退試合を行い、7万人という史上最高の観客動員を記録したことも活況の原因ではあったが、一年を通じてファンを惹きつけた原動力は、間違いなくnWoだった。

中でも目を見張る売り上げを示したのが、nWoTシャツだった。メンバーが着た洗練された黒のTシャツは、ファンの心をつかみ、社長の坂口征二によると年間で「7億円ぐらい売れたって聞いた」と、凄まじい売り上げを記録した。爆発的に売れたTシャツに象徴されるように、nWoは社会現象となった。沸騰する人気の裏で、蝶野は新日本への不満を募らせていた。原因は、

ドームのマッチメイクだった。

「地方でずっとメイン張って客を沸かせてオレらが流れを作っていた。その流れで種をまいてそのファンをドームに呼び込みたいわけじゃないですか。だけど、そこを膨らませずに違うカードをドームだけドカンドカンと持って行かれる。ドームのメインはシリーズの流れとは違うカードを持って来るのかって、いつも怒ってましたよ。それは、一番頭に来てましたよ。その葛藤があったから、地方興行でも手を抜かずに、今日やったことが明日どうなるかって毎回毎回考えて記者にコメントして、リング上で戦ってましたよ」

蝶野の苛立ちを武藤も理解していた。

「あのころの新日本は、ドーム中心の興行会社になっていたからね。ドームをいっぱい入れないとまずいんだよな。かといって地方興行もあるわけで、本来はシリーズがあって、その延長線上で集大成としてドームがある形態じゃなければいけないんだよ。そのあたりで蝶野のジレンマは分かるよ。かといってドームを満員にするネタがないから、無理してたこともあったし、その辺りからじょじょに崩れ始めてきたかもしれないよな」

ムタVS大仁田厚

新日本はシリーズの流れよりもドームの集客が最大のテーマとなり、ドーム興行を成功させるために手段を選ばなかった。典型的な例が大仁田厚の起用だった。

膝のケガを理由に1985年に全日本プロレスを引退した大仁田は、平成元年の89年にFMW

を旗揚げし、デスマッチ路線で、インディーと呼ばれる平成の多団体時代を作り上げる礎を作り、95年5月5日に川崎球場で二度目の引退試合を行った。しかし、一年半後に復帰することから、一人になったFMWのフロント、所属選手との間に軋轢（あつれき）が生じ、98年11月にFMWを追放された。邪道参戦の意外性とインパクトで、ドームを含むビッグマッチでの興行的な成功を確信した新日本も、社内での反対意見はあったものの、大仁田を受け入れた。

武藤は、グレート・ムタとして1999年8月28日、神宮球場で大仁田の化身、グレート・ニタと一騎打ちを行った。デスマッチで平成の一時代を作った大仁田のFMWをどう見ていたのだろうか。

「もしかしたら、新日本にとって驚異だったかもしれないけど、あまり気には留めてなかった。まだUWFの方が例えば藤原（喜明）さんの脇固めとか職人ぽいものがあったように、人間がやる体、技で表現するからスタイルとしては理解できたよね。FMWには、特別なプロフェッショナルが見えなかった」

ムタをパクった大仁田のニタは、94年12月1日にFMWの広島グリーンアリーナ大会で初登場した。ニタの出現で、新日本は肖像権を侵害されないよう手続きを取ったという。

「ニタが出たころ、坂口さん、倍賞（鉄夫）さんたちとマージャンをやる約束をしてね。その日、遅刻して行ったら、坂口さんが正面にいて『武藤これにサインしろ』って紙を出されて、何も分からずにサインさせられたんだよ。実はそれがムタの肖像権の契約書で、何も分

神宮ではニタと、ノーロープ有刺鉄線バリケードマット時限装置付き電流地雷爆破ダブルヘルデスマッチで対戦した。先にムタが被爆したが、最後はニタが場外に転落して地雷の餌食となり、ニタが持ち込んだ凶器の鎖鎌をムタが相手の頭部に突き立てフォールした。電流爆破での試合は今も複雑な思いがある。

「あの神宮は、どんな気持ちだったか覚えてないな。あの試合自体、やりたくてやったのか分かんないし、気色のいいもんじゃなかった。ただ、最終的にはプロレスは何でもありだからね。オレもそういうプロレスをやっているからね。思えばムタはそのはしりだよな。ムタ自体が新日本のレスラー本来の思想から見たら正反対だもんね。でもムタは、アメリカでベースがあったから認められたんだけどね」

真夏の夜の神宮球場で、まるで花火が打ちあがるように地雷が炸裂したが、試合内容はどこかちぐはぐでかみ合った内容ではなかった。

「そうかな？ オレは、別にかみあってないような気はしなかったけどな。電流爆破の感触は、分かんないよ。覚えてないよ」

試合では、ニタへ手から火を放つ火炎攻撃を繰り出したが、本当は違う狙いがあった。

「あの時、本当は口から火を出したかったんだよ。しかも、時間差で紫とか緑とか違う色の火を出したかったんだよ。マジックにそういうのがあるって知ってたから、化学の先生に、この薬品とこの薬品を混ぜると火が出せるってことを聞いて、神宮球場の試合前に、控室の階段のところ

nWoの終焉と膝の悪化

　小川、大仁田などの外敵とも戦い、自身もムタ、武藤に変化し、さらには戦う場所も日本とアメリカ、と変幻自在だったnWo時代だったが、変わらなかったのが膝の負傷だった。98年4月4日、東京ドームでの猪木の引退興行で、蝶野と組んで橋本、西村修を破り、IWGPタッグの防衛に成功した後、右膝の手術を行い三か月間もの長期欠場を強いられた。87年から数えて三度目のメスは、順調に驀進(ばくしん)していたnWoへ影を落とした。
「その頃、マサさんに紹介されて、アメリカに膝を動かす潤滑油みたいなのを入れる注射があって、それを打つためにアメリカまで行って治療していたよ。一回打つと半年はもっていうっていう注射で、日本でも打ちたかったんだけど、こっちでは認可されてなくて米国へ行かざるを得なかったんだ。ただ、それで膝が良くなったかどうかは、正直分からなかったね。長男が生まれたばかりでまだ小さかったから、家族で行ってね。マジで膝だけは分からねぇんだ」

7月14日の札幌中島体育センターで復帰したが、今度は蝶野が負傷で倒れた。8月8日、大阪ドームで藤波辰爾を破って、デビュー以来念願のIWGPヘビー級王座を初めて獲得し、名実共に頂点に立ち、nWoがさらに拡大すると思われた矢先のことだった。9月19日の愛知県体育館で首を負傷し、椎間板脊椎症と診断され、長期欠場に入ってしまったのだ。

「あの時は病院に行けば引退勧告ばかり出されてました。とてもじゃないけど、リングに戻るような状況ではなくて、完全にリングはノータッチになっていました」

蝶野はIWGPヘビー奪取をきっかけにnWoのアジア進出を描いていたが、長期欠場で完全に挫折した。

「オレの中で、欧米はWWFかWCWのテリトリー。だけど、中国、アジア圏は絶対に新日本が制覇しなければいけないと考えていました。あの時の新日本はアジアを制すぐらいの勢いがありましたから、そのためにどうすればいいのかっていう部分でWCWと手を組んで、アジアへ進出する会社なり部隊を自分らが作るっていう構想を持っていました」

壮大なプランも引退勧告まで出された重傷の前に閉ざされた。

「あのケガは本当に痛かったですね。リングどころか、会社からも完全に離れてしまいましたから、ケガがなければあのままアジア進出を進めることができたかもしれない。会社にとってオレはイチ選手でしかなかったけど、当時はnWoを大きくしていったことで、だんだんみんながオレらを支持してくれていたんです。だからオレも次の行動の先を考えていたんだけど、あそこでストップしてしまいました」

盟友の戦線離脱に武藤は「だけどそれで、オレの『I am BOSS』っていう新しい展開が生まれたから良かったんだよ」と振り返る。

蝶野に代わり蝶野が復帰した時には、アメリカのnWoでホーガン派とナッシュ派に分裂したように、二人は袂を分かつ形となり、対決した。その後、nWoは武藤が率い、蝶野は新たに「TEAM2000」を結成、2000年1月4日の東京ドームで両者は対戦した。蝶野が勝利し、新日本マットに金の雨を降らせて黄金の一時代を築いたnWoは終わった。

nWoが終止符を打った表舞台は、主にこうした経過だったが、武藤は別の事情があったという。

「nWoって、あのTシャツがめちゃめちゃ売れたんだよ。ロイヤリティも相当入ったんだけど、会社はオレらに、焼き肉をごちそうするだけで終わりだったんだよ。nWoのメンバーと女房とか家族も招待されて、叙々苑だかどっか忘れたけど美味しい焼き肉を食わせてもらって、それで終わりだった」

グッズは、山本小鉄が社長を務める子会社の「新日本プロレスサービス」が管轄しており、焼き肉店でのねぎらいの会を開いたのが山本だった。通常なら、グッズは選手に売り上げの3パーセントのロイヤリティが入っていたが、会社からは、nWoはWCWが管理しているため、通常のグッズと同じように選手に分配することはできないと説明されたという。7億円の売り上げは、

6章　nWo

「それにプラスしてオレと蝶野がIWGPタッグを取った時に、ベルトにnWoってスプレーしたんだよ。それで、オレらのフィギュアのベルトに「nWo」って塗ったバージョンを売ったら、こんな小さな文字なのに、WCWが『nWoって入っているじゃないか。金よこせ』ってクレームをつけてきたんだ。『オレらがさんざん踏ん張って引っ張ってnWoを日本でこれだけ売って、盛り上げているのに』ってなって、蝶野はnWoをやめて、TEAM2000を作ったんだよ」

蝶野に武藤が憤った「焼き肉」問題を尋ねると、グッズに関しては「ケガをしてから、ノータッチでした。WCWとの契約は難しかったから向こうから注意を出されない範囲でやらないといけなかった。もしかしたら、フィギュアは会社もこれぐらい大丈夫だろうと思って向こうに話を通す前に暴走したかもしれない」とだけ語り、明確な答えは返ってこなかった。

ただ、エリック・ビショフは、Tシャツを含め、nWoのグッズに関するロイヤリティはCWは一切、受け取っていないと断言した。

「武藤さんが、あれだけの人気を獲得したのに、Tシャツのロイヤリティが入らなくてやってられないと言うのは当然だと思う。ボクも武藤さんの立場ならやめないと思う。ただ、明確に言っておきたいのは、WCWは、Tシャツに関してシンプルだということです。ロイヤリティは一切、発生していません。我々は受け取っていません。グッズの肖像権を管理して、製作したのもWCWです。

ただ、我々は、新日本から注文を受けて、言われた数を作って日本に送っただけです。私の記憶

243

では、あのTシャツの原価は、1枚5ドルでした。そこに、卸値の5ドルを追加して新日本へ売っていました。ですから、WCWがTシャツで受け取った利益は、卸値の1枚5ドル分だけです。そこからいくらで新日本が売っていたのかは、知りませんが、潤ったのは、新日本です。この話題でWCWはヒールになっているようですが、繰り返し言いますが、ロイヤリティはゼロだとハッキリ言っておきます。WCWをヒールにしないでください。我々は、彼らのお金は盗んでいない」

　WCWでTシャツを仕入れる窓口は、サニー・オノオこと小野尾和男だった。小野尾も「WCWは一切ロイヤリティを受け取っていません」と明かした。

　真っ向から食い違う武藤とビショフのTシャツを巡る見解だが、果たして、7億円もの莫大な売り上げを示したnWoTシャツで誰が最大の恩恵を得たのかは、今回の取材では藪の中だった。

　ただ、いずれにしても武藤と蝶野が才能の限りを発揮したnWoジャパンのドラマは、2000年の1・4東京ドームで終焉を迎えた。あの熱く輝いた三年間、nWoジャパンがブレイクした理由を蝶野はこう明かした。

「オレと武藤さんの二人の感性が面白かったんじゃないですかね。遊び心もあるし、本来の新日本をぶっつぶすっていう目的もあって、そこにカッコ良さもあった。ただ、あのままアジア圏を制圧していれば面白かったんですけど……」

　nWoとさよならした武藤は、2000年3月、戦場を再び新たに移した。10年ぶりのWCW本格参戦だ。

7章 全日本プロレス移籍

リング内外の激震とビショフからの打診

nWoジャパンに終止符を打った武藤敬司が進んだ道は、慣れ親しんだアメリカだった。WCWからのオファーは、新日本を通じて現場責任者だったエリック・ビショフから打診された。

「当時、WCWがWWFとケンカしても勝てない状況になった。その時、ビショフから『WCWはクラシックのスタイルに戻すから来てくれないか？』っていう感じで声がかかった」

WCWは、WWF（現・WWE）と興行、テレビ視聴率で激しい抗争を展開していた。ハルク・ホーガンがnWoを結成した当初はWCWが優勢だったが、2000年当時、形勢が逆転していた。WWFの全米を制圧する勢いに対抗するために、ビショフはムタを呼び寄せた。

WCWへ移ることを決断しようとしていた渦中、ドーム興行とnWo人気で黄金時代を迎えていた新日本プロレスは、一転、混迷期に入ろうとしていた。発端は、1999年1月4日の東京ドームで小川直也が橋本真也をKOした一戦だった。一方的に橋本の顔面を蹴り、殴った暴走ファイトで、小川と橋本の遺恨が深まり、以後、両者の戦いがドーム興行の主軸となった。10月11日の東京ドームでの再戦も小川が橋本を返り討ちにし、武藤の渡米後の2000年4月7日の東京ドームでの一騎打ちは「橋本真也34歳 小川直也に負けたら即引退スペシャル」と題され、テレビ朝日がゴールデンタイムで生中継した。橋本は負けたが、平均で15・7％（ビデオリサーチ社調べ。関東地区）という高視聴率を記録した。

7章 全日本プロレス移籍

しかし、「負けたら引退」は、テレビ朝日のいわば視聴率を稼ぐための企画タイトルで、新日本としては、「負けたからといって本当に引退させるわけにはいかない。かといって、ゴールデンタイムとして大々的に「負けたら引退」と銘打った手前、すぐに現役続行させるわけにもいかず、橋本の処遇が宙に浮いてしまった。苦肉の策として、当時社長の藤波辰爾は破壊王を生かすために、団体内で独立組織「ZERO」を立ち上げさせた。道場も特別に用意し、新日本と対抗戦を行う方針を固めて、10月9日の東京ドームで自らが相手になり復帰戦を行った。「ZERO」は、あくまでも団体内のユニットだったが橋本は、独断で三沢光晴の「プロレスリング・ノア」と交流戦の交渉を行うなどの規律違反を犯し、新日本から解雇され、正式に新団体「プロレスリングZERO—ONE」を設立した。あれほど新日本に活況をもたらした武藤、蝶野正洋、橋本が並び立った「闘魂三銃士」のドラマに突然、幕が下ろされた。

武藤は、小川が橋本へ暴走ファイトを仕掛けた1999年の1・4東京ドームでメインイベントを務めた。スコット・ノートンのIWGPヘビー級王座に挑戦し、三年ぶりのIWGP奪還に成功した。この日のドームでは、大仁田厚の新日本初参戦など、リング上は混乱に次ぐ混乱に陥った。中でも小川と橋本の試合後は、引退した長州力まで現れ、リング上に両陣営が入り乱れ騒然となった。メインを待つ控室で、パニック状態ともいえるドームを映すモニターを、武藤は見つめていた。

「何であんな試合になったかって? 知らねえよ。ただ、あれもプロレスの一部だからね。だから、ざわついていたよ。だって、オレは自分のことしか考えてな

いからね。あの時、リング上は長州さんとかみんな出て来て、フルキャストじゃん。全員が出て行ってバトルロイヤルみたいになったよね。それが終わって、静まり返ったところからオレがやらなきゃいけないんだよ。そこに相手はいるけど、オレは一人っきりで出て最後に締めるってそれだけですよ。デビュー以来、初めての海外武者修業のチャンスをもらい、私生活でも仲人を務めてくれた恩人がトップから退く事態に憤りを露わにした。
「坂口さんは、猪木さんに追い出された形だと思うよ。当時、オレは坂口さんの子分だと思っていたから、すぐに坂口さんに電話して『猪木さんとケンカしますか？』って聞いたんだよ。その後に坂口さんの自宅へ行ったよ」

「恩人」坂口征二の退任

１９９９年はリング上の混迷だけでなく、社内でも激変が起きた。６月２４日の株主総会で社長の坂口征二が退任して、藤波が新社長に就任したのだ。武藤にとって坂口の社長退任は、寝耳に水の事態だった。いなって思ったよ。全員が出た後にたった一人のオレが観客を納得させるシチュエーションは、面白かった』って帰す役割をやった時っていうのは、やっぱり自分を誇らしく思えるっていうか、一番の優越感だったよ」

小川だ、橋本だ、大仁田だ、長州さんだってオールキャストでリングを汚して、そこに一人で行って、その時に一人で締めた時の優越感って気持ち良いよ。ドームってそういう試合がいっぱいあったし、ざわついている時にメインで締めて、お客さんを『あぁ面白かった』って帰す役割をやった時っていうのは、その話は確か銀座で飲んでた時に耳に入

7章　全日本プロレス移籍

坂口の退任を聞きつけ、世田谷の坂口邸へ向かったのは武藤だけではなかった。蝶野正洋、営業部長の上井文彦、そして、この時、仕事で都内に不在だった橋本真也に代わって妻のかずみの四人が坂口の自宅に集まった。闘魂三銃士は全員、坂口と行動を共にする覚悟だった。

「猪木さんとケンカなら、みんな坂口さんにつこうと思っていたんだよ。みんな坂口さんを後押ししようと思ってた。それが新しい団体なのか、逆に猪木さんを追い出すのか分からないけど、坂口さんの決断にみんなついていくつもりだったよ」

ところが、坂口は予想に反して、いきり立つ武藤、蝶野らを制するように「ケンカとは違うよ。オレが自分で降りたんだよ」となだめたという。

「そう言われたら何も言えないじゃん。こっちは拍子抜けみたいなもんで、あの時の坂口さんは腑(ふ)抜けだったよ」

坂口は武藤、蝶野、上井、橋本夫人が来た夜を覚えている。

「自宅に蝶野、武藤、上井っていう営業部長と、橋本は仕事で来れなくてかずみちゃんが来たよ。『本当に辞めるんですか？』って言うから『辞めないよ。辞める必要ないじゃないか』って言ったんだよ。みんなオレが会社を辞めて新団体を作るって思ったかもしれない。話している中で『やるんだったらついていきます』っていう気持ちを見せてくれたからね。もしかしたら、オレが会社を辞めて新しいものを作ることをみんな期待していたのかも分からないだけど、オレは言ったよ。『辞めるつもりはない。会長という立場でやっていくよ』って言った。

彼らがオレのことを心配してくれた気持ちは、それはやっぱりうれしかったよ」

坂口は今、新日本プロレスの相談役を務めている。

「社長を退くことが決まってからは、会長になって逆に気が楽になったなっていうぐらいの気持ちだったよ。それから20年近く経った今も、会社に週1回出て来て、厳しい時もあったけど今は会社も良くなった。だから、あの時社長を退いて良かったなって、間違っていなかったと思うよ」

WCW復帰の誤算

武藤が2000年にWCWへ復帰する直前に、新日本プロレスのリング内外で起きた激震。「面倒くさい」ことに巻き込まれたくない武藤にとって、日本を離れる絶好のタイミングだった。「WCWへ戻ることを決めた時、日本を長期間離れ、アメリカに腰を据える覚悟だった。

「オレの中では数年間、アメリカに行く予定だったから、生まれたばかりの娘を連れて家族みんなで行ったんだ。アトランタにマンション借りてさ、息子も向こうの幼稚園に入れたよ。それでオレは先に2月か3月に行って、そこから家族が6月ぐらいに来て合流したんだ」

二度目の凱旋（がいせん）帰国から武藤は目まぐるしく環境を変え続けてきた。赤とオレンジのショートタイツ姿のスーパーヘビーフェイスで帰国した直後に、日本オリジナルの「グレート・ムタ」を創造し、UWFインターナショナルとの対抗戦では「武藤敬司」としてエースに君臨、そしてnWo武藤として蝶野と共にnWoブームを引っ張り、再びWCW本格参戦へ動こうとしていた。これほどまでに環境を変え、しかもすべてトップを張ったレスラーは他にいないだろ

7章　全日本プロレス移籍

「この移動するっていうことは、自信がないとできないんだよ。例えていうなら長州さんは一切、変えないよな。入場からリングを下りるまでずっと頑なだよ。入場曲を変える怖さっていうのも持っているんだよ。それも、しんどくて素晴らしいんだけど、一方でレスラーは誰しもイメージを移動する、変えるっていうのは嫌がるんだよ。多くのレスラーはイメージを変える、入場曲を変える、コスチュームを変えるっていうものなんだ。下手したら今までのキャリア、イメージを潰す危険があるからね。誰もが自分が過去に築いて引きずってきたものは変えたくないんだよ。だけど、オレは、一年周期ぐらいで変わってきた。それは、置かれた環境の中で偶然にそうなっていったものかもしれないんだけど、そうやって変わっていく環境が、オレにプロレスというものを教えてくれたんだ。オレはそうやって生きてきたんだ」

日本でも米国でも「武藤」でも「ムタ」でも場所が移ろうが、状況が変わろうが、どんなリングでもトップを張った。その誇りと自信があるからこそ、WCWからのオファーを迷いなく受け入れた。

それにしても武藤ほど、入場曲を変えたレスラーもいないだろう。スペース・ローンウルフ時代の「ファイナル・カウントダウン」から、凱旋帰国の「HOLD OUT」、高田延彦戦の「TRIUMPH」、スキンヘッドへ変貌した「OUTBREAK」、全日本入団後の「TRANS MAGIC」……そして今は再び「HOLD OUT」と頻繁に変えている。

「一番最初に変えたのは、米国に行った時、ストリップを見に行ったらファイナル・カウントダウンでストリッパーが踊ってやがったんだ（笑）。ちょうど、裸になる時に『ファイナル・カウントダウーン』ってサビのところで脱ぐのを見て、『あぁ、こりゃダメだ』って思ってさ。それで変えた。HOLD OUTは、ちょうど頭が薄くなってきた時期で、橋本のヤツがメロディーに合わせて『ムトちゃんは、はげる。ムトちゃんは、はげる。頭の先からどんどんはげていく』って妙な歌詞をつけて歌ったから、TRIUMPHに変えたんだ（笑）。今度、復帰した時はまた変えようかな」

家族と共に移住した10年ぶりのアメリカでの本格参戦は、新たな環境を求めて飛躍を期したが、思わぬ誤算が生じた。

「WCWから声がかかって、すぐに『行きたい』って言ったけど、それに三か月かかったんだよ。それで、日本の中での展開や色んなのを整理しないといけなくて、時には頼みのビショフがWWFとの戦いに大差をつけられた責任を取らされて、WCWから追放されていた。代わりにリング上を仕切っていたのが、WWFでマッチメイクを担当し、WCWに引き抜かれたビンス・ルッソーだった。

当初は年明けの2000年1月に渡米する予定が、3月までずれ込んだ。アトランタに入った時には肝心のビショフがいなかったんだよ」

「ビショフは、日本人のレスラーをオレがビショフから聞いていたビジネスプランがみんな違っていて、全

7章　全日本プロレス移籍

部変わっていたんだ。実際、行ってみたら『お前、何しに来たんだ』っていう顔されてね。ただ、契約は結んでいたから、そこだけは進めて試合はやったけど、10年前にいたWCWとこの時のWCWは、まったく違うものだった」

WCWは翌2001年3月に完全に崩壊した。本格的に腰を据えて長期間戦うつもりだったWCWでは、居心地の悪さだけが残り、身の振り方を考えていた12月に、猪木からオファーが届いた。

鮮烈な印象を残したスキンヘッド

猪木の要請は、20世紀最後の日となる2000年の大みそかに大阪ドームで行う、自身がプロデュースする「INOKI BOM-BA-YE」、別名「猪木祭り」への参戦だった。このイベントは、当時、K-1の大阪大会などの演出を担当していた元関西テレビの横山順一が、20世紀最後の日に除夜の鐘にならって猪木による108発の闘魂ビンタをリング上で敢行しようと発案したものだった。格闘技イベント「PRIDE」を運営するDSEに打診し、「PRIDE」と契約する国内外の格闘家によるプロレスイベントに発展し、猪木はプロデューサーとしてマッチメイクなどのアイデアを出していた。

武藤は、ロサンゼルスにいた猪木に呼ばれ、「新日本対Uインター」のメインイベントで対決した髙田とのタッグを打診された。武藤は猪木の要請を受け入れ、12月9日にロサンゼルスで猪木、髙田延彦と同席し参戦を発表した。

「猪木さんにロスへ呼ばれて、そこで髙田さんと合流してね」

20世紀最後の日となる2000年12月31日、大阪ドームで武藤は、およそ一年ぶりに日本のリングに戻ってきた。大会は、ホイス、ヘンゾ、ホイラー、ハイアンのグレイシー一族を撃破し、当時カリスマとなっていた桜庭和志の久々のプロレスマッチ、さらに引退していた猪木のエキシビションマッチなど、様々な話題があった。武藤は、髙田とタッグを組み、ドン・フライとケン・シャムロックと対戦するという斬新なマッチメイクだった。しかし、「PRIDE」人気が全盛だったこの時、大会前の注目は武藤よりも髙田に集まっていた。当時、髙田は1997年10月11日に、東京ドームでの「PRIDE」がスタートした第1回大会で、ヒクソン・グレイシーに完敗。一年後の再戦も完敗。Uインター時代に築いた「最強」幻想が崩れ去った男が、プロレスラーとしてどう再起するかに興味は高まっていた。ところが蓋を開けると主役をかっさらったのは武藤だった。

新たな入場曲「OUTBREAK」で入場した武藤は、フードつきのガウンで顔を隠して、花道に登場し、リングインした。大阪ドームがどよめいたのは、コールされた瞬間だった。フードを脱ぎ去ると、スキンヘッドに変貌していたのだ。つるつるに剃り上げた頭をなでる仕種に大阪ドームは沸き上がり、この日、最高の喚声が巻き起こった。20世紀最後の日に見せたまさかのビッグサプライズに、プロレス復帰という髙田の存在感は消え失せ、観客の視線は、武藤に集中した。

「スキンヘッドはあの試合があるからって、それに合わせて剃ったわけじゃないんだよ。剃った

7章　全日本プロレス移籍

2000年12月31日大阪ドーム。髙田とのタッグ戦に、武藤はスキンヘッドで現れた。

直後がたまたまあの試合だったということで、髙田さんには悪いことをしたかもしれないなぁ（笑）。まぁ目立つことが大切ということかな。フードを取った時、お客さんの反応は、『ウワッ、何だ』って感じだったよ。まぁ、オレとしては当時、ストーンコールド（スティーブ・オースチン）とかゴールドバーグとか、髪の毛がないヤツがカッコ良く二枚目きどってやっていたから、それをイメージしたんだけどね」

デビューから日本でスーパーベビーフェイスとして女性人気が高かったが、二度目の凱旋帰国から年を重ねるごとに薄毛がファンの間で指摘されていた。髪の毛を剃った本当の理由もそこにあった。

「WCWに復帰した時に、アメリカってファンが客席でプラカードみたいなのにメッセージを書いて応援するんだよ。そこにある時、『MUTA Needs Rogaine（ムタ・ニーズ・ロゲイン）』って書かれていてさ。ロゲインって養毛剤のことでね。そのプラカードを見て、アトランタで床屋さんに何軒か行ったけど、だったら剃ってやろうってひらめいたんだよ。それでアトランタで床屋さんに何軒か行ったけど、どこも嫌がって剃ってくれなくてね。だから、しょうがねぇから、家で女房にバリカンとシェイブでやってもらったんだよね。その時まだ息子が三つか四つで幼くてね。オレが髪の毛を剃られる姿を見たら、ワァーワァー泣いてさ。その時の映像を撮っていて、前に（笑福亭）鶴瓶さんの番組で放送したことがあるよ」

試合では、スキンヘッドで初となるムーンサルトプレスも披露した。結果は髙田がフライを抑

256

7章　全日本プロレス移籍

え勝利したが、内容よりも頭を剃り上げた武藤の姿が強烈なインパクトを残した試合だった。

「あの試合で覚えているのは、フライとシャムロックって本当に仲が悪かったんだよ。試合中も仲悪くてさ、それを今でも思い出すよ」

スキンヘッドだけではない。大阪ドームでは、後に代名詞となる言葉も残した。バックステージでプロレスから格闘技へ戦場を移していた髙田について聞かれた時だった。

「パートナー組んでて、プロレスに対するLOVE、って感じたんですよ。昔やった『髙田』と全然変わらなかった」

今に繋がる代名詞「プロレスLOVE」の誕生だった。時代は、格闘技の波がプロレスを飲み込もうとしていた。それは武藤も例外ではなかった。プロレスを追求したかった。

「プロレスLOVEは、意識して出た言葉じゃないよ。ただ、あの時は、格闘技っていう敵対する勢力が出て来たから、自然とプロレスに対してのオレの思いっていうのが溢れ出たっていうことだと思うよ。敵がいたからこそ、生まれた言葉だったよ」

あのヤングライオン時代にひらめきで繰り出した「ムーンサルトプレス」と同じように無意識の中から生まれた「プロレスLOVE」は、プロレスがプロレスとして独立し格闘技から完全に決別するメッセージでもあった。以後、リング上からプロレスへの愛を訴え続けるこのセリフによって、武藤は名実共にプロレス界の象徴となった。さらに「プロレスLOVE」は、プロレスを愛する選手、関係者、ファンにとって暗闇を照らす灯台のような光となった。20世紀最後の日に思いを吐き出すように口にした「プロレスLOVE」を求めてプロレス人生

で最大の決断をする。選んだカードは「全日本プロレス」だった。

攻めの新日本、守りの全日本

20世紀最後の日にスキンヘッドへ変貌した武藤は、年が明けた2001年1月28日、東京ドームで初めて全日本プロレスのリングに上がった。

日本プロレスの父・力道山の急逝後、日本プロレスのエースに君臨したジャイアント馬場が1972年10月22日に日大講堂で旗揚げした全日本プロレスは、中継局の日本テレビと馬場が築き上げたアメリカ最大の組織「NWA」との強力なパイプを武器に、ドリー、テリーのザ・ファンクス、アブドラ・ザ・ブッチャー、ミル・マスカラス、ハーリー・レイス、リック・フレアー、ブルーザー・ブロディなど、全米トップの豪華外国人選手を招聘し、派手で華やかなプロレスで人気を獲得していた。

平成に入り、新団体「SWS」へ移籍した天龍源一郎らの大量離脱で、設立以来の危機に立ったが、エースのジャンボ鶴田と次世代の三沢光晴、川田利明らが世代闘争を繰り広げ、息を吹き返した。1993年に鶴田が内臓疾患で第一線を退いた後は、三沢、川田に加え、田上明、小橋健太（現・建太）が台頭し、リングはさらに活性化した。「四天王」と呼ばれた四人は、従来のプロレスでは考えられないような過酷な受け身を取る危険な技を繰り出すぎりぎりの戦いを展開し、ビッグマッチでも地方でも絶対に「外れがない」期待通りの試合を続け、後楽園ホールと日本武道館は常に超満員札止めになる興行人気で、ファンから絶大な信頼を得ていた。

新日本とは、昭和の時代に激しい興行戦争でぶつかり合い、スタン・ハンセン、タイガー・ジェット・シン、ブッチャーら大物外国人選手の引き抜き、さらには長州らの大量移籍などで激突した。平成に入ってからは、馬場と信頼関係で結ばれた坂口が社長になったことで、両団体は興行面ではお互いを尊重する友好関係を保っており、武藤も全日本をそれほど意識することはなかったという。

「全日本と馬場さんの印象？ 分かんないなぁ。あまり意識してなかったからね。ただ、全日本と新日本の違いは、馬場さんと猪木さんの違いだよね。馬場さんは、力道山が生んだプロレスの本流を受け継いで、アメリカではNWA、AWAっていう巨大組織とまともな付き合いをしてた保守本流ですよ。だから王道って呼ばれたんだよ。対して猪木さんは邪道だからさ。そういう保守じゃないところで勝負しなきゃいけなかったから、タイガー・ジェット・シンやタイガーマスクを作ったり、異種格闘技戦をしたり、何もないところから企画を編み出したよね。要は保守じゃなくて攻めですよ。その二人の姿勢がそのまま会社の伝統になっているよね」

攻めの新日本と守りの全日本は、平成に入り共に一時代を築いた「四天王プロレス」と「nWo」にもカラーの違いが表れているという。

「例えば、nWoでオレたちは、新日本だけでなくWCWと同時進行で動いたし、プロ野球とか他のジャンルも巻き込んで盛り上げていったよ。その中では、転がさなきゃいけない時もあるし、明らかに今までにないものを作ろうっていう攻めまともに見せなきゃいけない時もあったけど、だけど、四天王って、あのたった四人だけの世界で、ワンツーキック、ワンツーキだったよな。

ックで勝負していたよね。あの四天王プロレスだから、あの仲間に入るのってなかなか大変なんだよ。言うなれば、あの四人が守ったプロレスだよね。そういう部分では、まさしくオレらとは違うところで勝負していたと思う。どっちがいいかどうかって分かんないけど、オレらは四人だけでやるっていうわけにはいかなかったからね。特にオレなんか、わけの分からない外国人が来たら、必ず真っ先にやらされたりしてたからね。言うなればほうきと試合しないといけない状況も生まれるわけだから、そこも全然違うよね」

巨星、墜つ

順風満帆だった全日本、いやそれ以上に日本のプロレス界全体、さらには日本列島に大きな衝撃が走ったのが1999年2月1日だった。

前日の1月31日にジャイアント馬場が急逝したことが明らかになったのだ。

力道山亡き後の日本プロレス界で、身長209センチの破格の体格とダイナミックなプロレスでファンを魅了し、プロモーターとしても全日本プロレスを牽引した馬場は、プロレス界の象徴であり、同時にバラエティ番組、CMなど多岐にわたってメディアにも出演し、国民全体から愛されたキャラクターと人柄を持っていた。前年12月5日の日本武道館大会でリングに上がっていただけに、あまりにも突然で日本中が悲しみに包まれた。

死因は、結腸から肝臓へがんが転移した肝不全で、がんを告知されることなく1月31日午後4時4分、入院していた西新宿の東京医大病院で亡くなった。臨終の病室で、夫人の元子と親族、

260

そして全日本の社員ではレフェリーの和田京平とリングアナウンサーの仲田龍が見送った。馬場が永眠した時、病室に悲しみの涙はなかったと和田は明かす。

「すーっと、本当に寝たまま逝きました。みんなに囲まれて亡くなって逝きました。痛いとか苦しいとかはまったくなかったんですけど、自分の病気が何か分からないで亡くなったから、もしかしたら、悔しかったかもしれません」

最後の武道館を終えた翌日から入院した馬場は、すでに手術が施せないほど、がんに蝕まれていた。和田によると、亡くなる二日前に医師から延命装置をそのままにするかどうかを問われた時、妻の元子は周囲の意見を聞いた上で外すことを選択した。

「先生からは、後一日しかもたないって言われていたんですけど、それから馬場さん、二日間、頑張ったんですよ。本当に最後まで強い方でした」

臨終に立ち会った誰もが最後の最後まで馬場ががんと闘い抜いた姿を見ていた。悲しみよりも二日間も命の炎を燃やした不世出のプロレスラーの凄さを実感したからこそ、涙を流す者はいなかった。和田は、馬場が旅立った時に窓から見た光景が今も目に焼き付いている。

「日曜日でしたね。病室から外を見ると夕陽がまぶしくてね。こっちは馬場さんが亡くなったことが現実として受け止められないわけなんですよ。だから、余計にあの夕陽のまぶしさがものすごくリアルでね。今もあの夕陽は忘れられませんね」

日本プロレス界にとって大きな損失だった馬場の死だったが、感傷的な時期は短かった。亡くなった四か月後の5月に、三沢が全日本の社長に就任したが、馬場に代わり最大の株主となっ

た妻の元子は、株を三沢に譲渡せず、オーナーとして団体の運営などに意見を出した。結果、元子と三沢の間に溝が深まり、三沢は全日本を退団することを決断する。御大の死が団体を二分する事態を招いたが、和田は、馬場から生前に分裂を予想する言葉を聞いていた。
「亡くなる一年ぐらい前に、馬場さんは『三沢には絶対全日本を譲らん』って言ったんですよ。実は三沢が馬場さんに『元子さんを今後、一切全日本に入れないでください』ってお願いしたんですね。それを馬場さんは黙って聞いていました。その後に馬場さんは『オレは後二、三年で歩けなくなって車椅子になる。ベッドから立てなくなった時に三沢にオレの面倒は見れんし、オレの介護はできん。オレは母ちゃんに見てもらう。その母ちゃんにあの三沢の言葉は言えん。だから、オレがいなくなったら全日本はオレ一代でいい。その代わり、後は三沢プロレスでいい。今の会社の財産は三沢に渡すから、全日本は名乗らないでくれ』と言っていたんです」
自らの死期を悟っているかのように馬場は、亡くなった後、三沢が全日本を離れることを見通していたという。「全日本はオレ一代」という馬場の遺志を聞いていたからこそ和田は、三沢の退団は素直に受け止めることができた。三沢は、馬場の一周忌興行が行われた2000年1月31日の後楽園ホール大会の試合後の控室で選手を集め、退団の意思を伝えた。和田は、その会合に参加しなかった。
「元子さんは、元子さんなりに、もう少し時間を置いて会社の態勢をしっかり固めてから株を譲渡するつもりでした。だから、ボクは三沢に相談されるといつも『待て。焦るな』って言っていたんです。だけど三沢から『京平さん、一周忌まではオレがやります。でも、その後は自由にや

7章　全日本プロレス移籍

らせてください』って言われました。それでオレは『分かったよ。だけど、オレには、相談しないでくれ。オレの耳に入ると元子さんに報告しなくちゃいけなくなるから。一切、オレは無視してくれ』って伝えたんです。それと馬場さんから亡くなった後は全日本はなくして欲しいと聞いていましたから、その通りになったので、むしろ、ボクは三沢に自由にやらせてあげたいと思ってましたから、出て行くことに関して応援する気持ちでした」

中学を卒業し全日本プロレスに入った和田は、以来、どんな時も馬場の側につきレフェリーとして、人間としてすべての教えを馬場から授かった。シリーズ中だけでなく、オフでも常に行動を共にし、生活のすべてを馬場に捧げた。社長とか師匠とか恩人とか、あらゆる言葉で表現できないほど、馬場は自らのすべてを馬場にだった。三沢から一緒に来て欲しいと誘われたが、元子についていくことを決めていた。それは、馬場と約束を交わしていたからだった。

「馬場さんは、『オレがいなくなったら、誰もうちの母ちゃんの面倒見てくれないよな』ってある時、ボソって話したことがあったんです。『大丈夫ですよ。オレが面倒見ますから、心配しないでください』って。そしたら、馬場さんが『お前はそうだよな』って安心したように言ってくれたんです」

その約束は馬場が亡くなった時に改めて誓った。

「馬場さんの亡骸（なきがら）が自宅に戻るまでは実感がなかったんです。だけど、自宅で眠っている馬場さんを見た時に、急に泣けてきて、全然涙も出なかったんです。それで、眠っている馬場さんに向かって言ったんです。『社長、心配しないでください』。元子さんは約束通り、

三沢は、全日本を退団し、行動を共にする選手を発表した。旗揚げ戦は、新しい会場の「ディファ有明」で、8月5、6日の二連戦に決まった。
　全日本には、川田、渕正信、太陽ケア、馳浩の四人だけが残った。日本テレビも、中継を全日本からノアに切り替えた。選手、社員を含め約50名がノアへ移った。
　実質三人、大きな収入源だったテレビ中継も失った逆風の中、元子は天龍源一郎に復帰を要請し、合意した。分裂後、最初の興行となった7月2日の後楽園ホール大会で、元子が天龍の復帰を発表した。1990年にSWSへ移籍したそのビッグサプライズに会場からは歓声とどよめきが起こった。しかし和田は、天龍には、「裏切り者」のレッテルが貼られ、復帰は絶対にないと思われていた。
　これも馬場が生前明かしていたプランだったという。
「みなさん、馬場さんは、絶対に天龍さんを復帰させないって見てましたけど、そんなことはなかったんです。SWSへ行く前に、『オレの後、誰を社長にするかっていうとジャンボか天龍だなぁ。だけどジャンボはプロレスが好きじゃないからなぁ。天龍は、あいつはプロレスのことをしっかり考えているからなぁ』って言っていたんです。だから、『もしも、全日本が危なくなって、もうこれの社長に据えてもいいと思ってたんです。天龍さんのことを凄く評価して、自分の後

　オレが守りますから』って……。元子さんもそれを聞いていました。どうしてか分からないけどそう言っちゃったんだよね。だから、その言葉は裏切れないよね」

以上、どうしようもないっていう事態になったら、その時は天龍を戻してもいい』って話していたんです。ですから、元子さんは、その馬場さんの考えをそのまま実行したんです」

天龍の復帰があって全日本は息を吹き返すと、新日本の東京ドーム大会のオファーが入り、老舗二団体が対抗戦を行う図式が生まれた。10月9日、新日本の東京ドーム大会に川田、渕、スティーブ・ウイリアムスが参戦し両団体が交わり、全日本は辛うじて生き残った。

武藤の全日本初参戦は、馬場の死から全日本の分裂、そして新日本との交流という急展開の中で実現した。そして、この王道マットとの遭遇が未来を運命づけることになる。

太陽ケアとの一戦、「シャイニング・ウィザード」の誕生

２００1年1月28日、東京ドームで行われたジャイアント馬場三回忌追悼興行「王道新世紀」で、武藤は太陽ケアと戦った。ハワイ出身のケアは、18歳で全日本プロレスに入門するために来日し、当時はキャリア六年目の売り出し中のレスラーだった。武藤は当初、この参戦オファーを断っている。

「会社から、1月に馬場さんの追悼興行があるから出てくれって言われてね。太陽ケアだっていうから、『それ誰だよ、知らないよ、そんな選手。メリットないから断る』って言ってね。それでも『どうしても出てくれ』って言われて、仕方なく上がったんだよ。後から聞いたら、生前馬場さんがオレのことを、いいレスラーがいるとかほめてくれていたみたいで、それを元子さんが覚えていて、オレのことを気に入っていたみたいで、

どうしてもオレにドームに出て欲しかったってことだみたいだよ」

嫌々上がった初めての全日本だったが、ケアと肌を合わせると先入観は一変した。

「試合したら、この太陽ケアって良かったんだよ。『こいつ、いい選手だな』って感じながら試合してたよ。こっちはこっちで一生懸命やって、アメリカへ行ったりして自分の生き残りをかけていたから、それまでは、全日本という団体は、視界に入らなかったんだけど、ケアと対戦した時、初めて全日本っていう団体に興味が出てきた。『別に新日本じゃなくてもいい選手を育てられるんだな。こういう選手を育てた畑ってどんなものなのかな』って」

武藤とケアの試合は、和田がレフェリーを務めた。1974年のデビューから幾多の名勝負を裁いた実績と、的確かつ鋭い勘を働かせた抜群のレフェリングで、どんな選手にも対応できたが、武藤前にビデオで見てチェックすることはしない。和田は初めてレフェリングをする選手を事は別格だった。

「裁いていて、あぁもう天才だなって思いましたよ。全日本プロレスのレスラーでは、有り得ない動きをするんですね。オレってだいたいレスラーの動きが読めるんですよ。このレスラーこうなったらこっちへ来たいんだな、このレスラーそういう動きの中で武藤選手は、こっちへ来るんです。だけど、そのステップワークをしているんです。フェリング、ステップワークをしていきなり低空ドロップキックとか、セカンドロープにポンと乗ったりとか、何でこっちへ来るのっていう掟破（おきてやぶ）りの動きをして、オレがいるポジションまで飛んでくる。あれだけネコみたいにパッパパッパと動くレスラーは初めてだったし、ああいう動きはボクには分からなかったですね。

7章　全日本プロレス移籍

何て鋭い動きができる、とんでもないレスラーだなって思いましたよね。それで、これがお客さんは面白いんだなって実感しましたよね」

　名レフェリーを驚かせたケア戦は、新たな必殺技となるシャイニング・ウィザードを初めて披露した試合でもあった。

「あれは、狙って生まれたんじゃなくて、いわば偶然の産物だったんだよ。オレは、技の展開が早いから、ドラゴンスクリューを出して、早く次へ行きたかったのに、ケアがなかなか立ち上がらなくて、変な間ができたんだよ。『なんだこいつ早く立てよ』って思ってさ。その間が待ちきれなくて、咄嗟に膝蹴りを出したんだよ。狙ってなかったのに、お客さんがウワァーって沸いたから、これは使えるなって思ったんだ」

　当初は、技の名前は特別になく「変形ひざ蹴り」などと表現されていたが、テレビ朝日が「ワールドプロレスリング」の中で視聴者から名前を募集し、「シャイニング・ウィザード」と命名された。由来は、公募で多かった「シャイニング・ニー」に当時、武藤の異名だった「クロス・ウィザード（天才を超越した魔術師）」を組み合わせたもので、和名は「閃光魔術」と名付けられた。「今では、WWEでこの技を使うと、アナウンサーがシャイニング・ウィザードって言っているよ」と武藤が明かすように世界標準の名前と技となった。

「当時は、膝がさらに悪化して、ビッグマッチでも徐々にムーンサルトプレスそのものができなくなっていた。あの高田戦でドラゴンスクリューからの足4の字固めが生まれて、この時にシャ

　新たな必殺技を獲得したことは、ムーンサルトプレスにも影響した。

イニング・ウィザードが生まれて、同時にどんどんムーンサルトプレスが減っていったよね。ただ、レスラーって飛べなくなってからが面白いんだよ。言ってみれば、それは、ごまかしだよな。だけど、どうごまかすかっていうそこが面白えんだよ。でね、差し当たって、飛べなくなってくると若い時には出せなかった味が出てくるんだよ。言えることは、その味を出すまでには、お客様から莫大な信用を勝ち取ることが大切なんだけどね。それでこれは意図的じゃなかったんだけど、面白いもんで減れば減るほどムーンサルトプレスの希少価値が上がったんだよ。ムーンサルトプレスのグレードを上げてくれたという意味でもシャイニング・ウィザードには助けられたよ」

全日本からのラブコール

シャイニング・ウィザードが生まれた初めての全日本で、観客以上に心を奪われた人物がいた。社長の元子だった。元子は、生で見た武藤の試合に感激した。その時の思いを後に武藤の妻・久恵へ宛てた手紙にしたためている。

『初めて武藤さんに東京ドームに出場して頂き初めて試合をみて、こんなキラキラした目で試合ができるレスラーが所属している新日本プロレスさんを初めてうらやましいな〜と思ったことを思い出します。

それまでは全日本プロレスもいいレスラーはたくさんいましたが武藤さんの様に試合をしながら目が変わっていくレスラーを見たのは初めてでした』

7章　全日本プロレス移籍

リングで生き生きと光る瞳に魅了された元子は、窮地の団体を救ってくれるのは武藤しかいないと確信した。自らの思いを新日本時代から武藤と親交が深い馳に打ち明けた。馳は、1995年の参議院議員選に自民党公認で出馬し当選、翌年に新日本を退団したが、同じ年の11月に全日本へ移籍した。武藤とは団体は別かれたが、日本オリジナルのグレート・ムタを覚醒させたように、新日本時代から変わることなく良き理解者であり、相談相手でもあった。

「企業秘密だから詳しくは言えませんが、元子さんから馬場さんの三回忌興行が終わった後に武藤選手のことを色々聞かれるようになりました。その中で元子さんから『武藤さんがうちに来てくれないかなぁ』と言われました。それで、私が『じゃぁ、話しますよ』ってお返事して武藤選手に聞いてみたんです」

元子の思いを受け止めた馳は、武藤に全日本への移籍を打診した。

「いつだったか時期は覚えてないけど、馳先生から『全日本やらない？ 全日本をあげるよ』って言われたよ。『じゃぁ、頂こうかな』と迷わなかったよ」

馳の誘いに武藤は新日本離脱、全日本移籍を即決した。理由は、新日本プロレスのオーナーとなったアントニオ猪木とのプロレス観の相違だった。

「全日本へ行くことを決めたのは、猪木さんとの思想の違いだよ。最終的には、それがネックで新日本を辞めた。当時は、UFC、PRIDE、K-1が台頭してきてね。猪木さんはそれが好きだった。好きで好きで、みんなレスラーをそっちに導こうとしていた。そんなことやったら、オレのキャリアも今まで培っ

平成に入り、1993年にアメリカで総合格闘技イベント「UFC」が誕生し、日本では同じ93年に立ち技系格闘技の「K-1」、97年に総合格闘技の「PRIDE」が出現するなど、格闘技ブームが到来していた。猪木は、自らの「猪木事務所」所属の藤田和之、新日本のケンドー・カシンらを「PRIDE」へ参戦させた。藤田は、PRIDEのリングでも勝利し、人気を獲得。猪木は2000年8月27日に西武ドームでの「PRIDE.10」からエグゼクティブプロデューサーに就任すると、より密接な関係を築き、2001年には8月19日にさいたまスーパーアリーナで行われた「K-1」のリングで「猪木軍対K-1」の対抗戦を実現させた。この年の大みそかには、「猪木軍対K-1」の対抗戦はTBSで中継されるまでに発展し、以後、安田忠夫、永田裕志、中西学、中邑真輔らが格闘技のリングへ参戦した。

「オレはPRIDEに出ろとか言われなかったよ。ある意味、隙のあるヤツを猪木さんが誘ったんだろうね。猪木さんから見て、そそのかしやすいヤツらを誘ったんじゃない。だけど藤田みたいな成功例もあるからね。参戦した側も、出ればもしかしたら注目浴びれるっていうのもあったと思うけどね」

　武藤にはPRIDEへの参戦指令はなかったが、スキンヘッドに変貌した帰国直後に新日本から、小川とのシングルマッチを打診された。このマッチメイクが新日本から心が離れることへ拍車をかけた。

「この試合を飲んだら、オレのキャリアが全部、壊されるって思ったよ。あの頃は、なにせ、新

7章　全日本プロレス移籍

日本の思想が崩れてきてたからね。というよりも、新日本はプロレスをやりたかったかもしれないけど、猪木さんが崩れていたからね」

武藤は、小川戦を受けるにあたり、逆に条件を出した。

結果、武藤対小川戦は幻に終わった。日本でもアメリカでも、しかし、小川サイドから返答はなく、マッチメイカーの提示を拒否したことは、基本的にはなかった。プロモーターが望む条件以上のプロレスを魅せることが武藤の誇りだったが、小川戦のオファーで築いてきた美学が崩れた。

「プロレスを追求したいのに、オレの中で、普通なら考えなくてもいいようになってね。もう、それ自体がオレにとってあり得ない世界なわけでね。そういう色んな事が積み重なって新日本にもう居場所はねぇなって思ったんだよ」

馳は武藤の心情を理解した上で移籍を打診していた。

「あの時武藤選手は、プロレスが猪木さんによって壊されて新日本に嫌気が差していました。色んなことがあって、格闘技系に流されてあの時はK−1、PRIDEも派手にやっていた時代ですから面白くなかったんですね。本当に思う存分、純粋にプロレスをしっかりやりたいと武藤選手なりに考えて決断したということですね。私の中では全日本へ行くことで面白くなるイメージがありました。やっぱり我々レスラーって飽きっぽいんですよね。海外だと三か月から半年でしょっちゅうテリトリーを普通に変えるんですが、新日本の中にいた武藤選手は、そういうことがなくなっていましたから、ここで動くのは面白いと思いました」

「格闘技の呪縛」の中「プロレスLOVE」を叫び続ける

「PRIDE」が生まれる以前から武藤は、格闘技の勢いを感じていた。それは、1996年9月23日、横浜アリーナでブラジル人の格闘家ペドロ・オタービオと初の異種格闘技戦を行った時だった。試合は、馬乗りになった武藤がパンチを乱打し勝利したが、これまで武藤が築いてきたプロレスとはまったく異なる違和感がリング上にも会場にも充満した。

「やっぱり消化不良だったよ。あれは新日本側が格闘技というものを、どうにか飲み込みたかったんだろうな。飲み込むっていうか処理したかったんだよ。当時は、まだPRIDEはなかったけど、そろそろUFC、K―1が世の中でブームになるころで、それを驚異に感じたんだろうね。新日本側からしたら今までの猪木さんの歴史って、格闘技を飲み込んできたわけだから、それをせざるを得ないっていうか、その一環の試合だったんだよ」

猪木が異種格闘技戦を行った昭和の時代では、興行として総合格闘技という分野もなくボクシング、キックボクシングなどの格闘家は世界王者クラスのプロボクサーを除いて、試合だけで生活することはできなかった。だからこそ格闘家は、高い報酬を得るために新日本プロレスのリングに上がった。しかし、平成に入り「UFC」が誕生し、「K―1」と「PRIDE」が興行的に成功を収め、テレビや巨大スポンサーが格闘技についた。格闘家は潤沢な報酬を受けられる時代になり、もはや、プロレスのリングに上がる必然性はなくなっていた。

「だからもう、格闘技を飲み込めねぇんだよ。もうそのころはK―1とかデカくなりすぎちゃっ

7章　全日本プロレス移籍

ね。異種格闘技戦の時は、対戦相手が世間では誰も知らない『どこの馬の骨』っていう状態だったけど、K-1、PRIDEが民放のゴールデンやるようになって、多くの人がテレビで格闘技を見ていたから、どこの馬の骨とかどうとかっていう次元じゃなくなったもんね。時代が違うんだよ」

「プロレスLOVE」を掲げた武藤は、とことんプロレスを追求したかった。一方の猪木にとってプロレスは、格闘技でありレスラーはまず「強さ」を追求するという根本的な思想があった。相反する猪木と武藤の思想は、もしかすると入門当初、道場でのスパーリングで、武藤がガードポジションから腕十字を取ろうとした時に猪木に注意をされ、疑問を抱いた時から始まっていたのかもしれない。ただ、スペース・ローンウルフ時代、世代闘争で無理やりナウリーダーに組み込まれ、海賊男、たけしプロレス軍団、そして、ムタとして戦った福岡ドーム、節目節目で猪木の姿を間近で見てきた武藤にとって、猪木こそが「プロレスラーの中のプロレスラー」だった。心おきなく「プロレス」を謳歌するため、全日本移籍を決断した。

全日本の「エース」に君臨

新日本からの離脱を決めた武藤は、2001年、格闘技の波に抗うように「プロレス」を背負って新日本と全日本の両団体を股にかけた八面六臂の活躍を見せた。4月14日に日本武道館で全日本のエース川田利明を破ると、6月8日には同じ武道館で天龍が

273

持つ三冠ヘビー級王座に挑戦しベルトを奪取する。10月22日には太陽ケアと組んで天龍、安生洋二から世界タッグ王座を奪い、王道マットが持つシングル、タッグの最高峰を制圧して五冠王に輝いた。

両団体を股にかける活動に伴い、馳、みちのくプロレスの新崎人生らと団体の垣根を越えたユニット「BATT」を結成した。新日本マットでも、8月の「G1クライマックス」で準優勝、さらに9月23日には大阪なみはやドームでスコット・ホールを挑戦者に迎え、新日本で史上初の三冠戦を行い勝利した。10月8日の東京ドームではメインイベントで馳と組んで、ノアから新日本に初参戦した秋山準と対戦した。永田と組んだ秋山との試合は、新日本、全日本の壁だけでなくノアまで引き込む歴史的な一戦でもあった。そして、同じ月の28日に福岡国際センターでケアとの世界タッグ王者コンビで藤波辰爾、西村修が持つIWGPタッグを獲得し、史上初の六冠王となった。全てのベルトを体中に巻きつける姿も披露し、格闘技の勢いに押されるプロレスを、まさに一人で背負っていた。

武藤が輝く一方で新日本プロレスは混迷していた。4月9日の大阪ドームで、2001年は「PRIDE」で知名度を上げた藤田がスコット・ノートンを破り、IWGPヘビー級王座を奪取した。同時にビッグマッチで決定したカードを、猪木が土壇場で覆す強権発動も繰り返し、ドームで五大会も開催したが、客席を見るとnWoブームだった98年と比べると、明らかに空席が目立つようになっていた。

「この時、新日本での居心地が凄い悪くてね。全日本に出て新日本に帰ると、雰囲気がすげぇ暗

7章　全日本プロレス移籍

くてさ。逆に新日本に所属しているのに、全日本へ行くと、向こうのファンもいい形で迎えてくるし、『武藤さん、武藤さん、武藤さん』って持ち上げられるから、居心地がすげえよくてね。全日本にいたら気分いいけど、新日本にいたら気分が暗くなるから自然と気分は全日本へ行ったよね」

この年は全日本の聖地と呼ばれる「日本武道館」の全五大会でメインイベントを務めた。来るべき正式な移籍を控え、武藤が全日本のエースに事実上君臨した一年となった。

全日本移籍へ

新日本と全日本の両団体でリング上を縦横無尽に駆け抜けていたが、水面下では移籍への準備が同時進行していた。元子は、馬場の悲願だった全日本の旗揚げ30周年を迎えるまでは自らの手で会社を存続させたいという意向を持っていた。30周年を迎える2002年9月まで、自身がトップを務め、10月からは武藤を社長に据えることを約束していた。

「社長って言ったって、経営なんかしたことなかったからね。だから、新日本で経理とか、ソフト事業とか、たまたま仲良くしていた色んな人を一緒に連れて行った。後から小島聡とかに声かけたけど、レスラーより先にフロントを引っ張ったよ」

プロレスビジネスには、選手の立場だけで携わってきた武藤にとって、社長になり会社を経営することは未知数で、不安を覚えていた。だからこそ、経営を支える右腕が欲しかった。真っ先に声をかけたのが、当時新日本の管理部長を務めていた青木謙治だった。

青木は1982年に新日本に入社して以来、一時は営業を担当したこともあったが、一貫して

経理部門で会社の金庫を切り盛りしてきた。管理部は総務と経理を統括する部門で、武藤はいわば新日本の心臓部ともいえるトップをスカウトしたのだ。
　武藤から全日本へ一緒に行くことを誘われた時、すぐには返答しなかった。
「武藤さんからは、全日本へ移る前年の10月ぐらいに話を聞きました。『全日本をやろうと思っているんだ』って言うから、私は『やるって何を？』ってそんな感じで聞いたと思います。新日本にいられないから辞めるっていう感じではなくて、全日本をやりたいから辞めるってそんな感じの言い方でした。聞いた時は複雑な思いでしたが、武藤さんは語る時って結構熱く語るじゃないですか。その時も『これはチャンスだよ、オレにとって絶対チャンスだよ』って多分そういうような話し方でした。『どう思う？』というような会話もあったかと思います。私としては、武藤さんの気持ちを聞いて『じゃあ、それじゃしょうがないな。夢を持って生きた方がいいよね』っていう感じにはなりましたが、私はハッキリした返事ではなくて中途半端な返事しかしていなかったと思います」
　武藤の誘いを保留した時、青木に退社の相談をした社員がいた。ソフト事業部の武田有弘だった。
　武田は宣伝部時代にnWo担当の広報を務め、武藤とは近い間柄だった。その後、インターネット部門などを強化するソフト事業部へ異動し2000年7月30日の長州力対大仁田厚戦で、プロレス界初のPPVを実現するなど、実績を上げていた。
「その時にボクが、仕事上のことで会社の幹部ともめて、色々な嫌なことが重なって青木さんに

7章　全日本プロレス移籍

『会社辞めたいんですけど』って相談したんです。そうしたら『武田君、辞めるんだったら実は武藤さんが全日本へ行くって言っているんだよ。オレは一緒に行くことができないからどうせ辞めるなら一緒に行って武藤さんを守ってあげてよ』みたいなことを言われたんです。それで『ちょっと考えます』って言って、たまたま武藤さんと仕事で一緒になった後に、『もう一軒付き合えよ』って言われて、バーかなんかに行って、『青木さんから聞いていると思うけど、オレもう全日本行くからお前も来いよ』って言われたんです。話を聞いてすぐにやろうかなって思いました。ボクは当時ペーペーで、新日本にいても上が詰まっているから、やりたいことができるわけじゃないと思ってましたし、全日本へ行けば、上に十人も二十人もいる会社にいるよりも飛び級になりますから。それに武藤さんが社長になったら『好きにやっていよ』って言われていたので、全日本へ行けばもっと好きにやりたいことができるんじゃないかなと思ったんですね」

フロントで最初に全日本移籍を決断したのは武田だった。武藤は武田に、青木の説得も託した。

「武藤さんから、『青木さんが来ないって言っているから、来るように口説いて欲しい』みたいに言われたんです。それで、青木さんを説得しました」

ほどなくして青木も新日本を退社する気持ちを固めた。きっかけは、元子との対面だった。

「それまで優柔不断な態度を取っておきながら武藤さんと一緒に元子さんに私のことを『一緒に行こうと思っているんです』って言ったんです。その時に、武藤さんが元子さんに私のことを『一緒に行こうと思っているんです』って言ったんです。そういう風に紹介されて同じ業界にいたら何かもう決断せざるを得ないなと思ったんです。

元子と対面したことで動き出した時計の針を元に戻せないと青木は思った。ただ、武藤は青木が新日本を辞める背景には大きな理由があったと言う。

「あの時青木さんは、新日本の株の上場へ一生懸命に動いていたんだよ。それがどういういきさつか分からないけど消えてしまって、ガクンって来てたんだよ。青木さんも愚痴っていたからね。その時に全日本っていう話が降って湧いてきたんだよ」

株の上場計画は、UWFインターナショナルとの全面対抗戦が成功した1995年に、青木は専務の倍賞鉄夫を通じて筆頭株主でオーナーの猪木から検討するよう指示を受け、具体的な話を進めた。あるいは、マザーズへの上場を目指し大手証券会社の幹部と具体的な話を進めた。

青木は、新日本プロレスの上場を持つ株会社にし、その下に興行、グッズなどの関連会社を置き、分社化することを考えていた。上場後は、市場から40億円ほど集まることを想定、その資金を元にプロレスと格闘技の総合商社のような企業へ発展させることを思い描いていた。

「夢が大きかったですから、新日本があってその下に他の団体をすべて統一したいという希望を持っていました。例えば、新日本スポーツエンターテイメントという親会社を作って、その下に新日本、全日本、インディまで含めてプロレス団体、格闘技団体すべてを子会社にするエンターテイメントの会社にしたいなと思っていたんです」

上場計画は、机上で着々と進んでいた。その間、坂口に代わって社長になった藤波辰爾も、積極的に後押ししたが、猪木から最終的なゴーサインが出なかった。

「藤波さんが社長になられた後も2001年ぐらいまで継続してやっていたんですけど、その時

は二、三年ぐらいは計画は実質、止まっていました。あの時は、プロレス会社が公開なんてできるわけないだろうという声も大きかったので、そういう声があったからこそ余計、やろうという気持ちが強くなったんですが、逆に私たちが猪木さんを満足させるプランを作れなかったのも原因なのかなと思います」

上場ですべてのプロレス、格闘技団体を傘下に入れようと考えていたほどの壮大な夢を失った時、自らの夢を実現させようと動く武藤に心が動かされた。

「ちょうど、上場の話がなくなって、ちょっと夢がなくなったなぁという状態でした。そこに夢を語っている武藤さんにかけてみようかなと思ったことは確かです」

武藤と行動を共にすることを決めた12月に社長の藤波に「一身上の都合」とだけ伝え辞表を提出した。藤波からは再三慰留されたが、意志を変えることはなかった。そこには、上場計画の中での猪木からの理不尽な要求や不信感があったのだろうか。

「それはないです。猪木会長はそういうことをされる方じゃないですから。すべては私自身が考えたことです」

新日本の金庫番を獲得した武藤は、仲が良かったマッチメイクとグッズ販売の担当、さらに営業部にいた社員も誘った。加えてグレート・ムタのコスチュームなどをデザインしているデザイナーも引き抜いた。結果、新日本の社員五人が武藤と全日本への移籍を決断した。

「最初は青木さんとオレぐらいで始めた計画だったけど、当時の新日本だから社員も居心地が悪かったんだよ。スタッフの中でも普通にプライベートでも付き合うようなヤツと話している時に、

愚痴の中からじゃあ辞めようかってなってきて声をかけた。それで、徐々に集まってきた感じだったよ。それで偶然にも経理、ソフト事業、グッズ、営業、デザインとか部署がバラバラのスタッフだったから、『都合がいいじゃん』ってなったよ」

武田によると、武藤は社員に個別でアプローチしていたため、声をかけられた社員同士は会社で顔を合わせても、互いが行動を共にし退社するかどうかは知らなかった。

「全員で集まっていないから、お互いが辞めることは知りませんでした。決断するまでは武藤さんが個別で会って、辞める直前の一か月ぐらい前だと思いますけど、全員が決断してから初めて全員で会ったんですよ」

受け入れる側となった元子は、恵比寿の自宅マンションで武藤と行動を共にするスタッフを招き、複数回、食事を振る舞った。武田も招かれ手料理を何度もご馳走になった。

「元子さんとは、新日本を辞める前に会っていますね。会食は、元子さんの家で結構頻繁にありました。最初は、武藤さん、青木さんぐらいで、最後の時は全員いたかもしれないですね。元子さんの手料理が出て、それを残しちゃいけないと思ってみんなで全部食べましたよ。ハワイなのかアメリカのなのか分からないですけど、量が凄かった。元子さんのご機嫌を取までに食べたことのないようなメニューでしたよ。凄く美味しかったんですけど、量が凄かった。元子さんのご機嫌を取るみたいな食事会でしたね。仕事の話は全然なかったですね。もしかしたら青木さんが元子さんとそういう話をしていたのかもしれませんけど」

元子は、武藤と共に移ってくる社員を手料理でもてなし、親睦を深めた。会食の中で全日本の

7章 全日本プロレス移籍

方針、経営面での指針、財務状況など仕事の話はほとんど出なかったという。

青木は「元子さんからは、武藤さんの好きなようにやってくださいっていう状況でした」と明かす。元子は武藤の社長就任と株の譲渡を約束していたというが、武田は今も「その辺はよく分からないんですよね」と正確な移籍の条件を把握していないという。

「多分、株を丸々譲渡、オーナー社長っていう条件だったと思うんですよ。ただ、今考えると、株をもらってオーナー社長って言われてもその会社の財政がどうなのかって、それによって全然違うわけじゃないですか。事前に全日本の財政状況を調査しなかったんですよね。キャッシュがいっぱいあるのかとか、不動産を持っているかとか、そういうのを全然元子さんに聞かずに『武藤さん、株をタダでもらってオーナー社長なんですね。いいですね』っていう感じでした」

「一国一城の主」への憧れ

新日本から全日本への移籍劇の実態は、明確な計画があったものではなかった。

「武藤さんが何を求めて全日本に行ったのかボクもよく分からないけど、もしかしたらただ単にリング上で自分の好きなプロレスをやりたかっただけなのか。何か、みんなあの時、そこまで深く考えてないですよ。全員でたくらんで何かやってやろうってそんなみたいな世界じゃなくて、みんな武藤さんに言われたからちょっと来ましたっていう感じで、ふらっと集まったっていう感じでした」

武田は、こう振り返った。青木も当時の心境を明かした。

「最初は、辞めるのは武藤さんとフロント的にはボクと武田ぐらいでしたから、何かあったら『武藤さん、引退試合をして退職金ぐらい作ってくださいよ』っていうぐらいで、『うまくいかなかったら、いかなかったでそれでいいんじゃないの』っていう気楽なところではあったんです。気がついたらフロントも選手も結構移籍したんですが……」

青木は上場計画の夢が頓挫し、武田は上司と衝突したように、武藤と仲が良かった社員それぞれが新日本への不満を偶然同じ時期に募らせ、言ってみれば勢いで会社を飛び出した。猪木との思想の違いで退団を決意した武藤自身の本心もそうだった。

「その時39歳で、そろそろ膝も動かなくなってきた。自分の中で、頑張ってもあと二、三年だなと思っていた。それと、他のレスラーも恐らくそうだと思うけど、30代後半になったら、色々と、先の人生を考えるようになるんだよ。オレも考えた。柔道整復師の資格を持っているから、骨接ぎでもしようかなとか。他には、名前も売れてるし飲食とかもやろうとか。色々考えてじゃあオレは何ができるのって、行き着いたところが、たとえ、体は勝てなくてもプロレス界だったら生きていける。そう思って全日本から話が来てさ。猪木さんとの思想の違いもあったけど、よし！　一国一城の主になろうと夢を持って移ったんだよ」

昭和から平成の途中までプロレス団体は、猪木も馬場もそうだったように、レスラーが社長でありエースだった。同じ闘魂三銃士の橋本が、一年前に「ZERO-ONE」を設立したことも刺激になった。プロレスラーになったからには、先人と同じように自分の城を持ちたかった。移

籍を決断したきっかけは「猪木との思想の違い」だったが、本音は「一国一城の主」という野心だった。

武藤は社員だけでなく二人のレスラーにも声をかけた。一人が小島聡、もう一人が棚橋弘至だった。

「小島は、プライベートでずっと一番仲が良かったから、声をかけたよ。あいつは、内面は本当は暗いけど、ことプロレスに関わった時の陽性を感じた。暗いヤツより明るい方がいいからね絶対」

口説き文句は、猪木が進める格闘技路線だった。

「小島には、『格闘技やりたいのか？ プロレスとは違うだろ』っていう感じで誘ったと思うよ。そこが響いたんじゃないかな。特にあいつは永田とかカシンよりも不向きだからね」

小島からすぐに返事はなかったが、ほどなくして移籍する意志が届いた。棚橋は当時、デビュー二年目で武藤の付け人を務めていた。声をかけたのは小島と同じような明るさだった。

「小島と同じようにリング上であいつは陽性に感じたからね。ただ、あいつは断ったよ。『新日本プロレスが好きで入ってきましたから、新日本プロレスで自分のプロレスをやります』とか言ったと思う。人生の大事なところだから、よく考えたと思う。だけど、あいつは良かったよ、くっついてこなくて」

武藤と元子との仲をつないだ馳は、独自にIWGPジュニアヘビー級王者のケンドー・カシン

をスカウトした。馳は早大レスリング部にいたカシンを新日本にスカウトするなど、二人は深い絆（きずな）で結ばれていた。

「新日本にスカウトした時から彼の人間性は素晴らしいと高く評価していました。格闘技の方ももちろん基本的にガチンコは強かったんですが、新日本でそっちの方に流されていくのは彼の本意ではないなぁと見抜いていたつもりなので、全日本で思う存分、好き勝手にやった方が彼にとってはいいと思ったんです」

馳のスカウトにカシンは応じた。2001年大みそかに、さいたまスーパーアリーナで行われた「猪木軍対K‐1」で、正道会館の子安慎悟との試合を終え最終的に決断した。

「馳先生には2001年の12月24日のクリスマスイブに告白されました。先生の家に呼ばれて、それとなくそんな話が出たんです。その時は大みそかに試合があるからごめんなさい、と言いました。最終的な決断は大みそかの試合が終わって、帰る時のドクター林の車の中です。一仕事終わって、気が緩んでいたんでしょうね」

辞める理由はレスラーとしてワンステップ上がりたかったからだった。

「プロレスって事件というか意外性がないと面白くない。自分なりに考えて、もしカシンが移籍したら面白いんじゃないかって思ったんだ。新日本では決まったポジションができていて、ジュニアっていう枠が決まっていたんで、ヘビー、ジュニアの枠に関係なくやりたかった。殻をもう一つ破りたかったんでしょうね」

カシンの決断で全日本へ移籍するメンバーがすべて固まった。翌2002年1月4日、東京ド

7章　全日本プロレス移籍

ームで新日本所属選手としてラストマッチを行った。移籍は、1月18日、朝刊スポーツ紙が一斉に「武藤、新日本退団　全日本移籍」と報じ、ついに公になった。新聞が報じた当日は、新日本との契約更改日だったが、席上で退団する意思を伝え、デビューから十七年四か月半にわたった「新日本プロレス・武藤敬司」の歴史を終えた。

受け入れる側の全日本では、生え抜きの渕正信も和田も武藤たちの移籍は直前まで知らされていなかった。しかし、渕は、入団を歓迎した。

「元子さんは、一切、教えてくれなかったよ。だけど、オレは、武藤たちが来ることにわだかまりはなかったよ。あの頃の全日本は本当に潰れる寸前だったから、彼らが来て息を吹き返すと思ったし、これから面白くなると思ったからね」

離脱する新日本に対して武藤は入団から公私共に世話になった坂口には、事前に自らの意志を伝えていた。

「武藤はメガネスーパーへ行く時と一緒で、冗談みたいにオレに『全日本へ行きます』って挨拶に来たよ。あのころは、うちのリングに総合格闘技の連中が出て来たり、そういう中で、このままじゃ、危ないと思ったんじゃないSWSへ移籍する意思を伝えられた時は引き留めた坂口だったが、社長を退き会長となり、経営から一線を引いていたこの時は違った。坂口は武藤個人の将来を考えた。

「オレは何も言わなかったよ。全日本から社長っていう話だったから、あのまま新日本に残って社長になる保証もなかったし、武藤はいい道を選んだと思ったよ」

坂口には報告したが、同じ日に入門し闘魂三銃士として苦楽を共にした蝶野には、何も言わなかった。

「蝶野の性格は、よく分かっているから。あいつに、事前に話すと絶対に引き留められることが分かっていたからね。それで自分の気持ちが揺らぐのが嫌だったし、引き留められるのが正直、煩わしいっていうのがあったからね。そしたら、あいつ、本気で怒ってね。何年間か口も利いてくれなかったよ」

蝶野の思い

蝶野は、武藤が決別した猪木と新日本の中で戦う決意だった。

「nWoの時も武藤さんと二人で新日本を塗り変えてやろうっていう気持ちがあったし、その先のことも考えていましたから……。要は、対猪木なんです。それは藤波さんも前田日明さんもそうだったと思うんですけど、新日本で時代を取ろうとする人間は、猪木さんと戦わないといけないんです。確かにあの当時、猪木さんから『そんな楽な試合やってるんじゃねぇ』ってプレッシャーかけられていましたよ。それは武藤さんも同じでした。だけど、それでも、オレらのスタイルで時代を作りたいと思っていました。実際、もう目の前まで来ているんだから、何で飛び出すんだよ、って。何で一言相談しないのかっていう気持ちでしたね」

武藤は、打ち明ければ引き留められると想像したが、蝶野は、移籍する中身次第で行動を共にする可能性もあったという。

7章　全日本プロレス移籍

「オレは、新日本が軸でここは世界に通用するパワーを持っているって考えていました。だから、新日本に対して、一回寄り道をして再度刺激をかけて、オレらで天下を取るんだと、完全に乗っ取りに行くというぐらいの形だったら一緒に行ったかもしれません。それが、単に居場所を変えるだけだったら、ここまで来ているんだから最後まで一緒にやろうよと、隣に行くのは、いつでもできるって止めたと思いますよ」

蝶野は、武藤を下から支えるつもりだった。

「三銃士の中で、橋本選手が末っ子でオレが次男で武藤さんが長男という意識がいつもありました。武藤さんが、いつでもちゃんと上に立つんだったらオレは御輿(みこし)を担ぐつもりだった。あのころ、オレが勢いに乗りすぎて、どっかで武藤さんがオレに対して恐怖を感じたのかもしれませんね。武藤さんと同じように橋本選手も一国一城の主になりたいっていう野望があって飛び出しましたけど、オレは、そういうのは面倒くさいから、まったくないんです。誰かが上に立つんだったら、真横について頑張れってオレに声をかけて、応援するのが好きなタイプなんですよ。だから、武藤さんには、せめて一言だけでもオレに言って欲しかった」

今も蝶野が無念さを露わにする武藤の離脱。一方、迎え入れる全日本の馬場元子は、喜びに満ちあふれていた。移籍が公になる直前の年末に武藤の妻・久恵に宛てた手紙にその思いがつづられている。

『今年は武藤さんに協力して頂き全日本プロレスは沈没しないで一年を通すことができ、又今後も力になって頂けるとのことで、私は武藤さんの言葉に甘えている毎日でうれしくニコヤカに過

ごせる様になりました。
でも、奥様は今まで何の不安もなく毎日の生活をされていたのに急に方向が変わり何かと気がかりだと思うのですが全日本プロレスに武藤さんの力を下さい。
本当は貸して下さいなのですが武藤さんの全日本プロレスにして頂かなくてはならないので力を頂きたいのです。
どうぞよろしくお願い致します。
こんなお願いを奥様はお困りになると思うのですが、もう一度夢をみてみたいのです』
39歳の冬、武藤は野心を抱き全日本プロレスへ移籍した。レスラーから社長という一国一城の主になった新たな旅が始まった。

8章 社長の苦悩

「骨の髄までしゃぶられる」

2002年2月9日、新日本プロレスを退団した武藤敬司が、全日本プロレスの後楽園ホール大会に登場した。小島聡、ケンドー・カシンとリングに上がると、待っていたのは観客からのブーイングだった。

「今までは、全日本の救世主みたいに迎えてくれたファンが、全日本に入るってなったら『何だ、乗っ取りに来たのか』みたいにブーイングに変わったからね。シチュエーションが変わると、これほどまでにファンの心は変わるものかって改めてプロレスの難しさを感じたよね」

小島、カシン、そして新たにスカウトしたカズ・ハヤシと共に、2月26日にキャピトル東急ホテルで行った入団会見で武藤は、「全日本プロレスに骨を埋める覚悟」と言うつもりが「全日本プロレスに骨の髄までしゃぶってもらいたいと思います」と口走ってしまった。まさか、このセリフが現実になるとは思ってもいなかっただろう。

全日本への移籍は、「骨の髄までしゃぶられる」日々の始まりだった。

武藤がファンの反応にズレを感じたリング以上に、取締役となった青木謙治は、外側から見た全日本と内実の落差に愕然とした。

「会社の財政は、ズタズタの状態でした。税理士さん任せの事務所みたいな感じで、経理をきちんと見ることができる人すらいませんでした。内部留保、自己資金は、ほぼなかったですね。資産ゼロっていう会社でした」

8章 社長の苦悩

2000年6月に三沢光晴らの大量離脱で崩壊寸前だった全日本は、新日本との対抗戦と武藤のビッグマッチへの参戦などで、日本武道館大会こそ観客を集めていたが、地方興行の落ち込みは深刻だった。さらに収入の柱だった日本テレビからの放映権料を失い、経費削減が会社の喫緊の課題だったが、ジャイアント馬場夫人で社長の馬場元子は、亡くなった夫が貫いた経営方針を基本的に変えなかった。青木によると中でも経営を圧迫していたのが、外国人選手への手厚い待遇だった。

「テレビ中継を失った状況でも、元子さんは外国人選手にはいいギャラを支払っていました。来日する飛行機のチケットも本当に高かったですし、外国人選手への経費を見た時に、『本当にこれでよくやっていたな』と思いましたよ。会社として利益が出る体質ではありませんでした。恐らく元子さんは、自分の貯金を持ち出して運営していたと思います。社長になって意地だけでやっていたんだろうなって思いました」

レフェリーを務めていた和田京平によると、当時、一シリーズで外国人選手の渡航費用だけで最低でも1000万円はかかっていたという。

「馬場さんは、来日する外国人選手に対して、レスラーたるものエコノミークラスでは絶対に呼ばないというポリシーがありました。全員ビジネスクラスで、三冠、NWAチャンピオンクラスはファーストクラス、これは崩せない考えだったんです。そのお金を馬場さんは、日本テレビからの放映権料でまかなっているんだって言っていました。ですから、テレビがなくなった後で元子さんが同じ待遇を続けていれば、会社のお金がどんどんなくなるのは当たり前でした」

武藤らの加入で、観客動員は上昇した。ただ、新日本で最高額の年俸だった武藤はもちろん、小島もカシンもギャラは高額で、さらに、社員が五人増え、人件費は高騰した。だからこそ、外国人レスラーの待遇を変えることは不可欠だったが、元子が馬場が目標にしていた2002年10月に迎える旗揚げ30周年までは、亡き夫が守ったポリシーで団体を存続させることを変えなかった。

和田は、そんな元子の姿を側で見ていた。

「元子さんの支えは、30周年までは、何としてでも全日本を続けることでした。それは出て行った三沢たちへの意地でもあったと思います。多分、社長になってから元子さんは、自分の財産をかなり切り崩していたと思います。馬場さんは財産を遺しましたけど、あのまま続けていたら元子さんの貯金は二、三年でなくなっていたでしょうね」

裏を返せば、元子が私費を投じていなければ、プロレスリング・ノアと分裂後、間もなく全日本プロレスは潰れていた。武藤たちが移籍した時には、すでに会社の経営は自力運転ができない危機的状況だったのだ。だからこそ、青木も和田も元子の内心を「武藤さんが来ることにホッとしたと思います」と推しはかった。

青木は、全日本へ入社してからの主な仕事は、「ほぼ毎日、金策でした」と振り返った。移籍する前に全日本の内部事情を調べなかったツケが一気に噴出した。資金繰りに奔走する日々だったが、すでに賽は投げられ、後戻りできる状況ではなかった。当時の武藤は「一国一城の主」になりたいという野心が何よりも勝っていたし、プロレスラーとして誰よりも観客を呼べる自負もあった。火中の栗を拾う移籍だったが、行動を共にしたスタッフも「武藤さんなら何とかしてく

れる」と信頼もしていた。

全日本へ移ってからの武藤は、ほぼ全戦でメインイベントに出場し、7月20日の日本武道館大会では、「武藤敬司」、「グレート・ムタ」、そして前年8月に編み出した新たなキャラクター「黒師無双」として三試合を行うなど、フル回転で団体を引っ張った。試合ではムーンサルトプレスの頻度が再び増し、同時に膝への負担は増大した。

「全日本に行った時点で小島も連れて行ったけど、やっぱりオレが先頭切って試合をしないといけなかった。だから、それなりにムーンサルトプレスも出していたよ。そりゃ、膝には悪いけど、あの時は、そんなこと言ってられなかったからね」

リング内外で心と体を切り刻みながら奮闘し、9月30日にキャピトル東急ホテルで開かれた「全日本プロレス創立30周年パーティー」で正式に社長就任が発表され、10月1日から全日本プロレス社長・武藤敬司が誕生した。

社長・武藤敬司

新社長となった武藤は、まず高額なギャラで経営を圧迫していたすべての外国人選手との契約を打ち切った。さらにグッズの売り上げで選手に入るマージンも見直した。全日本は、選手に肖像権として10パーセントのマージンが入る契約だったが、これを新日本と同じ3パーセントへ削減した。

「契約を切った外国人からは恨まれるし、グッズのマージンも引き下げたから今度は選手から、

文句言われたよ。でも、削れるところは削らないと、とてもじゃないけど、もたなかったよ」

会社のスリム化を実行する一方で新規事業にも乗り出した。全日本へ移籍した直後に新日本から共に移ってきた腹心の武田有弘へ、地上波のテレビ中継を獲得することを指令していた。三沢らの大量離脱でテレビ中継を失った全日本の、地上波のレギュラー復活は、武藤の悲願だった。

武田は人脈を駆使し、立ち技系格闘技イベント「K―1」と接触し「K―1」を通じてフジテレビで放送する契約をまとめた。

ただ、番組は武藤が描いた全日本プロレスの中継ではなく、「K―1」が主体となった新しいプロレスイベント「WRESTLE―1」をスタートする内容だった。「K―1」に加え、総合格闘技「PRIDE」を主催する「DSE」が共催するこのイベントに、全日本は選手を貸し出すなどの協力関係という形で関わった。

武藤たちが描いたテレビ中継の理想は、自らが育った昭和の新日本プロレスの金曜夜8時に流れた生放送と同じような、全日本プロレスの試合中継だった。ところが当時は、「K―1」、「PRIDE」が地上波のゴールデンタイムに君臨する時代となっていた。テレビ局のプロレスへの評価は低下し、何よりスポンサーがつかなかった。そこで頼りにしたのが当時、フジ、日本テレビ、TBSと民放3局で中継するなど、テレビ局に強いパイプを築いていた「K―1」が持つコネクションだった。彼らの力を借りることで、ゴールデンタイムでの放送は実現した。

「WRESTLE―1」は、格闘技中継を担当するスポーツ局ではなくバラエティを担当するスタッフが放送を担った。同局にとって主役は「全日本プロレス」でも「武藤敬司」でもなく、こ

294

8章　社長の苦悩

の年に「PRIDE」と「K-1」のリングに初参戦し人気急上昇中だったボブ・サップだった。第1回大会は、2002年11月17日に横浜アリーナで開催され、サップ対グレート・ムタをメインに据えた試合は、フジテレビ系で11月26日午後7時から放送され、「ボブ・サップのバトルエンターテインメントショー」と銘打たれた。

結果、全日本プロレスの魅力を地上波で流す思惑は崩れ、ボブ・サップという旬なタレントがリング上で暴れ回る、バラエティのような番組構成となった。それでも地上波に「武藤敬司」の姿と「全日本プロレス」という看板が流れることで、将来大きなリターンが来ることを思い描いていた。フジテレビと交渉した武田も先行投資と考え、突っ走った。

「最初は、どうやってフジテレビをつけようかっていう話でしたが、交渉を進めていくうちに、放送してもらうために向こうの要求を飲むしかないという、逆説的な形になったんですね。ただ単に全日本プロレスを放送するという時代じゃなくて、タレントパワーでサップを出せば視聴率が取れるとフジは考えて、その状況でスタートしたのがWRESTLE-1でした。今思えば、フジ側からサップ対ムタとか要求されて『それは、できません』って終わっていれば、良かったかもしれません。だけど、あの時はとにかくテレビをつけようということが第一でした。結果、全日本じゃないものをやってしまったんです。その部分で強引にやり過ぎたなと思いますよ。もしかしたらその時、武藤さんも全日本というより自分のプロレスがゴールデンタイムで放送されれば、全日本も上がっていくみたいな感覚があったと思います。でも、それは、新日本の社風で全日本は全員で持ち上がらないといけない団体だったんです。新日本は、猪木さんの時代からト

295

ップが上がれば下も上がっていく会社なんですけど、全日本はそうじゃないんですね。みんなで一致団結して上がっていく団体で、そこをファンは支持していたんです」

第1回大会の平均視聴率は8・4パーセント（ビデオリサーチ社調べ。関東地区）で目標の二けたをクリアすることはできなかった。さらに、WRESTLE−1のスタートは、全日本の経営にさらなる負担を招いた。

興行自体は、K−1とPRIDEの共催で全日本は携わっていなかったが、問題は、目玉として招聘したビル・ゴールドバーグとの契約だった。

ゴールドバーグは、NFLを引退後、プロレスへ転向し、WCWで1997年にデビューした。プロレス転向後、わずか一年でハルク・ホーガンを倒し、WCW世界ヘビー級王座を奪取、一気に全米のトップレスラーへとのし上がった。日本には来日していなかった超大物は、2001年3月にWCWが崩壊すると、契約がフリーとなった。この間隙を縫ってK−1、PRIDE、全日本の3社連合が「WRESTLE−1」の看板選手にすべく契約を結んだ。契約内容は五試合で総額1億円を超える破格の条件で、全日本はそのうちの二試合に参戦する代わりに、5000万円を負担することになった。

ゴールドバーグは、2002年8月30日、31日に全日本の日本武道館二連戦で、日本マット初参戦を果たし、初日に小島、二日目に太陽ケアと戦った。いずれも圧倒的な存在感を見せ、観客動員にも貢献した。来たるべき「WRESTLE−1」へつながるお披露目試合は表向きには成功した。ムタとサップがメインを飾った第1回「WRESTLE−1」では、武藤と組み、リック・スタイナーと対戦。翌2003年1月19日には、東京ドームでの第2回大会で、武藤と組み、ブライアン・

8章 社長の苦悩

アダムス、ブライアン・クラークの「クロニック」と対戦した。

ここから武藤とゴールドバーグのドラマが生まれるかと思われたが、「WRESTLE—1」自体が消滅することになる。K—1に参戦していたミルコ・クロコップを最後に、イベントは自動的に消えて、大会を主催していた両社の関係が悪化、第2回大会の東京ドームをPRIDEが引き抜いたことから、フジテレビの中継もなくなった。「WRESTLE—1」が軌道に乗れば、武藤、さらには全日本への注目度が上がり観客動員に返ってくるはずという先行投資の思惑も崩れ、全日本にはゴールドバーグへ支払う5000万円の巨費だけが残った。

「テレビをつけるために花火をあげようと考えて、必要だったのがゴールドバーグでした。そこは当面の利益を度外視してリングに上げた部分でもあったんです。ですから武藤さんのテレビをつけようという考えは間違いではなかったと思います。ただ、思ってもみないことが続いて、イベントそのものがなくなって、結果、残ったあの5000万円でさらに経営的には非常に厳しくなったことは事実です」

青木が明かすように「WRESTLE—1」で内情は火の車になった。余談になるが、この時点でゴールドバーグの契約は一試合残っていた。このため、ゴールドバーグの契約を消化する目的で始めたのが「ハッスル」と名付けた新たなプロレスイベントだった。PRIDEを運営する「DSE」が残った契約を消化する目的で始めたのが「ハッスル」と名付けた新たなプロレスイベントだった。第1回は2004年1月4日のさいたまスーパーアリーナで、ゴールドバーグはメインイベントで小川直也と対戦し、五試合の契約を終えた。

是が非でも欲しかった地上波での放送もなくなり、ゴールドバーグのギャラというマイナスだ

けが重くのし掛かった時、青木は、一つの決断を下した。社長の武藤と自らの給与をストップしたのだ。

「移籍して一年過ぎたあたりに、私から武藤さんにお願いして、私と武藤さんには給料を出しませんでした。武藤さんも、納得はしてくれました。後、申し訳なかったんですが、ギャラが高かった小島選手とカシン選手への支払いも二か月近く遅れるようになっていました」

青木の金策への奔走とカシン選手への支払激しさを増した。「あのころの記憶は、思い出そうとしても思い出せないぐらい辛い日々でした」。新日本時代は、銀行に借金を頼んだことはあったが、全日本では銀行は相手にしてくれず、もっぱらスポンサー筋に頭を下げて金を借りた。

「ただ、私の中で、そういう場所に武藤さんを連れて行くことだけはしたくありませんでした。どうしてもという時は行ってもらったこともありますが、エースでトップのレスラーである武藤さんに頭を下げさせるわけにはいかないと思っていました」

武藤が預かり知らないところで青木は借金を重ね、次第に二人の間に溝ができるようになった。

全日本からの給与が停止された武藤は、2003年の4月に個人事務所「LEG LOCK」を設立した。全日本から給料を受け取らない代わりに、個人での芸能活動やグッズ販売などの売り上げで、自らの収入を確保するためだった。「後は新日本から一緒に来た社員の食いぶちを作らないといけなかった」と武藤が明かすように、新日本から共に移ってきた青木を除く社員四人の給与を「LEG LOCK」で負担したのだ。

古巣・新日の凋落

K―1、PRIDEの格闘技人気にプロレスが完全に押され、業界のトップを走っていた新日本も武藤、橋本真也の離脱で下降線をたどっていた。営業部長だった上井文彦は、武藤と橋本の離脱が大打撃だったと明かす。

「武藤と橋本が抜けたのは、大きな痛手でした。特に武藤が抜けた時は、しびれましたよ。二人は新日本にとって太陽でした。残った蝶野正洋にしても天山広吉にしてもみんな月でしたから。月は自分では光らないでしょ。お客さんを惹きつける光り輝く太陽が二つもなくなれば、それは苦労しますよね」

観客動員だけでなくグッズ販売の売り上げも、武藤の不在で大きな痛手を受けた。当時の新日本のグッズ収入で、武藤とグレート・ムタが六割も占めていた。残る二割が新日本プロレスのロゴマークなどが入った団体の商品で、後の二割が他の選手だったという。武藤の離脱は、新日本の台所も直撃した。

さらに、長州力、佐々木健介らも退団した。長州は、新団体「WJプロレス」を2002年3月1日に横浜アリーナで旗揚げするも、わずか半年で興行停止に追い込まれた。格闘技とは一線を画し、プロレスだけを追求していた三沢の「ノア」は、人気をキープしていたが、業界の盟主だった新日本プロレスで相次いだ激震は、プロレス人気を地盤沈下へと追い込んだ。

後戻りはできなかった

不況の波は深刻さを増し、全日本の社長に就任した翌年には、武藤と青木は個人の資産も切り崩して会社へ投入するまでに至っていた。

「ボクと武藤さんは財産を切り崩して全日本に資金を入れていました。恐らく、武藤さんはあのころ、早く全日本を辞めたいと考えていたと思います。移る前は、できれば新日本で果たせなかった株式上場もやりたかったんですが、実際に入ってあの状況になると難しいと思っていました。新日本を辞めた時は、最低でも自分たちが飯を食えるぐらいは稼ごうと思っていましたけど、それもできなかったですからね。だからこそ、あの時に見切りをつけてれば、良かったかもしれないなと思うところはあります……」

青木が今だから明かせる引き際だったが、武藤は後戻りできなかった。

「あの状況だから、給料がないのはしょうがなかった。だけど、辞めることはできないよな。個人じゃどうしようもないぐらい色んなところから会社としてのスポンサーもいたからね。確かに、見切りつけるのが早かったら小島とカシンとオレでフリーになってやれたかもしれない。ただ、フリーになっても ある意味、最初はいいけど、どこの団体に出ても使い捨てにされたよ」

一方で、社長を退任した元子との間で株の譲渡を巡り軋轢(あつれき)が生まれていた。全日本へ移籍する条件として、元子が保有する株を譲り渡す約束を交わしていたが、一向に譲渡されず武藤は、名前だけの「社長」という状態が続いていた。「そのまま株が来なかったら、辞めてたよ」と打ち

明けるように、「一国一城の主」を掲げて全日本に来た武藤は、このまま株を保有できなければ全日本を辞める決意を固めていた。

青木は、移籍直後から元子に直接、株の譲渡を急ぐよう頼んだという。

「ただ、ボクが言うと『分かっているわよ』って言うんです。『いつするんですか？』っていうと『ちょっと待っててね』ってその繰り返しでした」

煮え切らない状況だったが、それ以上、強く迫れない事情があったという。

「全日本のお金が苦しくなった時に元子さんに借金を申し込んで、貸してくれた時がありました。そうなると強く言えませんよね。そういうこともあって、元子さんから見れば、『この人たちに株を渡して大丈夫なの』っていうことも多分、考えていたと思うんです」

レフェリーの和田京平によると、元子への借金はゴールドバーグを招聘する時に頼んだという。

「ゴールドバーグを呼ぶ時に全日本にお金がなくて、元子さんに5000万貸して欲しいっておって言って会社の登記にしていたんですが、その時に名義を全日本プロレスから馬場元子へ書き換えたんですね」

そして、元子から武藤に株を渡さない理由を聞いていたという。

「全日本へ移籍する条件に武藤選手側は、約束していた資金を持ってこなくて、それで元子さん願いしたんです。それで元子さんは『誰も貸してくれないなら、じゃあ私が出すよ』って言って出したんです。その時に元子さんは、その5000万円の保証として全日本の道場を『私の登記にしなさい』って言ってたんです。道場は、生前、馬場さんが『お前らのために全日本に残してやるよ』っ

和田が元子から聞いた話では、その金額は「6億円」だったという。いわば移籍に伴う持参金で、確かに武藤は、後に全日本プロレスの社長になる白石伸生から資金援助を受け数千万円を全日本へ投資したという。しかし、「6億」という和田が明かした金額は否定した。

「6億なんて金がオレに用意できるわけないよ。そんな話、事実じゃないよ。6億用意できたら自分でやってるよ」

　元子は2018年4月14日に肝硬変のため78歳で亡くなった。武藤と和田のどちらの話が真実なのかを尋ねることはできない。ただ、株の譲渡を巡る攻防で、武藤と元子の間に事前の約束と何らかの齟齬があったのだと推測するしかない。そして、株の譲渡を巡る攻防に楔を打ち込んだのが和田だった。

「武藤さんが元子さんから株をもらえない時に『京平さん、株がないからどうにもならねぇよ』って泣きついて『オレ、全日本を辞めるよ』って言ったんですね。それを聞いた時に、このまま行けば、また三沢と同じになっちゃうから、これはマズイって思ったんです」

　和田が明かした「三沢と同じ」とは、馬場が亡くなった後に全日本の社長に就任した三沢光晴に元子が株を渡さなかったことを指す。結果、元子は、オーナーとして団体の運営などについて社長の三沢へ意見し、両者の対立が深まった結果、三沢は「プロレスリング・ノア」を旗揚げした。この時、一般週刊誌は老舗プロレス団体のお家騒動と報じ、元子を「女帝」と批判する記事が数多く書かれた。株の問題で武藤が辞めれば、再び三沢の時と同じように元子への批判記事が集中することを和田は想像した。

302

8章　社長の苦悩

「あの時オレが考えたのは、全日本じゃなくて、元子さんを守ることでした。株の問題でもめて武藤さんが辞めれば、『なんだ三沢の時とまた同じじゃないか』って馬場元子。株の帝みたいな形で悪く書かれて『やっぱり悪いのは、馬場元子じゃないか』って世間は捉えると思ったんです。確かに元子さんに悪いところがあるのかもしれないけど、そうならないようにオレは守ろうと思ったんです」

株の譲渡が決着すれば、武藤は全日本に残るため内紛が表沙汰にはならない。元子を守るため、和田は、武藤サイドにつくことを決断した。

「武藤さんに『株をもらって本当の社長になってくださいよ』って言いました。武藤さんからオレは元子さんのスパイみたいな感覚で見られていたから『いや、いや、オレ別にそういうのないよ、武藤さんの方に行くよ』って言ったんです。それで全日空ホテルに当時の役員が集まって、元子さんは、ハワイの別荘にいたんで、ハワイにファックスで取締役全員の辞表を送ったんです」

取締役全員の辞任は、武藤の退団だけでなく、全日本プロレスの、会社としての機能が停止することを意味していた。辞表を受け取った元子は、保有していた株を武藤に渡すことを決断した。

リング上でも苦戦が続く

正式にエース兼オーナー社長となった武藤は、リング外では難局の連続だったが、リング上では橋本の「ZERO―ONE」との対抗戦を仕掛け、熱気を呼んでいた。2003年2月23日の

日本武道館では、グレート・ムタとして保持していた三冠王座を橋本に奪われたが、新日本の東京ドーム大会の同日に開催した5月2日のZERO—ONE後楽園ホール大会では、小島と組んで橋本、小川直也のOH砲と対戦、試合後にケガで復帰したばかりの川田利明が乱入し超満員の後楽園にサプライズを起こした。三冠王者の橋本に全日本勢が挑む構図で活気を生んだが、今度は橋本がケガに倒されてしまった。7月6日のZERO—ONE両国国技館大会で小川と組んで武藤、川田組と対戦した試合後に「右肩の脱臼及び、右腱板断裂の疑いで全治三か月」、さらに右足も「膝の前十字靱帯断裂及び脛骨骨折で全治二か月」と長期欠場に追い込まれた。

全日本へ移籍してからは、リング上で歯車が回転し始めると寸前で挫折することも連続した。橋本の欠場に加え、武藤が社長に就任後に発掘した外国人選手のギガンテスが12月5日の日本武道館大会翌日の6日に、成田市内のホテルで急性心不全のため36歳の若さで急死してしまったのだ。ジャイアント馬場時代の外国人選手との契約を打ち切り、新たに結成した外国人軍団「RO&D」の中心で活躍していた。身長2メートル、体重150キロの体格を持ち、人気も上昇中だったギガンテスの急逝は、あまりにも無念だった。そして、この年の12月には経費削減の一貫で、馬場時代から使ってきた事務所を六本木から九段へ移した。

年が明けた2004年、デビュー20周年を迎えた。記念の年は、他団体へ激しく出撃した。まずは、新日本へのUターン参戦が実現した。1月4日の東京ドーム大会に、ボブ・サップと組んで参戦。蝶野、天山と対戦した。ボブ・サップは、4日前の大みそかにナゴヤドームで行われた「K—1 PREMIUM 2003 Dynamite!!」で、大相撲の元横綱曙のK—1デビ

8章 社長の苦悩

ユー戦の相手を務めKO勝ちをするなど、話題性は抜群だった。オファーしたのは、営業部長からマッチメイカーに抜てきされた上井だった。

「あの時、戻って来てくれってオファーしたのは、武藤が出て来てくれたらお客さんが入るからです。それ以外に理由はありません。猪木さんからも『何で武藤を戻すんだ？』って聞かれましたけど、ちゃんと事前に理由を説明して承諾を得ていました」

一方の武藤は、新日本からのオファーにある交換条件をつけた。

「グレート・ムタの肖像権が新日本にあるから、新日本は偽物のムタを作ったりしてさ。だけど、話題になったから、その展開はオレからしたらいいことだったんだけど、ただ、いつまでもそのままっていうわけにはいかないから、新日本に出る時に交換条件で肖像権を返してくれって言って、OKしてくれたから出たんだよ。それでムタのコスチュームもみんな新日本の倉庫に置いてあったから、そういうのもみんな戻って来たよ」

7月10日にはノアの東京ドーム大会に参戦し、三沢との夢の対決が実現した。試合は太陽ケアとのタッグで、三沢と小川良成が持つGHCタッグ王座に挑戦するという試合だった。同大会は、旗揚げから四年目となるノアにとって初めてのドーム興行で、ノアからの参戦オファーは、全日本時代に和田と共に馬場のマネージャーとして仕え、フロントトップでリングアナウンサーの仲田龍から和田へ持ち込まれた。和田によると仲田の希望は、当初、武藤ではなく川田の出場だったという。

「ただ、提示された条件を川田が断ったんです。それで、武藤さんに話をしたら、『いいよ。じ

やぁオレが出るよ』って即答でしたよ。あの辺のレスラーとしての嗅覚はさすがですよね」

武藤にとって三沢との初対決は、社長としての判断だった。

「バーターですよ。オレがノアに出て、その後、三沢さんにウチのリングで小島とやってもらって、オレの記念試合に出てもらったからね。そういうすべてがワンセットのバーターだったよ」

参戦の見返りとして今度は三沢が7月18日の両国国技館大会に登場した。離脱からおよそ四年を経た三沢の全日本マット復帰は話題を呼び、試合も小島との一騎打ちという好カードで、国技館を超満員の観客で埋めることに成功した。さらに10月31日に両国国技館でのデビュー20周年記念大会で三沢と初タッグを結成、佐々木健介、馳浩と対戦し記念のムーンサルトプレスで馳を破った。様々な側面があった武藤にとって、三沢はプロレスラーというよりも社長のイメージを強く抱いた。

「三沢さんは、存在そのものがまさに社長で重みがあったよ。レスラーからもお客さんからも信頼されて、支持されているのを凄く感じたよ。それは、プロレス道の中でも若い時に二代目タイガーマスクになったり、その時に長州さんたちのジャパンプロレスが全日本に来たりして、きっと苦労をされてきたんだよね。そういうプロレスラーとしての道もお客さんと一緒に歩んで、プロレス社長になった姿も見ているから、お客さんが信頼して支持していたんだと思うよ」

レスラー三沢光晴は、どんな印象だったのだろうか。

「これは、どっちがいいとか抜きにして、オレとはプロレスを作り上げるセンスが違ったよ。育った環境が違うんだから、しょうがないよ。やりづらくはなかったけど、プロレスの技術ってい

8章　社長の苦悩

2004年7月10日東京ドーム。三沢との夢の対決が実現した。

う部分では、オレの中ではちょっと分からないところがあったよ」

新日本へのUターン、そして三沢との初対決、とプロレスラーとしての輝きを放った2004年は「WRESTLE−1」で挫折した地上波のテレビ放送を獲得した。4月5日からテレビ東京で毎週月曜深夜26時から「プロレスLOVE 夜のシャイニングインパクト」が放送されることが決まった。30分間の番組は、深夜帯だったが全日本プロレスの情報だけを伝える内容で、日本テレビが中継を撤退した2000年6月以来、全日本にとって三年十か月ぶりの地上波でのレギュラー番組復活だった。

この年は、2月22日を最後に聖地といわれた日本武道館での開催から撤退するなど、会社の苦しい状況がファンにも周知されることになった。それだけに地上波復活は表向きには朗報だった。

しかし、青木によると結果としてこの番組がさらに全日本を苦境に追い込むことになったという。

「興行の流れをつなげるために、テレビは必要だったんです。あれで一層、厳しくなりました」

新番組はテレビ東京から放映権料が発生せず、全日本が30分の番組枠を買い取る形で放送する契約だったのだ。ただ当初からテレビ東京側のスポンサーとして相応しいか否かの審査に通らず、やむなくスポンサー不在のままの放送を余儀なくされたのだ。ただでさえ経営危機に陥っている現状で見切り発車となった新番組だったが、武藤の中ではテレビの力は絶対に欲しかった。

「スポンサーになってくれるって言った会社がテレ東の査定に通らなくて、直前になってオレた

8章 社長の苦悩

ちが持ち出さなきゃいけない状況になっちまって本当に参ったよ。だけど、その時代はやっぱりテレビが絶対だと思っていたんだよね。どれだけいい試合をやっても流れを、世間に伝わらないとマスターベーションになっちまうもんな。今ならネットの動画サイトとか、色々告知できる方法はあるけど、あのころはやっぱり、まずはテレビっていう頭しかなかったよな」

全日本のPRを狙った番組だったが、枠を買うための支払いは、毎月滞った。結果、番組は一年間で終了した。滞納金は約8000万円にまで積み重なり、会社にさらなるダメージを与えた。

あまりの苦境にレスラーも去って行った。7月2日に青木が会見を開き、1日付で武藤と共に新日本から移籍したケンドー・カシンを「解雇」したことを発表した。しかし、青木によると実際は、「解雇」ではなく、カシン自らが申し出た「退団」だった。

「カシン選手が会社の苦しい状況を見て『そんなに苦しいんだったらオレが辞めます。オレの固定給は高いから、支払わなくていいですから、フリーにしてください』って会社を救うために自分から辞めてくれたんです。ただ、発表は、解雇にしてくれって言われて、そこは、プロレスラーとしての判断だったと思います」

カシンは、高額の給料をもらっている自分の存在が、会社の負担になることを考えた末に退団を決意した。内実は退団だったが、表向きに解雇と発表したのは、今後、プロレスラーとして活動する上で「全日本がクビにした」ことを話題として使うための判断だった。当時、カシンは新日本の永田裕志とのコンビで世界タッグ王者だったが、解雇されてもベルトを返さなかった。カシンにとってリング上で話題を呼ぶための手段だったが、再三の要求に応じなかったことで全日

本がベルト返還を求め東京地裁に提訴する事態に発展してしまう。カシンは当時をこう振り返った。

「世界タッグは、たまたま凛々しい顔の永田君が新日本でのポジションが危ういから、全日本で話題を作って新日本でもうひと花もふた花も咲かせたいというところがあったみたいで、彼へのボランティアみたいなものでタッグを組んだら世界タッグを取っちゃったんです。その後、辞めることになって、ベルトを返すの？　っていう話になったんで、試合を組んでくれれば、それで良かったと思うんだけど、試合は組まないっていう話になったから宙ぶらりんになって訴えられました。訴状が届いた時に、弁護士を雇わないといけないんで、面倒くさいなぁって思ったよね。金もかかりましたけど、裁判の仕組みとかいい経験になりました、ハイ」

結局、裁判で和解しベルトは全日本へ返ってきた。しかし、全日本へ共に移籍した後の社長・武藤敬司には別な思いを持っていた。

その存在感とレスラーとしての才能に圧倒されてきた。カシンは若手時代に武藤の付け人を務め、人の好き嫌いがあって、それは例えば自分を裏切った人間は許さないっていうところがあったよね。猪木さんとか大仁田さんとかは、人間関係を度外視して、商売になるんだったらリング上では何でもやる。猪木イズムって、ビジネスになるなら何でも受け入れることだと思うんです。商売だと思ったら個人的な感情とか関係ないよね。武藤さんもそこがあれば、裁判しないでリング上にお客さんをもっと惹きつけられたと思うよ。ベルト返還も猪木さんだったら、裁判しないでリング上に反映させてい

「経営者よりも一レスラーとしてやっていた方がより輝いていたんじゃないかな。どうしても、

8章　社長の苦悩

たはず。ただ、今思えばゴールドバーグを呼んでガクッと傾いて、武藤さんも自分がそれを背負わなといけなくなったからどうしても、視野が狭くなったのかなって思う。選手にギャラも払わなければいけなかったし、目先のことばかりに頭が行ってしまったのかも。移籍した時に新日本から社員を五人連れて行ったけど、いくら能力のあるフロントがいても結局、試合とかレスラーの商品が良くなければ、プロレス団体は商売になりません。新日本は、色んな素晴らしい商品があったからフロントの人たちも動かせていたと思う。会社ってやっぱり人が動かすものだから、うまく行く時も行かない時もある。あのころ、オレから『経営に関して選手みんなが心配しているから一言言ってくださいよ』みたいなことを言ったことはあるけど、『そんなの知らねぇよ』みたいな感じで言われたこともあったり、結構焦っていたんじゃないのかな。だから、新しい会社ってみんなで育てていくものなんじゃないかな。もともとあるものを持って来てそのままやったからって、うまくいくものではないなと思ったよね。ただ、オレ自身は全日本へ行ったおかげで色んなことを俯瞰して見ることができた。あの時代の経験が今でも生きているよね。あれがなければもうとっくの昔に廃業していたんじゃないの。全日本、PRIDEとかやって、あの当時は色々問題もあったけど、今になって思えばやってマイナスじゃなかったよね、すべてプラスした。ありがとう武藤夫妻です」

盟友「破壊王」の死

カシンに続き、翌2005年3月には、生え抜きで看板選手だった川田利明も退団し、フリーとなった。社長就任から団体を支えたレスラーが離れていく中で永遠の別れが何の予告もなくやってきた。

橋本真也の死だった。

2005年7月11日、午前10時36分、横浜市南区の病院で脳幹出血のため急逝した。40歳の若さだった。

「最初に聞いた時は、信じられなかった。この業界は、デマが飛ぶからね。思い出？　いっぱいあるよ……何かいっぱいあるよ……」

同じ1984年4月21日に新日本プロレスに入門し、合宿所で共に生活し道場で汗を流した若手時代。闘魂三銃士としてドームツアーを支えた黄金時代。そして、橋本が新日本を解雇されZERO-ONEを旗揚げし、武藤も全日本へ移籍し共に一国一城の主として交わった時代。プロレス人生のすべてを破壊王と共に歩いてきた。溢れるほどの思い出は、一言では語り尽くせない。

だからこそ「いっぱいある」という言葉にすべてを込めていた。

橋本の通夜は、急逝から4日後の7月15日に横浜市内で営まれた。当日、全日本プロレスは後楽園ホールで試合があった。メインイベントを終えた武藤は、リング上でマイクを持った。

「健介、小島、嵐、橋本、死んじゃったよ。ちょっと、追悼試合やろう。10分」

8章 社長の苦悩

佐々木健介、小島、嵐に呼びかけ、急きょ武藤、嵐組と佐々木、小島組による10分一本勝負の追悼試合を行った。武藤が、破壊王の必殺技のケサ切りチョップ、ツバメ返しを繰り出すと、場内は涙を流したファンが奏でる橋本コールに包まれた。最後は小島へ橋本の必殺フルコースとなるDDTから三角絞めを決めたところで、制限時間の10分を終えるゴングが鳴った。追悼セレモニーでは遺影を抱き10カウントゴングを捧げた。

遺影を手にしたバックステージでは感傷的な言葉は封じた。

「追悼試合、しんどかったよ。橋本、生きてるってしんどいよ。今更何も言うことねぇや。早くあの世へ行ったら団体作って待っててくれよ。その時は絶対、オレをエースに迎えろよ」

生きてるってしんどいよ――遺影に向かって語りかけた言葉に、当時の武藤の本音と苦境がにじみ出ていた。あれから十四年、今、橋本真也へ何を思うのだろうか。

「彼も時代が作り上げたレスラーだったよ。あんなデブで瞬発力すげぇあったもんな。今いたらあの蹴りはみんな嫌がっただろうな。ただ、オレが好きなのは、新日本時代に猪木さんの後継者とか闘魂伝承とか目指していたころの橋本でさ。それ以後のハッスルとかZERO-ONEで何かお笑いみたいなキャラクターでふざけたのは、あんまりセンスのいいプロレスには感じなかったよ。やっぱり破壊王で、猪木さんの背中を追って闘魂伝承を貫いて、ずっとそこで勝負していれば良かったと思うんだけど、ある意味、ZERO-ONEを作ってからは、そこを貫かないで、ちょっと逃げに行ったのかなと思ったりもするよね。体力的にそうだったのか、しんどかったのかも分からないけど。結論を言ったら、そういう練習不足だとか不摂生だとか、その延長で死んじ

まった感じがするもんね」

遠くを見つめるように橋本への思いを吐き出した。途中、「ただ」と強い口調で話を変えると、こう続けた。

「これは、今もそうだけど、オレの中では、あんまり橋本を使って商売をしたいと思わなかった。橋本の追悼を掲げて集客はやりたくなかったよ。そこは、意地というか……っていうより、そういう大事な部分もあるしね。ビジネスに彼を結びつけたくなかった」

橋本は、亡くなる前年の11月に自らが設立した「ZERO—ONE」の経営悪化の責任を取って団体を追われていた。武藤にとって共に野心を持って独立した同志の挫折だったが、プロレスに夢をかけた破壊王を興行に利用することには、その人生を汚すような思いがあった。だからこそ、通夜の日に捧げた追悼試合も事前の予告なしに行った。

度重なる苦境

この年の8月に、新日本への移籍を真っ先に相談し声をかけた青木が会社を離れる。経営不振の責任を取らされた事実上の解任だった。11月には新日本から共に来た社員も退社した。野心を抱いた移籍は、三年八か月を経て小島だけが残る状況となった。

青木に代わって経営を司る取締役に就任したのは、前年から執行役員として経営のアドバイスを行ってきた内田雅之だった。

内田は、北海道で医療コンサルタント会社を経営していた実業家で新日本時代から武藤とは旧

8章 社長の苦悩

知の仲だった。執行役員になったのは、テレビ東京の番組で滞納した8000万円の支払いを広告代理店から迫られた時に、青木から交渉人を依頼されたことがきっかけだった。この時、一括での返済を求める代理店側を説得し、全日本の負担が少なくなる方法で交渉をまとめ、こうした実績により武藤から信頼され、青木が退社した後に副社長として会社の経営を託された。

内田が会社の中に入った時、当時、年商は5億円ほどだったが、積み重なった借金が3億円ほどあったという。入社後すぐに債権者を回り、返済の猶予を含めた交渉をした。さらに経営を立て直すため選手、社員の給料を大胆にカットした。

「武藤さんたちが移籍した時の年俸を基準にすれば7割ぐらいまでカットしました。一般のサラリーマンと変わらないぐらいの年収になってしまいましたが、ここを削らないとどうしようもない状況だったので、納得してもらいました」

内田が会社の中に入って初めて分かったことがあった。それは、武藤が全日本へ来る以前にあった税金の滞納だった。

「馬場さんの時に源泉所得税が未納だったんです。武藤さんが社長になってから千代田税務署に指摘されて、この滞納していた税金を、ずっと毎月ローンのように税務署に返済していたんです。金額にして毎月100万ぐらいでしたが、これは、キツかったですね」

滞納した税金をローンで返済すると、利息にあたる延滞税も加わり、武藤も「この税金の滞納が最後まで首絞めた。税金からは逃げられないからね。それに苦しんだ」と明かした。

当時、武藤は42歳だった。小学校卒業時に書いた30年後の未来にいた。10年後には「プロレスラーのほけつ」、20年後は「プロレスラーで世界一」と想像していた。両膝の負傷、経営の苦しさ、同志の死……。度重なる逆風を考えると、もしかすると引退する時期だったのかもしれない。
　ロレスをやめてうえきや」と想像していた。両膝の負傷、経営の苦しさ、同志の死……。度重なる逆風を考えると、もしかすると引退する時期だったのかもしれない。
　た未来予想図とは違う道を武藤は選び、リングに上がり続けた。
「確かに32歳までは、子供のころに思い描いた通りに来てたけど、子供のころ見てたプロレスって表面的なところしか見てないわけだからさ。ある意味、違う道へ入っていってからさらにドップリとプロレスへ浸かっていったよ」
　会社の苦境とは反対に全日本プロレスのリングは明るさと輝きが増していた。WJの崩壊で路頭に迷っていた佐々木健介を参戦させ、妻の北斗晶がセコンドにつき「健介ファミリー」として息を吹き返し、リング上で躍動した。翌05年には大相撲からK-1へ転向したが、不甲斐ない試合を繰り返していた曙を招聘し、プロレスラーとして自立させた。この年は、自らの後継者に考えていた小島聡が、三冠ヘビー級王座とIWGP王座を同時に奪取する史上初の四冠王となる活躍もあった。さらに06年には鈴木みのるが登場し、ヒールとしての存在感を思う存分、発揮させた。その他TAKAみちのくが率いる「K-DOJO」、TARUが率いる「VOODOO-MURDERS」、「RO&D」、「DRAGON GATE」を退団したTARUが率いる「VOODOO-MURDERS」が個性を発揮した。当時の全日本は、一つの興行でシリアスもあれば、ルチャ・リブレもあり、お笑いも提供し、悪役が暴走する

8章 社長の苦悩

など、あらゆるスタイルが見られる「パッケージ・プロレス」を掲げ、ジャイアント馬場の王道プロレスから脱し、武藤敬司の色が定着してきた時代だった。

「あの時は、WRESTLE―1の反省を生かしたんだよ。WRESTLE―1って、名前が知られている格闘家がプロレスをやったんだけど、実際にやってみて、やっぱり難しかったよ。だから、その時に、『プロレスは、無名でもいいから職人でよく頑張ってくれたと思っているよ』っていう発想になったんだよ。あのころは、外国人もみんないい選手で」

さらに、2006年3月21日に後楽園ホールでの「ファン感謝デー」で物まねタレントの神奈月とタッグを組んで小島、タレントのイジリー岡田と対戦した。その後も、レスラーの物まねをした上島竜兵、原口あきまさらをリングに上げて、「偽物」を意味する「FAKE」の「F」を取って「F―1タッグ選手権」を制定、完全バラエティの試合も行った。いずれも会場は超満員だった。あの昭和末期、ビートたけしが新日本のリングに上がって両国国技館で大暴動が起きた当時を考えると隔世の感がある出来事で、「F―1」の成功は、昭和から平成へ時代が移り、ファンの間でプロレスへの見方が劇的に変わったことの象徴でもあった。

「全日本へ行ってからオレは攻めないと負けちゃうと思っていたからね。攻めないとどうやって団体をアピールするかってとかね。テレビもなくなった。じゃあ、どうやってよしっお笑い芸人を上げようって芸人とやったりとか。その中で、テレビもなくなった。欲しかったけど、テレビもなくなった。芸人分野とコラボしたり。そういう人じゃなきゃ上げないし。みんなプロレスの方々はみんなプロレスに理解があったよ。とにかく、何でも挑戦したよ。時代が許してくれたのかもしれをリスペクトしてくれていたよ。

ないけどね。昔だったら何やってんだこの野郎ってファンからも怒られてたよ。その攻めたプロレスをオレがやったことが走りになって現代のプロレス界になっちゃったんだよ。『敬司、お前がプロレスを崩したんだぞ』って。確かに一番、最初にプロレスを崩したのは、オレだからな」

長州から「崩した」と言われたが、この場合の「攻め」とは、すべてのスポーツ、あるいは「格闘技」では味わえない「プロレス」だけが持つあらゆる可能性の追求だった。結果、自由な空間が生まれ、「格闘技」に疲れた曙や鈴木、さらには「幻想」に行き詰まったジャイアント馬場のいは王道というイメージを、完全に払拭して武藤敬司の世界に染めていた。「全日本」という看板のバックにあった「攻め」

「団体は苦しかったけど、選手はよう育てたよな。曙なんかも、凄く頑張ってくれたよね。彼は、なんたって横綱だからね。プライドもあったと思うけど、運動神経も良かったし順応性もあったし、アメリカ人だからプロレスのことをよく理解してくれてましたよ」

若い選手にも「プロレス」を教えた。

「オレが選手を育てる上で大切だと思っているのは、基本なんですよ。技術も体力もベーシックがないとダメだと思ったから、そっちも仕込んだつもりだったんだけど、といって応用編ばっかりに走っている輩（やから）が多いよな。基礎を身につけないと、いきなり応用編から行ったら戻れないからな。応用編で行き詰まったら基礎に戻れるけど、基礎がないと戻るところがなくなるからね。

そこは、業界全体がしっかり考えないといけない部分だよな」

318

8章　社長の苦悩

様々な個性が輝いた武藤全日本は、観客動員も伸び、年商も7億を超えるまでに上昇した。一方でリング外では、相変わらず「ゴタゴタ」が続いていた。信頼していた弁護士に裏切られ、預けていた株の返還を求める訴訟を起こしたり、タッグパートナーに抜てきし、世界タッグ王座も獲得した嵐が大麻所持で逮捕される不祥事も起きたりした。退社した社員からは未払いの給与の返還を求め提訴された。歯車が回り始めると落とし穴にはまる連続だったが、副社長として武藤全日本を支えた内田はこう振り返った。

「あれぐらい厳しいことが続くと、普通は、暗くなるんですよ。だけど、試合会場に行くと、控室はみんな選手が明るいんですよね。あの明るさは何だろうなって不思議な感じでしたよ。それぐらい、みんな前向きに頑張ってましたよ。あれは武藤さんの明るさなんでしょうね。あの人自身が、どんなに厳しくて苦しくても、リングに上がったらそんな空気を一切ファンに感じさせませんでしたよ。あれは、さすがプロだな、すげぇな武藤敬司って痛感しましたよ」

再び王者へ

リングでの輝きを失わなかった武藤は、2008年にプロレスラーとしての野心が再び頭をもたげてきた。新日本プロレスへ参戦しIWGPヘビー級王座の奪取に成功する。4月27日に大阪府立体育会館で中邑真輔を破り、1999年12月10日に天龍源一郎に敗れて以来、八年四か月ぶりに新日本の最高峰を獲得した。さらに全日本マットでは、グレート・ムタとして9月28日に横浜文化体育館で諏訪魔を破って、三冠ヘビー級王座を奪い、事実上の四冠王となった。IWGP

は、8月31日に全日本の両国国技館大会で後藤洋央紀と防衛戦を行うなど、全日本の興行にもプラスαを与え、IWGPヘビーと三冠ヘビー奪取で東京スポーツ制定のプロレス大賞で四度目のMVPを受賞した。初受賞が高田延彦を破った1995年、二度目がnWoジャパンを背負った99年、三度目は、新日本と全日本の両団体を股にかけ史上初の六冠王に輝いた2001年以来となる七年ぶりの受賞だった。

「IWGP挑戦は、プロレスラーとして自分のステイタスを上げたかったにも還元しようと思ったしね。ステイタスと還元の両方を狙ったんだよね」

史上最年長となる46歳でのMVPは、社長としての苦しみを忘れプロレスラーとしての欲望をむき出しにした狙い通りの栄冠だった。IWGP王座は翌2009年1月4日、新日本の東京ドーム大会で棚橋弘至に敗れ、三冠も3月14日の両国国技館大会で高山善廣に敗れたが、ステイタスを十分に上げて四冠王に別れを告げた。

三沢の死が示した「プロレスの過酷さ」

デビュー25周年となったこの年、さらなる激震がプロレス界を襲った。6月13日に広島グリーンアリーナで、ノアのエースであり社長の三沢光晴が46歳で急逝した。

直接的な原因は、試合中にバックドロップを受けたことによる頸髄離断だった。橋本真也の急逝からわずか四年後に今度は三沢光晴という宝をプロレス界は失った。トップスターの相次ぐ死は、長期にわたる人気低迷に一層の影を落とした。

8章 社長の苦悩

「これは、変に受け取って欲しくないんだけど、ある意味、橋本も三沢さんも、いい時に死んだのかなって思うこともあるよ。ファンの中では二人の姿は、美しいメモリーのままだからね。もし、二人が生き残っていたら、ZERO-ONEってどうなっていたんだろう？とか、ノアは、違った道に行ったのかとか、もっと波に呑まれていたのかとか考えることがあるよ」

橋本の死から三沢の悲報までの四年間は、プロレス界が最も厳しい時代だった。2005年に筆頭株主の猪木が保有していた株をゲーム開発会社「ユークス」へ売却し、オーナーが変わった。その前後に、昭和の黄金時代から支えてきた藤波辰爾ら選手、田中秀和リングアナウンサーら社員、スタッフが大量に退社した。年商もnWoブームで頂点だった1998年の39億3000万円から13億円（東京商工リサーチ調べ）へと三分の一まで減収となった。マスコミでも「週刊ファイト」「週刊ゴング」といった専門誌が休刊となり、プロレス関連の出版物は暴露本が溢れ、幻想が崩れてイメージは悪化した。先行きが見えない暗黒時代。「いい時に死んだ」と漏らした武藤自身、いつ同じ状況に追い込まれてもおかしくないほど追いつめられていた。

三沢が亡くなる前の2009年3月には、1954年から55年間にわたりプロレス中継を続けてきた日本テレビが3月限りで「プロレスリングNOAH中継」の終了を決めた。

「オレは全日本に来てからは、ずっとマジで崖っぷちだったよ。ようもったと思うよ。ぶっちゃけ、生き延びられたのは運だけだよ。ただ、生き延びるためなのか、そうなのか分からないけど、次から次へとオレの前にテーマがやって来たよな。全日本をどうする、次はWRESTLE-1がやってきて、その次は別の問題が来てという感じで、そのテーマにチャレンジしているうちに

321

生き延びてきたっていう感じだよね。あのころはリングに救われたよ。嫌なことは、プロレスがすべてを洗い流してくれたよな。社長としては大変だったけど、プロレスへのLOVEは、高まっていったよな」

断崖絶壁を歩く武藤は、2009年8月30日に両国国技館でデビュー25周年記念興行を開催した。記念試合は、プロレス復帰戦となった船木誠勝と組んで、蝶野、鈴木みのると対戦、超満員札止めのファンを集めた。そして、この試合が全日本プロレスの武藤敬司として最後の絶頂となった。三度の手術を行った膝の痛みが限界を超えていたのだ。

「本当は、痛みが苦痛で苦痛でどうしようもなかった」

ムーンサルトプレスの衝撃で傷ついた両膝は、新日本に在籍した十八年間で三度も手術を行ったが、全日本の八年間で一度もメスは入れなかった。両膝が回復していたからではない。ただでさえ、経営が苦しい団体にあって社長兼エースの自分がメスを入れれば、長期欠場を余儀なくされ、さらなる興行の落ち込みを招くことが必至だったからだった。しかし、それも限界を超えていた。日常生活では車椅子が必要となり、障害者手帳も交付されるまでになった。2010年3月9日、記者会見を開き右膝を手術するため、3月12日の千葉・銚子市体育館大会から無期限の休養を発表した。ケガは「変形性膝関節症」で、4月5日に右膝の関節の中にある遊離体と呼ぶ軟骨を取り除く手術を受けた。

8章 社長の苦悩

三時間にも及んだ手術で約20個もの軟骨を除去した。欠場から半年後の9月10日の後楽園ホールで、船木とのシングルマッチで復帰したが、以降、シリーズ全戦に出場することが難しくなり、試合はビッグマッチ限定になった。欠場中の5月には、一時は後継者として考えていた小島が退団した。武藤の不在によって、地方興行では目に見えて観客動員が減少し、徐々に業績を伸ばしてきた全日本に再び多大なダメージを与えた。

「一時は年商7億を超えてよくなってきたんだけど、膝を手術して本当に足が動かなくなってね。復帰したけど、それからは、ほぼビッグショーしか出ることができなくなった。本当は、手術が終わった後も痛みが大きかったから、出ないと地方は興行成績が悪くなってね。オレの比重が大痛で苦痛でどうしようもなかったから、その手術の後に人工関節を入れようと思った。ただ、その時明言しなかったけど、もう、そろそろかなって頭をよぎったこともあったからね。引退こそに全日本がまた厳しくなって、人工関節入れて長く休むことを許される状況じゃなくなった」

2011年の東日本大震災も会社を直撃した。3・11当日は、被災した宮城県石巻で興行の予定だったが中止。以降、予定していた東北地方での大会が全て開催できなくなり、大きな打撃を受けた。

副社長の内田は「武藤さんの膝の悪化と共に、全日本も落ち込んでいきました。武藤さんの膝と全日本は運命共同体でした」と振り返る。デビュー直後から日米でステイタスを上げたムーンサルトプレスが両膝を追い込み、団体の命運をも左右した。月面水爆は、武藤にとって人生をかけた両刃の剣だったのだ。

前代未聞の不祥事

興行が落ち込んだ時、最悪の事件が起きる。2011年5月29日、神戸サンボーホール大会にスーパー・ヘイトのリングネームで上がっていた平井伸和が、バックステージで嘔吐し意識不明に陥った。すぐに救急搬送され神戸市内の病院で急性硬膜下血腫で開頭手術を受けたのだ。

この問題は、試合翌日の5月30日に発売された東京スポーツが「全日レスラー試合後開頭手術」と一面で報じた。実は、この試合前に控室でTARUが平井を暴行していた。この事実は、6月1日に東スポが一面で「開頭手術レスラー密室暴行だった 刑事事件に発展も」と報じ、明るみになった。全日本は同日、会見を開き控室での暴行を認め、TARUが無期限の出場自粛を申し出た。会見は専務の内田とTARUが出席し武藤は姿を現さなかった。こうした対応に団体トップとしての責任を問う声が高まり、7日に社長辞任を表明した。前代未聞の不祥事で2002年10月1日の就任から八年八か月で社長の座を降りることになった。

「色々あって結果的にオレは社長を降りたけど、言えることは平井が亡くならなくて良かったということだけですよ」

暴行が起きた時、武藤は内田と共に別の控室にいた。

「違う控室にいたから、何か起こっているなぐらいしか分からなかった。声は聞こえたので、何かもめているんだろうとは思いましたけど、殴っていることまでは把握してませんでした」と振り返る。

324

こうした対応に真っ向から異議を唱えたのが、レフェリーの和田京平だった。和田は、暴行が起きた時、別の控室にいたが騒ぎを聞きつけ仲裁するために現場の部屋に入った。

「ケンカしている最中に本当は止めなきゃいけないのは、隣の部屋にいた武藤敬司と内田さんでしょ。団体の責任者なんだから、止めるのは普通、あなたたちでしょって思いましたよ。何もしないから、仕方ないからオレが入って止めたんです」

和田によると、当時、TARUが明かした暴行の原因は、日頃の平井の態度に対する積み重なった鬱憤だったという。

「オレが入った時、殴るのは止めてました。そこで理由を聞いて、平井の顔が血だらけだったんで、顔を洗ってこいって言ってトイレへ行かせたんですね。顔を流してオレとすれ違った時に、平井は『京平さんありがとうございました』って言ってね。それで、オレも『いいよ。お前も無茶すんな』って声をかけたんです。その後、TARUからも『京平さんが止めてくれて助かりました』って言われましたよ。だけど、倒れてしまった。オレが思うのは、倒れたのはあの暴行だけが原因じゃないかもしれないんですよ。その前の試合の時に椅子を投げられて頭を切っているんです。その時に脳に衝撃を受けているのも確かなんです。けど、そのまま試合をやっていたんですね。色んなことが重なって、あの試合後に一挙に爆発しちゃったんじゃないでしょうか」

和田は、暴行問題で東スポの取材を受け、武藤が表に出て対応をしないことに「管理(責任)に関して、まず(社長の)武藤敬司が頭を下げるべきだと思う」とコメントし、6月3日発売の

同紙に掲載された。

「あの記事は、オレも記者に言って『オレの名前隠さなくていいよ』って伝えたんです。『いいんですか？』って聞かれたけど、オレ別に悪いことしてないし、あの時は、社長が出て来て一言、頭下げて『申し訳ございません。私の責任です』ってまずは謝罪するべきでしょう。これはどこの世界へ行ったってそんなの当たり前のことですよ」

数日後、巡業先の島根県内で、和田の携帯電話に武藤から電話が入った。

「電話で『京平さん、身内であんなことを言われたらオレの立場ねえよ。京平さん申し訳ないけど解雇だよ』って言われて、オレも『分かった。いいよ』って、それでガチャンですよ。だけど、オレは当たり前のことを言っただけで。会見でTARUが謝った時に『この度はうちのレスラーが申し訳ないことをしました。私の責任です』って一言謝るべきってオレに言っただけなんですよ。それは、世間の常識でしょ。常識の話をしたのに何でオレが解雇になるのか分からないですよね」

武藤からの解雇通告を受けた和田は、6月19日の両国国技館大会を最後に全日本プロレスを退団した。一方で辞任するまで謝罪しなかったのは、武藤の後任の社長となった内田の考えだった。

「武藤さんは、社長ですけど、全日本のエースでありトップレスラーなんです。そのトップ選手が会見で頭を下げる姿は、プロレスラーとしてのイメージを損なうと考えたんです。ですから、ボクが会社に入ってから、嵐が大麻で逮捕された時もそうですけど、あれはボクの考えだったんです」

暴行問題は刑事事件となり、11月22日に兵庫県警葺合署にTARUと、事件当時同室にいたM

8章 社長の苦悩

AZADAが傷害の疑いで逮捕された。12月13日、神戸簡易裁判所に暴行罪で起訴され、TARUに罰金30万円、MAZADAに罰金20万円の略式命令が下された。リング外両膝の悪化、そして暴行事件……。負の連鎖で興行成績は、悪化の一途をたどった。2011年8月27日、日本武道館での「ALL TOGETHER 東日本大震災復興支援チャリティープロレス」で社長を辞任した最悪の時、レスラーとして最高のムーンサルトプレスを舞っただった。

東京スポーツが東日本大震災への復興支援として新日本、全日本、ノアのメジャー三団体に合同興行を呼びかけて実現した大会で、武藤は小橋建太と夢の初タッグを結成、新日本の飯塚高史、矢野通と対戦した。共に月面水爆を必殺技に持つ武藤と小橋。交わることがなかった二人の初タッグに超満員の武道館は期待で膨れあがった。試合は、武藤が矢野へ、続けて小橋が飯塚にムーンサルトプレスを決める月面水爆リレーでフィニッシュした。この時に矢野に決めた月面水爆がオレ自身初めてのムーンサルトプレスだった。

「人生最高のムーンサルトプレスだよ」と明かした。

「プロレスは、どれだけ多くの人に影響を残したかっていうことが重要なんですよ。そう考えるとやっぱり、ALL TOGETHERになる。東日本大震災の被災者の皆様への思いを込めて舞ったんだ。それは、きっとやった時点で希望と夢を与えることができたと思うんですよ。小橋と初めてのタッグで、小橋もムーンサルトプレスを多用しているわけだから、比較対象にもなって、オレ自身も負けられないっていう気持ちもあったし、そこに復興という思いが入って、二人でムーンサルトをやったということに価値があったよね。やっぱり、あの時のムーンサルトプレ

「スは、忘れられませんっていうお客様の意見が多いもんね。そういう意味でALL TOGETHERが最高だった」

震災で日本中が傷ついたあの時。武藤は背中に目に見えない祈りを感じたという。観客の思い入れを全身で受け止めた復興のムーンサルトプレスが人生最高の作品だった。リングの外でどれほど傷ついても、リングに上がれば最高の輝きを放つ。震災の年に日本武道館で魅せた月面水爆は、プロレスラー武藤敬司の真骨頂だった。

ただ、負の連鎖は終わらなかった。2013年には、イメージダウンに拍車をかける事態が発生する。1月26日の大田区総合体育館でのビッグマッチに、リック・フレアーが参戦、武藤と組んで藤波辰爾、真田聖也（現・SANADA）と対戦することが決まっていた。ところが、試合当日になりフレアーが左足に異変を訴え、試合開始5分前に欠場を発表し、代わりに息子のリード・フレアーが武藤と組んで試合は成立した。この異常事態に、フレアーを目当てに切符を買ったファンは激怒、ネット上には「詐欺」などの批判が多く書き込まれ、築いてきた信頼が損なわれる事態となった。まさかのドタキャン騒動だが、一番頭を抱えたのは当事者の武藤だった。

「会場に着いたら、フレアーに『左足が痛くて試合できない』っていきなり言われてさ。どうにかならないかって何度も交渉したんだけど、試合道具をホテルに置いてきて試合するつもりはなかったんだよ。ギャラはいらないから、欠場するって言ったんだけど、あいつセコンドで出て来てね。場外でチョップやってきてさ。本当、冗談じゃなかったよ」

『チョップやったから、やっぱりギャラくれ』っ

フレアー事件の裏側では、会社の経営権を譲渡する交渉が進んでいた。内田は「もう、バンザイしてしまったんです。どうにも経営が立ち行かなくなって買収先を探していました」という。名乗り出たのが、武藤の旧知の投資家で、当時、企業再生支援会社「スピードパートナーズ」を運営していた白石伸生だった。株を取得した白石は、全日本のオーナーになった。すると、白石は自身のフェイスブックで「ヤラセの無い力と力、心と心、技と技の限界値を極限まで追求する」など、オーナーとしての方針を発表し始めた。自らが理想とするプロレスとはまったく違う白石の理解できない一方的な表明に、武藤は愛想を尽かして退団を決意した。

「白石は投資家で、新日本にいた時から知り合いだったんだけど、あそこまでの男だとは思わなかったよ。結果的に白石に譲って任せたんだけど、合わなくなってオレの全日本は終わりだよ」

5月31日に全日本を退団。武藤と行動を共にするレスラーと、7月10日に新団体「WRESTLE―1」を設立し、9月8日に東京ドームシティホールで旗揚げ戦を行った。「WRESTLE―1」では、社長から現在は会長となった。

衝撃的な全全日本プロレス移籍で一国一城の主になった。武藤は全日本に何を残したのか。和田京平は、厳しかった。

「武藤敬司が全日本に残したもの？　借金だけじゃないですか。社長としては最低でしたよ。経営なんて分かってなかった。ただ、レスラーとしてはさすがでした。色んなことにチャレンジしてたからね。そこは天才。リング上は確かに天才だけど、社長としては失格。それが本当のとこ

和田の言葉に武藤は「しょうがないよ。オレがクビにしたんだからさ。そりゃ、いいこと言わないわな」とつぶやいた。
　プロレスラー武藤敬司と社長武藤敬司で分かれる正反対の評価。ただ、内田はこう言った。
「武藤さんがレスラーとして看板を背負ってなかったから、とっくに全日本は潰れてました。武藤敬司という名前があったから、全国どこへ行ってもお客さんを何とか集めることができましたし、スポンサーも確保できたんです」
　新日本時代から公私共に武藤を見てきた坂口征二はこう言った。
「この世界は、お客が入っていれば、すべてうまくいくんだよ。悪くなるのはすべて客が来なくなった時。武藤も社長という一面では、そこで苦労したんだと思うよ」
　プロレスラーとして輝くことだけを考えれば良かった新日本時代。社長となった全日本では興行と経営の現実を目の当たりにした。
「無責任って言われるかもしれないけど、オレ自身はやっぱり全日本に移籍したのは、一国一城の主になりたいっていう野心しかなかったんだよ。最初から経営は興味もなかった」
　全日本時代は、苦しいことばかりの日々だったと映る。そう尋ねると武藤は「ただ」と強調し胸の内を吐き出した。
「色々あったけど、後悔はないよ。なぜなら、今、オレは生きているからね。死んでたらダメだけどさ。崖っぷちで踏み外して落ちてたら、すげぇ後悔の塊だろうけど、オレは生き残っているから。

それで満足だよ。だいたいさ、人生だから色々あるよ。今、インタビューを受けているこの本だってさ。栄光ばっかりだったら本にならねぇじゃん。いいことも悪いことも色々あるから、読む方も面白いんだよ。それでいいじゃない」

すべては命があればこそ。

栄光と挫折を経て武藤は「天職」と言い切る「プロレスラー」を貫く覚悟を固めた。生涯プロレスラーになるため、両膝の人工関節手術を決断した。

代償は、ムーンサルトプレスへの「さよなら」だった。

2018年3月14日に後楽園ホールで「武藤敬司」として、25日にDDTの両国国技館大会で「グレート・ムタ」として、最後の月面水爆を披露した。

「今は、昔の信用だけでやっている。進化していることは何一つないよ。その中でもムーンサルトはお客様の信用を勝ち取った技だった。ムーンサルトプレスがあるから自分がある。まさしくそう思う。最初から足4の字固めとシャイニング・ウィザードだったらプロレスラーとしてここまで来なかった。言えることは、どっかしらムーンサルトプレスってはかないんだよ。膝が悪いってお客様も分かっているから、若干、見ている側もそんなはかなさも感じたりとかね。そうなると気持ちが食い込んでくる。ここ数年はそんな思いを感じていたよ」

両膝が動かなくなったハンデがあることで、逆に観客の思いを敏感に感じ取ることになった。どんなに素晴らしい戦いも白熱の攻防も観客がいなければ、プロレスは作品として成立しない。最高の作品は、観客の思い入れと自らが一体化した時に完成する。

8章　社長の苦悩

331

「オレに付いてきてくれているファンって本当に神様みたいに思ってくれている時があってね。『妹が武藤さんのファンで今度、手術をするので、メッセージを書いてください』とか、『今、受験生で合格祈願のお守りの代わりにサインください』って言われるとプロレスラー冥利につきるよね。そんな風に崇めてくれるファンがいること自体、膝はボロボロになっちまったけど、プロレスラーで良かったな、ムーンサルトプレスをやって良かったなって思うよね」

スペース・ローンウルフもグレート・ムタも、新日本もUWFも、nWoも全日本も。昭和から平成のマットで武藤は、観客のためにムーンサルトプレスを舞っていた。歩くことさえ困難になった両膝が、ファンの感情をすべて背負ったことの象徴だった。そこに本当の武藤敬司がいた。

そして新たに迎えた「令和」。

ムーンサルトプレスに「さよなら」した武藤は、どこへ向かうのだろうか。

終章 決別と決意

人工関節設置手術

2018年3月30日、武藤敬司は、東京・足立区の苑田会人工関節センター病院で両膝の人工関節設置手術を行った。

執刀した杉本和隆は、手術に至るまで武藤の膝に合う人工関節を見つけることに苦労したという。

「武藤さんの骨は、普通の人の倍はあるぐらい異常に大きいんです。ですから、例えばTシャツのサイズで言えばMが標準だとすると、トリプルXLぐらいの大きさでしさも、私は、過去にNBAの選手の手術もしているんですけど、身長が2メートルある選手と同じぐらいの大きさでした」

人工関節は、個々の患者に適合するよう約70種類あるという。大きさも洋服のようなS、M、Lという単純な区分けでなく「2ミリ」単位で違う。それぞれの患者に合う人工関節を作るためには、まずMRI（磁気共鳴画像）、3次元CTで関節を撮影し、3Dプリンターでモデルを作り、セミオーダーのような形で専門の病院に発注する。

ところが、あまりにも骨が大きかった武藤には、日本国内に適合する人工関節はなかったという。さらにアメリカにもなく、ようやく二か月をかけてオーストラリアで武藤のサイズに合う人工関節を探し出し取り寄せた。

「これだけ、骨が大きいというのは、やっぱり成長期にどれだけ鍛えたかですよね。あとは、武

終章　決別と決意

藤さんの持っている遺伝子の影響が大きいと思います。なかなかこれだけ太い骨は、ありませんよ。ボクは、横綱白鵬関を始め、お相撲さんもたくさん手術しているんですけど、武藤さんの骨の方が全然大きいですよ」

二か月をかけてようやくオーストラリアで見つかった人工関節だったが、手術をして再び驚きがあった。

「骨がものすごく固かったんです。ボーンソーっていうのこぎりみたいなカッターで骨を切るんですが、このボクらの使う刃って、すごい高級でものすごい切れ味がいいんです。これで切られた人は、多分、切られたことに気づかないぐらい刀より切れるんです。値段も、1枚2万円もするぐらい高いんです。それぐらい切れ味が鋭いので普通なら、1枚のブレードで両足に対応できるんです。ところが、武藤さんは、骨が固くて片方の足だけで3枚も刃こぼれをしました。今まで6枚も刃を使った人はいませんよ（笑）」

一枚2万円の刃を6枚も使った手術は、時間も大きく費やした。杉本は、通常の人工関節手術は40分ぐらいで終えるというが、武藤の場合は三時間を要し「終わった後は、もう、へっとへとでした」と笑った。

人工関節の世界的権威を驚かせた武藤の膝だったが、手術は無事に成功した。

それは同時に、ムーンサルトプレスとの永遠の別れでもあった。

武藤敬司の真実

　力道山の空手チョップから始まった日本のプロレスは、ジャイアント馬場、アントニオ猪木に受け継がれ、ジャンボ鶴田、藤波辰爾、長州力、前田日明らがリングを彩ってきた。ヘビー級のメインイベンターが相手を倒す必殺技は、打撃、投げ、関節技など、観客に痛みが伝わる説得力を持つ技だった。

　ムーンサルトプレスは違った。トップロープから空中でバック転を決める、まるでSF映画を見るような幻想的なフォルムは、絶対にプロレスでなければ表現できない世界だった。

　力道山から猪木まで、プロレスは格闘技と考えられてきた。観客は、レスラーに強さを求め、実際レスラーもそう考え、佐山サトルを始め、髙田延彦、船木誠勝らはUWFから格闘技へ戦いの場所を移した。

　ところがプロレスは、格闘技でもなければ、スポーツでもなかった。プロレスは、その中に格闘技的な色彩もあれば、ストロングスタイルもあり、ルチャ・リブレやお笑いもデスマッチもある、完全に独立したジャンルで、何より観客の想像力と好奇心、さらに猜疑心に至るまであらゆる感情をかき立てるファンタジーの宝庫だった。

　世間が決めた全ての枠組みからプロレスを解放した礎が武藤敬司とムーンサルトプレスだった。プロレスを格闘技と信じていたファンが大多数だった、あの昭和末期の新日本プロレスで、武藤は無意識にムーンサルトプレスを繰り出し、格闘技から「さよなら」を告げていた。天賦の才

終章　決別と決意

と月面水爆を武器に「グレート・ムタ」でリングを自由に彩り、足4の字固めで「UWF」の幻想を砕き、「nWo」でファッションに昇華させ、「プロレスLOVE」でプロレスにまとわりついたあらゆる呪縛を解き放った。代償として両膝は、崩壊した。それは、新しい時代を切り開くためのあらゆる犠牲でもあった。

武藤の背中とメッセージに共感した、棚橋弘至や内藤哲也ら新しいスターがリングで躍動し、平成から令和に移った今、もはや観客も、他の格闘技と比べて最強論を戦わせることもなければ、八百長論争をすることもなく、プロレスをプロレスとして純粋に楽しむ時代になった。

「武藤敬司前」と「武藤敬司後」で世間がプロレスを見つめる視線は、劇的に変わった。プロレスをプロレスとして解放した男、それが今回の取材でプロレスで分かった「武藤敬司の真実」だった。

ムーンサルトプレスが次世代への懸け橋となり、プロレスは今、新たなステージへ進もうとしている。

「これからのプロレスは、バーチャルみたいになってくると思うよ。それは、例えば昭和のあの頃は、我々の先輩方は、プロレス八百長論っていうものと戦ってきたよな。それは、今よりも飲酒運転なんかに対して、ゆるかった。だけど、今は、そんなことなんだけど、今よりも飲酒運転なんかに対して、ゆるかった。だけど、今は、そんなことしたら一発でアウトだよな。許されないよ。世の中がそうやって変わっていったように、プロレスも一緒で、昭和はプロレスなのか格闘技なのかビシッと決まってなくて適当だったよ。だけど、平成に入って時代が変わって、システムがカチッと決まっちゃったよな。良いものは良いし、ダメなものはダメなんだよ」

「令和」のプロレスは、バーチャル化がさらに進むと予言した。

「オレたちの時代ってやっぱり梶原一騎なんだよ。巨人の星でも空手バカ一代でもタイガーマスクでも、主人公にライバルがいて、そのライバルと戦うために努力するドラマがあったよね。それが、カッコ良くてみんな憧れたんだよ。プロレスもそうなって来るんじゃないかな。まるでゲームをやる感覚で自分で戦わないんだよ。だけど、平成のアニメは『ポケモン』だよ。主人公は、レスラーを見るっていうかね。そこには根性とか努力、もっと言えば感情なんて入る余地がなくなってくるんじゃないのかな。オレは、アナログが好きなんだけど、携帯だってガラケーだしね。心さえオレたちと現代では考え方が違うような気がする」

プロレスラーがまるでゲームのキャラクターのように動き、燃える闘魂や王道やUWFなど、思想もイズムも観客の感情移入をも一切排除したリングは、いわば仮想空間と化していくのだろう。

「プロレス自体が、そんな思想とか何とか、そこまで深いものじゃなくなると思うよ。もしかしたらレスラーもジャニーズ化したり、もっと軽くなるんじゃないのかな。方向性としては、ジャニーズのショーみたいなところへ行くのかもしれないよね」

抜群のルックスとスタイルで観客を魅了し、感情移入を許さないほどの速度で技が連続して展開する——「令和」には、昭和、平成では見たこともないリングが現実になるかもしれない。

「ただ、オレが好きなのは、ゲテモノだからさ。オレはあくまでもそこを追求したいよ」

終章　決別と決意

ゲテモノとはグレート・ムタに代表されるプロレス独特の世界観で、レガシーを意味する。56歳の武藤は、時が進みバーチャル化するなら、敢えて過去を背負うことを選択した。それが「PRO-WRESTLING MASTERS」だ。２０１７年２月８日に後楽園ホールでスタートさせたイベントは、平成のプロレスを作った男だけが許される「ノスタルジー」だろう。

かつて武藤は、新日本を退団する直前に、猪木の功績と人気が高まり、過去と今の自分たちのプロレスを比較される風潮が押し寄せた渦中で「思い出と戦ったって勝てない。そんな意味のない戦いはオレはやらねぇよ」と発した。

思い出と戦っても勝てないと言った武藤だが、今、「思い出」と戦う道を選んだ。

「今はオレ自身が思い出になっている自覚はあるよ。だけど、思い出って誰でもなれねぇよ。そこには積み重ねてきた信頼感ってものがあるからさ。あと、オレのひとつの自慢は、恐らく世界中のどのレスラーよりもいろんな選手とメインを張ってきたことだよ。猪木さん、ホーガン、藤波さん、フレアー、長州さん、スティング、天龍さん、前田さん……ってこれだけのレスラーと戦ってきたのは、プロレスの歴史を振り返っても、みなさんと共有したいんだよ」

心の中に刻まれている思い出は、例えば初恋のように時が経つほど美しくなっていく。56歳の武藤に20代、30代のパフォーマンスを望むことはできないだろう。ましてや、もうムーンサルトプレスはない。

「それはそうだよ。だけどね、本当のことを言うと思い出と戦っても勝てるんだよ。だって、思

い出って忘れちまうもんだからね。そんな思い出を忘れさせるぐらい、毎日、オレ自身、必死で思い出していますよ。オレのモットーは、『昨日の武藤敬司に今日は勝つ』なんですよ。例えば毎日の筋トレで、それは数値に表れるじゃん。昨日よりも今日は、1キロでも、1回でも多くこなせるように戦っていますよ。だから、毎日がオレにとって新しい武藤敬司のバースデーなんだよ」

「オレの理想は、リングに出てくるだけで観客が納得する存在になることなんだ

伝説という果てしない旅へ、武藤敬司は驀進する。

受け継いだもの

2019年4月6日、ニューヨーク。新日本プロレスが初めて進出したマディソン・スクエア・ガーデン（MSG）にグレート・ムタが出現した。第0試合の「1分時間差バトルロイヤル～HONORランボー〜マッチ」。30選手が1分ごとに入場テーマソングと共に次々と登場するバトルロイヤルで、大トリにムタが登場したのだ。

それは、ビッグサプライズだった。エイリアンをイメージした仮面とコスチュームに身を包んだムタが花道に出現すると、超満員の観衆は、総立ちで迎え入れた。スマートフォンのファンの記憶に刻まれていることの証明だった。バトルロイヤルでは、最後に獣神サンダー・ライガーに喝采と拍手を送る光景は、ムタが、生きるレジェンドとしてアメリカのファンの記憶に刻まれていることの証明だった。2020年1月の東京ドーム大会で引退するライガーとMSGで対峙するシチュエーションが実現された。

終章　決別と決意

ンは、新たな伝説で、二人が歩んできた歴史への最高のリスペクトだった。

同じ日の昼に、ムタはニューヨークで「HOG（House Of Glory）」という団体に出場し、人工関節設置手術前の2018年3月25日以来となる復帰戦を行った。一日二試合のニューヨークでのムタ復帰は、一年に及ぶ長期欠場の沈黙を破るには十分なインパクトだった。

根底にあったのは、一貫して変わらない「カッコ良さ」を追求する姿勢だ。

「海外で、しかもダブルヘッダーで復帰ってカッコいいじゃん。ライガーとは、海外で初めて試合をしたよ。オレたちの歴史を考えると、ナチュラルなストーリーで新日本にも貢献できたんじゃないかな。ただ、辞めていくライガーを見て、オレは辞めたくないなと思ったよ」

やむことのないプロレスへの情熱を再確認した復帰戦は、人工関節を入れて初めての試合だった。最後にWCWに参戦した2000年以降、試合前は一時間もかけて両膝にテーピングの世話にはならず、代わって特注のサポーターをはめて試合に臨んだ。ただ、リングに上がっていたが、復帰戦からはテーピングをしてリングに上がった感触は、正直、違和感があったという。

「もう親から頂いた膝じゃないからね。これからはこの膝で生きていかないといけないわけで、後は妥協点の見つけ合いだよ。膝は痛みもないし、治っているって言えるんだよ。ただ、可動域も限られているし、人工関節は、左右非対称だからバランスも悪い中で、股関節が痛かったりふくらはぎが痛かったりとか正直、あるよ。でも、逆に言ったらそのズレた感覚がオレの中に生まれた新たな可能性なんだよ。課題が残ったことで、まだまだ進化できるって感じたよ」

どんな逆境に立たされても、すべてをプラスに考えるマインドは、人工関節になろうが不変だ

った。そして、令和元年6月26日、後楽園ホールで行われる長州力の引退試合で「武藤敬司」が復活する。

「長州さんが去って行く時に復帰するっていうシチュエーションが何か面白いなって心に響いたからさ」

革命戦士の引退という観客の感傷をすべて奪い取ってやろうという野心、同時に長州の思い出をすべて背負う覚悟も言葉からは感じられた。

「この年齢になってくると、もう意味のない試合は、やりたくないんだよ。オレにとって一つ一つ意義のあるものを残していきたいんだよ」

あの小学校卒業時、書いた未来予想図では、50年後の62歳は「死」と書いた。

「そんなことになっちまったら、大変だからさ。だいたい、42歳からは違った方向に進んでいったから、そんなことにならねぇよ。とにかく、オレは生きるよ。そう、リングの上で生き様を見せる。生きる姿をリングで見せていく」

一試合たりとも無駄にはできない。できれば、すべての試合で語り継がれる「伝説」を築きたい。強い思いは、一人の先輩レスラーを見送った時に意を新たにした。

マサ斎藤だった。

明大レスリング部で東京オリンピックに出場した実績を引っ提げ、日本プロレスに入門したマサは、アメリカマットでヒールとしてトップを極めるなど日米で活躍した。

武藤は、自分と同じようにアマチュアで格闘家としてキャリアを積み、プロレスラーとしてア

終章　決別と決意

メリカで認められた実績と温厚な人柄のマサを心から慕っていた。膝の治療のためミネアポリスの医師を紹介してくれたのもマサだった。マサの妻の倫子が新日本プロレスのオフィシャル通訳を務めていたこともあり、家族ぐるみでの付き合いもあった。大先輩であり友のようでもあったマサは、2018年7月14日、パーキンソン病で75歳の生涯を閉じた。

武藤は、7月22日、港区の梅窓院で営まれた告別式に祭壇し、弔辞を捧げた。

「尊敬するマサ斎藤さんが亡くなられて今、悲しい気持ちでいっぱいです。

マサさん、時代は違えどマサさんとオレはお互いにアメリカマットで活躍した経験もあって、出会ってすぐ意気投合しましたよね。

オレにとってマサさんは、一番、話の合う大先輩でした。昔、熊と闘った話やアメリカのバーにミスターサイトウという自分の名前のカクテルがあることを自慢げに話してくれたことがありましたね。アメリカで警察官をたくさん殴って刑務所に入れられた有名な話がありますが、本当はきっと刑務所の中の生活は大変だったはずなのに、そういったことさえもマサさん流に面白おかしく聞かせてもらったことも今では懐かしい思い出です。

豪傑な中にも繊細な心を持つマサさんは、優しくてとてもチャーミングな方でした。うちの長男坊がまだ小さかったころ、とても可愛がってくれて、マサさんのことを『バイキンマン』と呼ぶ度にマサさんは『ハヒフヘホ。バイバイキン』と笑って答えてくれてましたね。その息子も今では21歳になり、オレより体が大きくなりました。

オレの膝のことを、一番親身になって心配してくれたのもマサさんでした。アメリカで腕のい

343

いドクターを紹介してくれたり、マサさんを通訳としてオレたち家族とずっと傍(そば)に寄り添ってくれたり、マサさんの人柄が日米の多くのレスラーに慕われていました。本当はもう少し元気になられたら、マサさんの人柄が日米の多くのレスラーに慕われていました。本当はもう少し元気になられたら、オレがプロデュースする古き良きプロレスを再現した『PRO－WRESTLING MASTERS』にも参加してもらいたかった。それだけに残念で悲しいです。マサさん、オレはこれからマサさんの座右の銘である『GO FOR BROKE』の精神を引き継ぎ頑張っていきます。だから、マサさん、これからは最愛の妻・ミチさんのことを天国で見守ってください。2018年7月22日　武藤敬司」

マサは、1999年2月14日に現役を引退した直後に、パーキンソン病を発症し長い闘病生活を送っていた。全国の病院を転々としていた2016年、徳島県内の病院を見舞いに訪れたかつて新日本の執行役員だった上井文彦にこう訴えた。

「上井、頼むからもう1回だけリングに上がりたい」

思いもよらない懇願に上井は当惑した。興行をやる力は、今の自分にはないし、病気を考えてもリングに上がることはどう考えても無理だと思ったからだ。それでも一つだけ質問をした。

「誰とやりたいんですか？」

マサは即答した。

「武藤敬司」

夫人の倫子は、マサが武藤を指名した理由に思い当たることがあった。新日本の通訳になったばかりのころ、選手の名前と特徴を学ぶため自宅で試合のビデオをマサと一緒に見ていた。画面

終章　決別と決意

に武藤の姿が映った時、倫子は「武藤さんってどんな人？」と尋ねた。答えはたった一言だった。

「天才よ」

倫子によると、あらゆる選手の中でマサがそう表現したレスラーは武藤だけだったという。

「マサさんは、余計なことを言わない人で、私の質問に対する答えはいつも簡潔で短いんです。あの時もたった一言、『天才よ』。それだけでした。マサさんがそう表現したレスラーは他にいません。だからあの時、武藤さんを指名したのも天才だからじゃないですか。マサさんがそう表現できるのは武藤さんしかいないと思ったからじゃないですか。彼は、闘病中は地獄でした。今の自分を相手にできる薬だった。私もあの時、マサさんがリングに上がることで病気がよくなると思っていた。唯一の薬がリングに上がること。プロレスの話をすると目が輝く人、この人の願いをかなえてくれる人がいるなら、ぜひと思った」

武藤にマサの「天才よ」の言葉を伝えると、今回、合計十五時間にも及んだインタビューの中で唯一、絶句した。十秒あまりの沈黙の後、言葉を絞り出した。

「うれしいよね」

マサへの特別な思いがこみ上げてきたのだろう。心なしか両目が潤んでいるように見えた。

上井はマサの思いに突き動かされるように、2016年12月2日、大阪の城東区民ホールで「STRONG STYLE HISTORY」と題し、マサ斎藤が復活するイベントをプロデュースした。

武藤へは「マサさんが敬司とやりたいって言っているんだ」とだけ訴えた。条件は、大阪までの往復の新幹線代だけを支払うという、事実上ノーギャラだった。
　武藤はすべてを受け入れた。
「マサさんがオレに会いたいって言っているって聞いたからさ。だったら会いに行かないといけないじゃん。そこに理由なんてないよ」
とだけ伝えた。すべての試合が終わり、マサがマイクを持って挨拶をした時、花道で「マサ斎藤！KILL YOU!!」と叫びながら、リングに乱入した。手には海賊男のステッキ代わりにビニール傘を持っていた。
　試合当日、上井は武藤に、あの大暴動が起きた1987年3月26日、大阪城ホールでの猪木との試合で、マサに手錠をかけた因縁がある「海賊男の仮面をかぶって、リングに上がって欲しい」の試合で、マサに手錠をかけた因縁がある「海賊男の仮面をかぶって、リングに上がって欲しい」とだけ伝えた。すべての試合が終わり、マサがマイクを持って挨拶をした時、花道で「マサ斎藤！選手も知らされていないサプライズに、日本プロレス時代からマサを慕う北沢幹之が、身を挺してマサを守ろうとした。
　傘で突き、蹴りを浴びせ、マサはコーナーに尻餅をついた。観客だけでなくリングに上がったールした。
　その時、妻の倫子は奇跡を見た。
　コーナーで尻餅をついたマサが体を前後に動かし、片方の膝をついて立ち上がろうとしたのだ。全盛期のマサが相手の技に耐え、反撃する時の動作だった。
「パーキンソンになって18年間で、尻餅ついてから何もしないで立ち上がったのは初めてでした。あの時、前後に体を振ってバランスを取り始めたんです。あの時、膝を立てたのも初めてでした。あんなこ

終章　決別と決意

とできるはずがないと思ってましたから、彼は最後の最後で力を振り絞ったんです。必死だったと思います、ここで立ち上がらなかったら終わりだ、ぐらい思っていたはずです。あの時、彼は自分のプロレス人生のすべてをかけたんです」

立ち上がったマサがチョップを浴びせ武藤は倒れた。そして仮面を脱ぎ捨て、マサを抱きしめた。

「マサさんは、起きあがってこないと思った。倒れた時は、やべぇと思ったよ。だけど、あの時、オレとマサさんが感じ取る時間軸が全然違うと思った。時間の進み方がマサさんは、ゆっくりだったんだよ」

マサを倒してからの数秒間で武藤は、闘病中のマサと自分との間で流れる時間が違うことを感じ取っていた。立ち上がることを待っていたのではなく、武藤は、マサの時間軸に合わせるための言わば、受け身を取っていたのだった。

倫子は武藤と抱き合った時のマサの表情が忘れられない。

「抱き合ったときの表情を見ると我に返っていないような、感無量みたいな表情をしていました。武藤さんのプロレスLOVEじゃないあの時のマサさんの姿を見て教えられたことがあります。武藤さんのプロレスLOVEじゃないけど、本当にプロレスを愛して一生懸命にやっているレスラーにとってリングはパワースポットなんです。あの中に入ったら奇跡が起きるんです」

大阪での再会から2年後にマサは亡くなった。

悲しみを乗り越えて武藤は、またプロレスが好

きになった。

「マサさんの存在は、オレにとって本当に大きかったんだよ。あの時にマサさんと会って新しい発見とかこれから何かにつながるものは、もしかしたらなかったと思うけど、プロレスがもたらした友情、感動を与えてくれたことがオレの中での喜びになったよね。だからこそ、あの試合をやって良かったし、これから先でもマサさんを指名してくれて光栄だし、マサさんと出会えて良かったなって。そういうプロレスを通じた色々な出会いが、今、オレの人生の糧になってる」

マサのモットーは「Go For Broke（当たって砕けろ）」だった。倫子は語る。

「私と出会う前からモットーにしていました。今、思うと彼の人生すべてがゴー・フォー・ブロークですよね。七転び八起きじゃないんですもん。地獄を這（は）って、何回も蹴落とされても立ち上がって向かっていった。彼の人生まさにそうでした。本当に彼は完璧に最後の最後まで一番過酷な状態で見事にゴー・フォー・ブロークしました」

マサが最後に刻んだ奇跡のバトンを武藤は受け取った。

「プロレスは、エンターテインメントだけど一方通行の試合ってないんだよ。だからこそ、見ている人は感情を傾けるし、感じ取りやすいんですよ。一試合の中でも耐えるところが絶対にある。だから、これからもオレは、リングで耐える姿をみせていくよ。プロレスを生涯やっていくことを決めたからね。人生って沈む時があれば、必ずそこから、はい上がっていくからね。オレはやってきたし、これからもやっていくよ」

［了］

あとがき

私が武藤敬司さんのムーンサルトプレスを初めて会場で見たのは、高校2年生だった1985年10月26日、愛知県稲沢市体育館だった。

ザ・コブラとのシングルマッチでトップロープから武藤さんが舞った光景は、今だに忘れられない。わずかデビュー1年あまりの若手選手がアントニオ猪木が標榜するストロングスタイルとは完全に異質な技で観客を魅了した風景に新たな息吹を感じた。

報知新聞社に入社し、プロレスを取材する立場になった時、天龍源一郎さん、藤波辰爾さんら一部の選手を除いて、ほとんどのレスラーがプロレスを語る時に「影」のような暗さを感じた。プロレスラーでありながら、プロレスに自信がないというか、もっと言えば嫌悪しているような空気を感じたこともあった。

ところが、武藤さんはまったく違っていた。

あの高田延彦戦から数日後、初めてインタビューした時、武藤さんの第一声は、「オレ、カッコ良かったですか」だった。

屈託のない問いかけは、影も暗さもまったくなくプロレスへの自信に満ちあふれていた。武藤さんは、いつもプロレスを楽しんでいた。常にプロレスについて考え、「カッコ良さ」を追求していた。そして、どんな時も本気だった。今回の取材で、そんな武藤さんとの出会いの連続が私にとって最大の喜びだった。

いつか訪れるであろう「引退」について聞いた時、こう答えた。

「相手は、蝶野しかいねぇよ。デビュー戦で戦った相手と最後を締めるって、ロマンじゃん。こんな夢のある話はないと思うんだよ」

嘘だろ！　と観客を驚かせることがプロレスの魅力であるなら、そこに武藤さんは、ロマンという魔法をかけていた。蝶野さんとの引退試合は、いつもプロレスについて考えている武藤さんの究極の形だろう。

本書では以下の方々に取材をさせていただいた。

青木謙治、伊地智啓、伊藤俊二、内田雅之、上井文彦、エリック・ビショフ、小野尾和男、北沢幹之、ケンドー・カシン、小林和朋、齋藤倫子、坂口征二、桜田一男、佐山サトル、獣神サンダー・ライガー、杉本和隆、鈴木隆宏、武田有弘、ターザン山本！、蝶野正洋、長谷地貢、流智美、西良典、馳浩、藤原喜明、渕正信、船木誠勝、前田日明、武藤久恵、山田恵一、若松市政、和田京平（敬称略。五十音順）。

みなさん、プロレスを本気で考え、プロレスを語る時、誰もが生き生きとして目を輝かせていた。貴重なお話をお聞かせ頂いたことへの感謝と、ここまで大人を虜にするプロレスの奥深い魅力を再発見させて頂いた。

今回、武藤さんを取材させていただき発見したことがあった。それは、妻である武藤久恵さんの献身だった。恐らく武藤さんは、久恵さんを喜ばせたい一心でリングに立っているのではないかと感じることが多々あった。久恵さんの縁の下の支えがなければ、武藤さんのリング上での輝

あとがき

きはなかったと思っています。

マネージャーの鈴木隆弘さんには、多忙な武藤さんのスケジュール調整から様々な貴重なアドバイスに至るまで、本当にお世話になった。

そして、武藤敬司さん。高校2年生の秋に初めて月面水爆を見てから、あなたがリングから放つ輝きに圧倒されてきました。光の裏側に、両膝の破壊、どれほどの苦悩と葛藤を抱えていたこととを今回、思い知らされました。それでも常に前向きにプロレスと向き合った武藤さんと同じ時代を生きることができた幸運を今はかみしめています。本当にありがとうございました。

本書は、イースト・プレス社の黒田千穂さんと編集者の藁谷浩一さんの支えがなければ完成には到底、たどり着けませんでした。常に温かく懐の深い助言に多謝の思いでいっぱいです。

また、武藤さんのあらゆる瞬間を捉えた山内猛さんの貴重な写真に活字だけでは表現できない彩りを与えていただきました。山内さんのカメラマンとしての仕事に改めて敬意を表します。

最後に拙著を読んでくださった読者の方に心からのお礼を申し上げます。私にとって高校2年の時がそうだったように、みなさんの記憶の中であの日、あの時、忘れられないムーンサルトプレスがあると思います。私にとって処女作となった一冊が思い出を目覚めさせ、新たな勇気を与える一助になれば、これほど幸せなことはありません。

2019年4月9日

福留　崇広

福留崇広（ふくとめ・たかひろ）

1968年、愛知県生まれ。國學院大學文学部哲学科卒。92年、報知新聞社入社。現在、メディア局コンテンツ編集部所属。プロレス、格闘技、大相撲、ボクシング、サッカーなどを取材。

［参考資料］
『週刊プロレス』（ベースボールマガジン社）、『週刊ゴング』（日本スポーツ出版社）、『東京スポーツ』（東京スポーツ新聞社）、『日刊スポーツ』（日刊スポーツ新聞社）、『スポーツ報知』（報知新聞社）、『別冊ゴング』（日本スポーツ出版社）、『別冊週刊プロレス』（ベースボールマガジン社）

さよならムーンサルトプレス
武藤敬司35年の全記録

2019年5月20日　初版第1刷発行
2019年5月30日　　　第2刷発行

著者	福留崇広（ふくとめたかひろ）	写真提供	山内猛
装丁	金井久幸［TwoThree］	取材協力	武藤敬司
DTP	松井和彌	発行人	北畠夏影
校閲	鈴木佑	発行所	株式会社イースト・プレス
校正	荒井藍		〒101-0051 東京都千代田区神田神保町2-4-7久月神田ビル　TEL.03-5213-4700 FAX.03-5213-4701　http://www.eastpress.co.jp/
編集	黒田千穂	印刷所	中央精版印刷株式会社

ISBN978-4-7816-1788-6
©Takahiro Fukutome 2019,Printed in Japan

本書の全部または一部を無断で複写することは著作権法上での例外を除き、禁じられています。乱丁・落丁本は、小社あてにお送りください。送料小社負担にてお取り替えいたします。定価はカバーに表示しています。